AQA Spanish

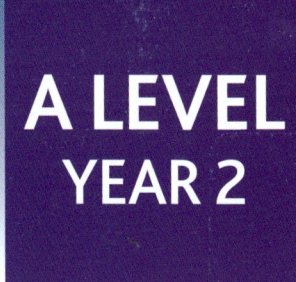

A LEVEL
YEAR 2

Margaret Bond
Ian Kendrick
Francisca Mejías Yedra
Francisco Villatoro

UNIVERSITY PRESS

Great Clarendon Street, Oxford, OX2 6DP, United Kingdom

Oxford University Press is a department of the University of Oxford. It
furthers the University's objective of excellence in research, scholarship,
and education by publishing worldwide. Oxford is a registered trade mark of
Oxford University Press in the UK and in certain other countries.

British Library Cataloguing in Publication Data

Data available

978-0-19-836687-4

3 5 7 9 10 8 6 4

Paper used in the production of this book is a natural, recyclable product
made from wood grown in sustainable forests.

The manufacturing process conforms to the environmental regulations of the
country of origin.

Printed in India by Manipal Technologies Limited, Manipal

Approval message from AQA

This textbook has been approved by AQA for use with our qualification.
This means that we have checked that it broadly covers the specification
and we are satisfied with the overall quality. Full details of our approval
process can be found on our website.

We approve textbooks because we know how important it is for teachers
and students to have the right resources to support their teaching and
learning. However, the publisher is ultimately responsible for the editorial
control and quality of this book.

Please note that when teaching the AQA A Level Year 2 Spanish course, you
must refer to AQA's specification as your definitive source of information.
While this book has been written to match the specification, it cannot
provide complete coverage of every aspect of the course.

A wide range of other useful resources can be found on the relevant subject
pages of our website: www.aqa.org.uk.

Contents

Aspects of political life in the Hispanic world

A Level skills

Kerboodle for AQA Spanish A Level Year 2 includes resources focused on developing key grammar, vocabulary, listening, reading, translation and writing skills. These engaging and varied resources include videos with native Spanish speakers, self-marking tests, listening activities with downloadable transcripts, practice questions with study tips and comprehensive teacher support.

Our AQA Spanish A Level Year 2 Kerboodle resources are accompanied by online interactive versions of the Student Books.

Find out more at www.kerboodle.com

Introduction

AQA A Level Spanish

The AQA A Level Spanish specification is divided into four main subject areas, called Themes. Each Theme is divided into three sub-themes, making a total of twelve sub-themes to study during the course. Theme 1 and Theme 2 below are also included in the AS Level specification. The themes and sub-themes are as follows:

Theme 1: Aspects of Hispanic society: current trends

Los valores tradicionales y modernos
- Los cambios en la familia
- Actitudes hacia el matrimonio/el divorcio
- La influencia de la Iglesia Católica

El ciberespacio
- La influencia de Internet
- Los móviles inteligentes en nuestra sociedad
- Las redes sociales: beneficios y peligros

La igualdad de los sexos
- La mujer en el mercado laboral
- El machismo y el feminismo
- Los derechos de los gays y las personas transgénero

Theme 2: Artistic culture in the Hispanic world

La influencia de los ídolos
- Cantantes y músicos
- Estrellas de televisión y cine
- Modelos

La identidad regional en España
- Tradiciones y costumbres
- La gastronomía
- Las lenguas

El patrimonio cultural
- Sitios históricos y civilizaciones prehispánicas
- Arte y arquitectura
- El patrimonio musical y su diversidad

Theme 3: Multiculturalism in Hispanic society

La inmigración
- Los beneficios y los aspectos negativos
- La inmigración en el mundo hispánico
- Los indocumentados – problemas

El racismo
- Las actitudes racistas y xenófobas
- Las medidas contra el racismo
- La legislación anti-racista

La convivencia
- La convivencia de culturas
- La educación
- Las religiones

Theme 4: Aspects of political life in the Hispanic world

Jóvenes de hoy, ciudadanos del mañana
- Los jóvenes y su actitud hacia la política: activismo o apatía
- El paro entre los jóvenes
- Su sociedad ideal

Monarquías y dictaduras
- La dictadura de Franco
- La evolución de la monarquía en España
- Dictadores latinoamericanos

Los movimientos populares
- La efectividad de las manifestaciones y las huelgas
- El poder de los sindicatos
- Ejemplos de protestas sociales

You will also be required to study either a film and literary text or two literary texts, from a list of prescribed films and texts.

Assessment

The exam is divided into three papers – the contents of these exams are summarised in the table below:

Paper	What's assessed	Length of exam	Marks available	% of A Level
1: Listening, reading and writing	• Aspects of Hispanic society: current trends • Artistic culture in the Hispanic world • Multiculturalism in Hispanic society • Aspects of political life in the Hispanic world • Grammar	2 hours 30 minutes	100 marks	50%
2: Writing	• One text and one film or two texts from the lists in the specification • Grammar	2 hours	80 marks	20%
3: Speaking	• Individual research project • One of the four themes	21–23 minutes (including 5 minutes preparation time)	60 marks	30%

How to use this book

Themes 1 and 2 can be found in the A Level Year 1/AS Student Book. The A Level Year 2 book covers Themes 3 and 4. The chapters match the themes and sub-themes in the AQA specification, so there is always a clear link between the book and the specification. At the beginning of each section, you will find a list of learning objectives, which include language, grammar and skills objectives.

At the end of each of the six sub-themes, there is a vocabulary list to help you learn key words and expressions related to the topic. There is also a revision section to help you put what you have learned into practice.

An A Level skills section at the end of the book examines the study of films and literary texts, and provides guidance on how to tackle literary text comprehension and the individual research project.

The features in this book include:

 ¿Lo sabías?

An anecdotal insight into facts/figures relating to each sub-theme.

 Gramática

Summary grammar explanations and examples, linked to online interactive activities.

(A grammar section can be found at the back of the book.)

 Estrategias

The 'skills' boxes help build key language learning strategies. These are linked to online worksheets. Further tips are presented in the *Consejo* boxes in the review pages at the end of each unit.

 Vocabulario

The most challenging new vocabulary from the exercises on each spread is translated in these boxes.

 Expresiones claves

Key words and phrases designed to give you prompts for productive tasks.

 Audio stimulus

This indicates audio material for listening activities.

1 La inmigración

By the end of this section you will be able to:

	Language	Grammar	Skills
1.1 **Los beneficios y los aspectos negativos**	Discuss the positive and negative aspects of immigration	Form and use the present tense	Improve dictionary skills
1.2 **La inmigración en el mundo hispánico**	Learn more about immigration in the Spanish-speaking world	Revise the imperfect and preterite tenses	Revise the use of loan words
1.3 **Los indocumentados – problemas**	Discuss what problems illegal migrants might face	Use compound tenses	Vary vocabulary by using synonyms

En unas pocas décadas, España se ha pasado de ser un país generador de emigración a ser un receptor de flujo migratorio. Hace cuarenta años la emigración de españoles al extranjero empezó a disminuir y se produjo el retorno de muchos emigrantes españoles. Desde el año 2000, España ha presentado una de las mayores tasas de inmigración del mundo, sin embargo últimamente, muchos españoles se han visto forzados a marcharse y buscarse la vida en otros países europeos. La inmigración ha traído muchos beneficios al país; por ejemplo, la llegada de población inmigrante en edad de trabajar ha repercutido favorablemente en el total de afiliaciones a la Seguridad Social. No obstante, quizás haya perjudicado a los trabajadores peor pagados, debido a un aumento de la oferta de mano de obra menos valorada socialmente por su cualificación laboral.

1 El mapa muestra los países de donde vienen los inmigrantes a España. ¿Por qué crees que vienen muchos latinoamericanos a España? ¿Qué les atrae? ¿De qué otros países vienen?

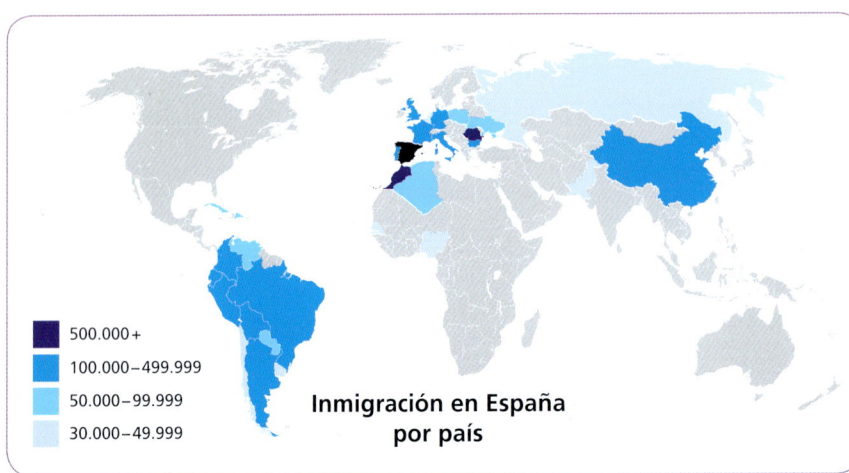

| 500.000+ |
| 100.000–499.999 |
| 50.000–99.999 |
| 30.000–49.999 |

Inmigración en España por país

2 Sin usar un diccionario, ¿cuántas de estas palabras conoces? Compara tus respuestas con las de un(a) compañero/a.

1 arriesgarse
2 la esperanza
3 procedente de
4 sobrevivir
5 buscar asilo político
6 una patera
7 los extranjeros
8 la jubilación
9 habitantes
10 refugiarse

3 Lee la información en "¿Lo sabías?" y decide si las frases son Verdaderas (V), Falsas (F) o No mencionadas (N).

1 En España, la mayor parte de inmigrantes vienen de Iberoamérica.
2 Desde 2014 el número de inmigrantes que llega a España ha seguido aumentando.
3 Muchos ingleses compran casas en la Costa del Sol al jubilarse.
4 Muchos inmigrantes deciden llegar en barcos.
5 Los inmigrantes representan diez por ciento de los residentes en España.
6 La mayoría de los inmigrantes africanos vienen del norte del continente.

4 Completa el texto escogiendo la palabra más apropiada de la lista de abajo.

El Día del Inmigrante

El Día del Inmigrante en Argentina se ¹_____ el 4 de septiembre de cada año. Fue ²_____ por el presidente Juan Perón y se eligió esa fecha para recordar la ³_____ de los primeros inmigrantes al país en 1812 cuando el gobierno decidió ofrecer su inmediata ⁴_____ a los individuos de todas las naciones que quisieron fijar su ⁵_____ en Argentina. Sin embargo, hoy en día sabemos que en muchos países del mundo los derechos humanos y las ⁶_____ de los inmigrantes son violados a diario.

En España, como en otras naciones, este día se conmemora con denuncias y actividades con el fin de ⁷_____ los derechos de los inmigrantes y ayudarles a integrarse dentro de la sociedad. Por eso, es necesario que todas las personas pongan su ⁸_____ de arena, para que poco a poco se construya un mundo donde todos ⁹_____ tratados por igual sin importar el lugar de donde se proceda ni el poder ¹⁰_____ que se tenga.

El tango en las calles de Buenos Aires

granito   adquisitivo   protección   establecer   establecido
llegada   libertades   sean   domicilio   celebra

¿Lo sabías?

■ Una de cada diez personas residentes en España es extranjera. Eso quiere decir que aproximadamente 4,6 millones de los 46,7 millones de habitantes son inmigrantes.

■ En España, la mayoría de los inmigrantes provienen de Iberoamérica (el 36%); seguido de los de la Unión Europea (34%) y del norte de África (14%).

■ El número de extranjeros continuó subiendo anualmente hasta 2014 cuando, a causa de la crisis económica, el país perdió unas 200.000 personas.

■ Los motivos de la inmigración no son solo económicos, ni todos los inmigrantes proceden de países pobres. Hay extranjeros procedentes de países prósperos que van a España tras su jubilación, por ejemplo los británicos y los alemanes.

■ La inmigración ha contribuido a atenuar la escasez de oferta de mano de obra.

■ Los inmigrantes vienen por diferentes motivos, por ejemplo para buscar asilo político, tener un trabajo fijo, refugiarse en otro país o simplemente sobrevivir y ganarse la vida.

5 Lee de nuevo el texto de actividad 4. Empareja cada palabra con su sinónimo.

1 celebrarse   a infringido
2 elegir   b paulatinamente
3 violado   c tarea
4 actividad   d festejarse
5 poco a poco   e sitio
6 lugar   f atendido
7 tratado   g escoger

6 Imagina que eres un inmigrante ilegal intentando llegar a otro país. ¿Cómo te sentirías? ¿Cuáles serían los motivos por los que dejaste tu país? ¿Con qué peligros te encontrarías durante el camino? ¿Y al llegar al país receptor? Escribe unas 250–300 palabras.

1 Mira esta caricatura y contesta las preguntas en español.

- ¿Qué sectores aparecen en la viñeta?
- Según la viñeta, ¿qué problemas habría sin inmigrantes?
- ¿Crees que esta viñeta es positiva o negativa? Explica tu respuesta.

2a Lee el artículo y empareja los sinónimos de las palabras o frases abajo.

España pierde población

Hasta hace poco, España era un país que acogía a inmigrantes. Sin embargo, a causa de la crisis económica la situación está cambiando. Según los datos del Instituto Nacional de Estadísticas (INE) el número de extranjeros ha disminuido anualmente en casi 300.000 desde 2011 y éste es el factor principal que explica por qué España pierde gente. Es el cuarto año consecutivo que bajan las cifras, pero los inmigrantes aún representan el 10% de la población. Tras esta reducción está la marcha de inmigrantes a su país de origen o a otros países.

En España hay aproximadamente unos 4,7 millones de extranjeros. De este grupo, casi 2,6 millones vienen de fuera de la Unión Europea y 2,1 millones de la UE. La mayoría de los extranjeros residentes son marroquíes y rumanos; un cuarto de los inmigrantes que viven en España viene de estos países. Más de la mitad tienen menos de 40 años, y por eso han contribuido al rejuvenecimiento de la población. Esto es lo contrario de lo que pasa con los inmigrantes de países como el Reino Unido o Alemania que principalmente son jubilados.

Junto a este fenómeno, está el éxodo de españoles a otros países. Según el INE, en el primer semestre de 2015, unos 51.000 españoles decidieron irse al extranjero, un 30% más que en 2014. El número de españoles que ha vuelto al país es mucho menor que la cifra de los que se van: en la primera mitad del mismo año regresaron unos 23.000 españoles, menos de la mitad de los que buscan oportunidades fuera.

1	daba refugio	**a**	regresado
2	cae	**b**	procede de
3	disminución	**c**	marcha
4	partida	**d**	principalmente
5	foráneos	**e**	acogía
6	viene de	**f**	disminuye
7	primordialmente	**g**	reducción
8	vuelto	**h**	extranjeros

2b Lee las siete frases y elige las cuatro que se mencionan en el artículo.

1. La crisis económica ha causado que más inmigrantes se marchen de España.
2. El número de inmigrantes ha bajado en un cuarto.
3. La mayor parte de los inmigrantes de España vienen de la Unión Europea.
4. Debido a los inmigrantes la población es más joven.
5. Generalmente, los inmigrantes británicos van a España para jubilarse.
6. Los jóvenes españoles son los que deciden volver a su país.
7. Hay más españoles que se buscan la vida fuera de su país de los que regresan.

3 Lee y traduce este texto al inglés.

México acoge a muchos españoles cualificados que huyen de la crisis con la esperanza de hallar un mejor futuro en este país, donde las perspectivas económicas son positivas a pesar de la desaceleración global. Hoy ingenieros, licenciados, periodistas o publicistas están saliendo de España en búsqueda de oportunidades laborales y México se ha convertido en un buen destino para ellos. En el primer semestre de este año, unos mil españoles obtuvieron permiso de trabajo en México.

4 〰 Escucha este reportaje sobre Sara Ponce que decidió marcharse de España. Escribe un párrafo en español resumiendo lo que has entendido. No debes usar más de 90 palabras y debes incluir los siguientes puntos en tu resumen. Escribe usando frases completas y, en la medida de lo posible, debes utilizar tus propias palabras. Incluye:

- sus razones para salir de España
- su historia laboral
- la reacción del padre de Sara.

5a Mira las siguientes fotos y contesta las preguntas.

"Deberíamos aprovechar la riqueza multicultural que trae consigo la inmigración para enriquecer nuestra propia cultura."

- ¿Cuáles son las ventajas de vivir en una cultura distinta?
- ¿Qué sabes tú de la cultura del mundo hispánico?
- En general ¿piensas que la inmigración enriquece o empobrece la cultura del país receptor?

5b Ahora escribe tu argumento de la opinión en actividad 5a en 250–300 palabras.

Estrategias

Dictionary skills

Bilingual dictionaries are very useful when translating into Spanish but you should use them carefully.
It can be easy to make mistakes when looking up new words. When looking up how to say something in Spanish, you must be confident that you have found the correct form of the word and are using it in the right context. To check, look up the word you find in the Spanish-English section as well – if you are in doubt, choose a different word or way of saying what you want to say. You should also be aware that there are certain phrases which cannot be translated word for word.

Vocabulario

echar de menos *to miss*
la etapa *stage*
la licenciatura *a university degree*
quedarse *to stay*

Expresiones claves

a mi juicio
desde mi punto de vista
la integración
el intercambio intercultural

1 Lee el texto y decide si las siguientes frases son Verdaderas (V), Falsas (F) o No mencionadas (N).

¿Los inmigrantes ayudan a España?

España habría sufrido una crisis más prolongada y la salida se habría retrasado sin la aportación de los inmigrantes, según un informe de la Fundación Ideas.

"La inmigración ha sostenido la actividad económica, incluso durante la crisis, y va a ser crucial para la recuperación porque sin inmigración, la riqueza nacional se habría contraído más", dijo Jesús Caldera, vicepresidente de la fundación.

El informe destaca que sin la aportación de los trabajadores extranjeros, la economía no hubiera crecido a los ritmos alcanzados durante el periodo de auge económico. Así, señala que en la última década el 60% del crecimiento de la economía se puede asignar a la inmigración, que tuvo un impacto positivo en la renta per cápita, elevándola un 32 por ciento en ese periodo, hasta los 23.000 euros.

Además, indica que los trabajadores extranjeros realizan una contribución directa al empleo de cerca del 15 por ciento del total del trabajo en España. "En los años de bonanza, los trabajadores extranjeros nos ayudaron a generar crecimiento y empleo; durante la época de crisis, sufrieron el primer impacto del derrumbe del sector de la construcción, pero inmediatamente ayudaron a recuperar la actividad en el sector servicios y con vista a la recuperación, están mostrando una iniciativa económica emprendedora muy necesaria", agregó Caldera.

El informe afirma que durante los diez años anteriores a la crisis, la contribución de los inmigrantes a las finanzas de la seguridad social supuso 5.000 millones de euros anuales, es decir el 50 por ciento del conjunto del sector público.

Vocabulario

la aportación *contribution*
el auge *boom*
el derrumbe *collapse*
destacar *to highlight*
el informe *report*
realizar *to make*
la riqueza *wealth*

1 Si no fuera por los inmigrantes, la economía española se habría estancado.
2 En los últimos diez años, la inmigración ha crecido un 60%.
3 Los inmigrantes fueron unos de los primeros en sufrir la crisis económica.
4 Actualmente los inmigrantes están reanimando la economía.
5 Los inmigrantes trabajan como médicos en la seguridad social.

2 〰️ Escucha a Odigie hablar del viaje que hizo su padre desde Nigeria a España. Lee las frases y elige la opción (*a*, *b* o *c*) correcta.

1 Odigie…
  a tiene su propio piso.
  b alquila su piso.
  c vive con su mujer y sus dos hijos.
2 La empresa donde trabajaba el padre de Odigie…
  a le echó.
  b le trasladó a España.
  c le redujo el salario.
3 Antes de empezar el viaje, su padre…
  a se despidió de su mujer.
  b se despidió de sus hermanos.
  c se despidió de sus padres.

4 Durante su viaje a España, el padre de Odigie…
  a pasó mucha hambre.
  b perdió a su mejor amigo.
  c fue atacado por una pandilla de ultras.
5 Odigie…
  a ha trabajado de camarero.
  b se encuentra sin empleo.
  c está a punto de conseguir un trabajo.

Vocabulario

a escondidas *hidden*
buscar *to look for*
despedir *to sack*
lograr *to achieve/to manage*
marcharse *to leave*
el traslado *move*
la valla *fence/wall*

3 Traduce las siguientes frases.

1 Spain needs immigrants because it has a low birth rate.
2 Many immigrants work in the country's hidden economy.
3 It is said that some companies exploit immigrants.
4 Immigrants can live in poor conditions and suffer from a lack of basic rights.
5 Immigration enriches the culture of the host country.

4a Lee este artículo y busca todos los ejemplos del verbo en presente.

Salvamento Marítimo ha iniciado una búsqueda para localizar en el mar de Alborán una patera con 52 personas a bordo. Una portavoz de Salvamento ha indicado que la cooperante alertó en la madrugada del viernes de la salida de esta embarcación desde la costa de Marruecos en dirección a España.

En su llamada, la cooperante detalla que las 52 personas, entre ellas siete mujeres, se encuentran a la deriva y que viajan a bordo de una embarcación neumática con un motor de 40 caballos de potencia. Aunque la mayoría presenta buen estado de salud, una docena padecen de insolación.

Hasta el mar de Alborán han sido movilizados un avión de rescate y una embarcación, que realizan labores de búsqueda de la patera. Esta nueva actuación de Salvamento Marítimo se suma al rescate de 81 inmigrantes de hace unas semanas, en el que se localizaron tres embarcaciones cerca de la costa de El Ejido de Punta en Almería.

4b Lee el artículo de nuevo y responde a las preguntas en español, de forma breve y concisa. No es necesario hacer frases completas para todas las respuestas.

1 ¿Qué está buscando exactamente Salvamento Marítimo?
2 ¿Cómo es una patera?
3 ¿Cómo se encuentran las personas de a bordo?
4 ¿Qué recursos se han usado para encontrar a las personas?
5 ¿Dónde se encontraron hace poco tres embarcaciones?

5 〰 Escucha este reportaje sobre los beneficios de la inmigración. Escribe un párrafo en español resumiendo lo que has entendido. No debes usar más de 90 palabras y debes usar tus propias palabras. Incluye:

- la oferta laboral de los inmigrantes
- el aumento de la diversidad cultural que los inmigrantes traen
- el uso de los servicios sanitarios por parte de los inmigrantes.

6 ¿Estás a favor o en contra de la inmigración? Prepara tus ideas para un debate sobre el siguiente tema: "La inmigración trae más beneficios que problemas a los países receptores".

🔲 Gramática

The present tense

The present tense in Spanish is used to:

- state facts relating to the present

Hoy en día, la inmigración es un tema polémico.

- express a general truth

Los inmigrantes ayudan a la economía del país receptor.

To form the present tense add the following endings to the stem of the verb:

-*ar* verbs: *-o, -as, -a, -amos, -áis, -an*

-*er* verbs: *-o, -es, -e, -emos, -éis, -en*

-*ir* verbs: *-o, -es, -e, -imos, -ís, -en*

See pages 148–149.

■ Expresiones claves

el país receptor
el país de origen
eliminar puestos de trabajo
bajar los salarios
elevar la tasa de natalidad
incitar actitudes racistas
el crecimiento de la economía
enriquecer la cultura
la fuga de cerebros

1 Mira el gráfico y discútelo con tu compañero/a. Utiliza las expresiones claves para ayudarte.

Evolución del número de inmigrantes internacionales en Sudamérica

	1990	2000	2010	2013	Crecimiento acumulado
Argentina	1.649.919	1.540.219	1.805.957	1.885.678	235.759
Brasil	798.517	684.596	592.568	599.678	-198.839
Chile	107.501	177.332	369.436	398.251	290.750
Ecuador	78.663	101.352	325.668	359.315	280.652
Paraguay	183.335	175.430	181.728	185.776	2.441
Venezuela	1.023.259	1.013.531	1.129.941	1.171.331	148.072

■ Expresiones claves

El gráfico muestra que…
Las cifras muestran que…
En cuanto a
En comparación con
Se puede ver/decir que…
Se nota que…
(No) Me sorprende que…

- ¿Te sorprenden algunas de las cifras mencionadas en el gráfico?
- ¿Por qué crees que el número de inmigrantes en Chile ha aumentado?
- ¿Por qué crees que el número de inmigrantes en Brasil ha disminuido?
- ¿Qué oportunidades puede tener el inmigrante en países como Chile y Argentina?
- ¿Crees que esta evolución del número de inmigrantes va a cambiar en el futuro?

2a Antes de leer el texto, empareja las palabras.

1	destacar	**a**	different
2	volverse a	**b**	abroad
3	distinto	**c**	main
4	formación	**d**	to highlight
5	extranjero	**e**	training
6	principal	**f**	to go back to

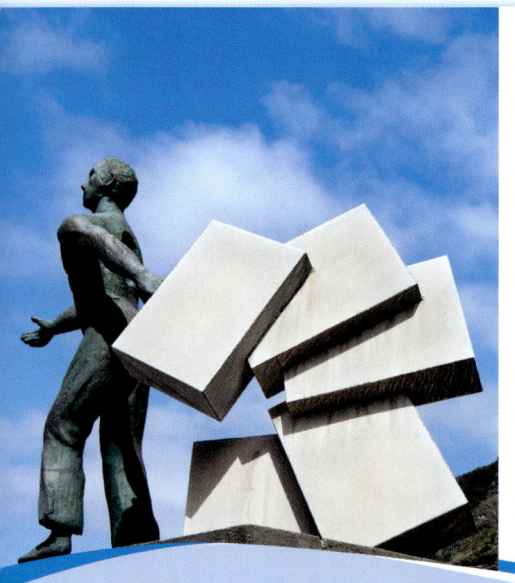

Es imprescindible señalar que durante toda la historia española la inmigración ha convivido simultáneamente con la emigración. Es un fenómeno histórico que comenzó en la Edad Media y en el siglo veinte, varió sus destinos principales de América a Europa, deteniéndose a causa de la crisis de 1973. Volvió a incrementar después del auge económico que siguió tras la entrada de España en la Comunidad Europea en 1986.

A pesar de que se ha producido un retorno importante de inmigrantes, siguen existiendo significativas colonias de españoles en distintos países europeos y americanos, así como de sus descendientes nacidos allí. Es especialmente relevante la emigración de jóvenes universitarios que terminan su formación científica en el extranjero y que en muchas ocasiones no retornan. La mayor población española fuera de España se concentra en Argentina, que ha sido históricamente el principal destino de las oleadas de emigrantes españoles y es nuevamente en la actualidad el principal receptor de emigrantes, junto con otros países hispanoamericanos como México.

2b Lee el texto de nuevo y empareja las dos partes de las frases siguientes. ¡Cuidado! Sobran segundas partes.

1 En España…
2 La inmigración a España…
3 Hay aun grupos de españoles que…
4 Muchos jóvenes españoles no…
5 Argentina…

a aumentó cuando el país entró en la Unión Europea.
b es históricamente un destino turístico.
c siempre ha tenido grandes cantidades de españoles.
d la inmigración y la emigración siempre han cohabitado.
e vuelven a su país.
f es una industria muy importante.
g residen en diferentes lugares del mundo.

3 Lee el texto y responde a las preguntas en español con la información necesaria, de forma breve y concisa. No es necesario hacer frases completas para todas las respuestas.

España: pueblo en Burgos con sabor colombiano

En el interior de España hay un pueblo peculiar habitado sólo por colombianos: Rioseco, en Burgos. No sólo han salvado a la localidad del fantasma de la soledad, sino que además acaban de producir el primer queso ecológico de cabra de toda España. Llegaron hasta allí empujados por la migración, pero primero probaron suerte en ciudades como Madrid o Barcelona.

Los primeros inmigrantes latinoamericanos llegaron hace cuatro años. Allí les esperaba el español Alfonso Pérez, propietario de una empresa y de cientos de cabras, que buscaba nuevos trabajadores. Uno de ellos, José ha contado que vino para buscar estabilidad para su familia y que su primera impresión de Rioseco fue poco favorable. José no estaba muy seguro de que la empresa duraría mucho tiempo. No estaba acostumbrado a las condiciones deprimentes como las temperaturas bajo cero y la soledad sin embargo, todo cambió cuando llegó su esposa. Después llegaron los hermanos de su esposa, sus padres y sus hijas. El censo del pueblo parece pequeño, 13 habitantes y cuatro viviendas, pero ha disparado los índices de población en el silencioso Valle del Manzanedo.

Pérez intentó poner vida al pueblo y a su producto con muchos españoles, pero se marchaban porque el trabajo les parecía sucio. Solo fue con la llegada de los colombianos cuando, poco a poco, la situación cambió. Los habitantes de Rioseco intentan viajar una vez al año a Colombia. El resto del tiempo impregnan la atmósfera del valle con efluvios de arepas, chocolate y otros platos típicos de su país. Aunque están contentos, todos anhelan volver algún día a Colombia y ver a toda la familia junta de nuevo.

Estrategias

Loan words

Words borrowed from one language and adopted by other languages are called loan words. In Spanish, in some cases words are used with the original spelling, while others take on a more 'Spanish' spelling. Spotting these and remembering patterns of spelling are good ways of increasing your vocabulary quickly and therefore understanding more complex texts. In Activity 2 you can find words from Latin such as *inmigración*, and *colonias*, and from Greek *fenómeno*.

Vocabulario

alievado *relieved*
anhelar *to long for, to yearn*
las arepas *corn snack popular in Colombia*
los efluvios *outpours*
empujar *to push*

1 ¿Por qué es el pueblo de Rioseco único?
2 ¿Qué hicieron los colombianos antes de llegar a Rioseco?
3 ¿Cuál fue la impresión de José cuando llegó al pueblo?
4 ¿Cómo crees que era la vida de José y su familia al principio? ¿Por qué?
5 Si tú fueras José, ¿te hubieras mudado a Rioseco? ¿Por qué?

4 〰 Escucha este reportaje. Luego, escribe un párrafo en español resumiendo lo que has entendido. No debes usar más de 90 palabras y debes usar tus propias palabras. Incluye:

- las características de los hispanos en los Estados Unidos
- por qué los hispanos son tan importantes en los Estados Unidos
- el ejemplo de México.

Vocabulario

el/la estadounidense *American (from the USA)*
lograr *to achieve*
reforzar *to strengthen*
semejante *similar*
suponer *to represent*
vale la pena *worthwhile*
los vínculos *links*

Gramática

The preterite and imperfect tenses

To talk about the past, you can use either the preterite or the imperfect tense.

The preterite tense

This is used to refer to single events in the past.

Cuando llegué al pueblo no me gustó. (When I arrived in the town I didn't like it.)

See pages 149–150.

Note: The preterite of *hay* (there is/there are) is *hubo*, but because the preterite is used for events, not for ongoing situations or descriptions, when you want to say 'there was/there were' you are more likely to need the imperfect form *había*.

The imperfect tense

This is used to:

- describe what something was like in the past:

España era un país de inmigrantes. (Spain was a country of immigrants.)

- say what someone or something used to do:

Le encantaba viajar por Europa. (He used to love visiting Europe.)

- describe an ongoing action in the past, for example an action that was interrupted by something else that happened:

Cuando llegó a España, no tenía trabajo. (When he arrived in Spain, he had no job.)

See pages 150–151.

1 Contesta estas preguntas con tu compañero/a.

1 ¿Qué conoces de la inmigración en el mundo hispano?
2 ¿Qué problemas puede encontrar un inmigrante en otro país?

2 Escucha las cinco entrevistas. Apunta los siguientes datos para cada persona.

		País de destino	Motivos para dejar su país
1	Susana		

3 Lee este artículo y decide si las frases son Verdaderas (V), Falsas (F) o No mencionadas (N).

Quito celebra el Día Internacional del Migrante

La plaza Gabriela Mistral de Quito en Ecuador fue el escenario que reunió a ciudadanos de otras nacionalidades y ecuatorianos retornados, para participar en un festival anual de música, arte, danza y gastronomía por el Día Internacional del Migrante.

Alrededor de la plaza estaban ubicadas carpas en las que se difundía la historia, cultura, arte y gastronomía de países como Colombia, Venezuela, Cuba y La República Dominicana entre otros.

La alegría de los asistentes se reflejaba en los rostros al danzar y cantar música de su país de origen. Así lo confirmó la colombiana Marina Abril, quien vive en Quito desde hace 18 años y considera que "Ecuador es un país hermano y al que agradece mucho".

Otra de las asistentes, Lucía Jumbo, migrante que retornó al Ecuador después de residir 15 años en España, participó en el evento este día y comentó que con la ayuda de su familia tiene su propio negocio en el que se elabora miel de abeja, turrones y mermeladas.

El Día Internacional del Migrante es una conmemoración que se realiza desde diciembre de 2000, por una resolución emitida por la Asamblea General de las Naciones Unidas en la que se explica que esta decisión se da por el elevado número de emigrantes que existe en el mundo y la necesidad de seguir tratando de asegurar el respeto de los derechos humanos y las libertades fundamentales de todos los migrantes.

1 El Día Internacional del Migrante ocurre todos los años en julio.
2 El Día celebra la vida hispana.
3 Marina Abril vive en Quito desde los 18 años.
4 Lucía Jumbo produce sus propios alimentos.
5 Este Día fue establecido a causa de la alta cifra de gente que no vive en su país.

4 Traduce al español este texto.

After I arrived in Spain with my wife from the Dominican Republic, we decided that the best thing to do was to integrate ourselves fully into the community. At first, as we could already speak Spanish we found life to be a little easier. Nevertheless, we still faced issues particularly when we wanted to become Spanish residents. The problem is that I have just lost my job and the only money coming in is what my wife earns. We are now struggling to make ends meet. I hope this situation changes soon.

5 Escucha la historia de Alberto, un español de la provincia de Navarra, que vino a Chile de niño. Lee las frases y elige la opción (*a, b* o *c*) correcta.

1 Alberto llegó a Chile con…
  a ocho meses.
  b ocho años.
  c dieciocho años.

2 Alberto y su padre se fueron a los Andes porque…
  a tenían parientes allí.
  b conocían la zona.
  c vivían amigos suyos allí.

3 Al llegar, el padre de Alberto…
  a encontró un trabajo bien pagado.
  b compró animales.
  c se alojó en un hotel.

4 Mientras en Chile el padre de Alberto…
  a se casó de nuevo.
  b se enteró de la muerte de su esposa.
  c conoció a su hermanastro.

5 Cuando llegaron tiempos difíciles la familia…
  a vendió lo que producían.
  b sufrió mucho.
  c compró una casa más pequeña.

6 Cuando la situación mejoró la familia…
  a invirtió el dinero en viviendas.
  b mandó a los hijos a la universidad.
  c se mudó.

Vocabulario

alimentar *to feed*
arrendar *to rent*
un galpón *ranch-style house*
permanecer *to stay*

6 Lee este poema del poeta y dramaturgo, Juan Antonio Cavestany que nació en Sevilla en 1861. En "Canto a la Argentina", se refiere a quienes han dejado sus tierras en busca de paz y prosperidad. Busca las palabras que tengan el mismo significado.

Canto a la Argentina

¡Salve noble Nación! Seguro puerto
guardado por las olas y los Andes;
ayer, triste desierto,
hoy pueblo rico, grande entre los grandes.
El Mundo Viejo que antes te enseñaba
Hoy aprende de ti; de ti recibe
Hasta el mismo sustento de que vive.
Atravesando mares,
A ti llegan sus hijos a millares,

A realizar su anhelo
De beber de tu fuente,
De escoger riquezas en tu suelo
Y de aspirar venturas en tu ambiente.
Llegan… y hallan la suerte apetecida,
Pues dan a un tiempo, como doble palma,
Tu tierra, el rubio trigo: ¡el pan de vida!;
Tu aire, la Libertad: ¡el pan del alma!

1 apenado
2 buscan
3 cruzando
4 deseo
5 elegir
6 exhibía
7 independencia
8 manantial
9 próspero
10 protegido
11 sostenimiento

Expresiones claves

Hay muchos factores
el crecimiento económico
los cambios culturales
la calidad de vida
se notan cambios
atraer a la gente

7 Con tu compañero/a discute las siguientes preguntas.

- ¿Por qué crees que países sudamericanos como Argentina o Chile fueron tan atractivos para los españoles en esa época?
- ¿Qué otros países hispanos fueron destinos para los españoles en la primera mitad del siglo veinte?
- ¿Qué opinas de la gente que dice que al haber mucha inmigración un país pierde su propia identidad?

1a Lee los cuatro textos y busca las palabras/frases.

1 hungry
2 a routine search
3 driver
4 to get in
5 dinghy/small boat
6 sunk
7 survivors
8 Straits

9 he/she should receive
10 indigenous population
11 who register
12 to access
13 legal advice
14 they helped
15 journey
16 to move

1 Un camión lleno de indocumentados

La policía mexicana dijo que había detenido a 289 indocumentados hambrientos y deshidratados en un camión. Fueron descubiertos durante una revisión de rutina en el estado de Durango. La policía detuvo el vehículo porque el conductor parecía sospechoso, y cuando lo pararon, los agentes oyeron los gritos y los golpes de los indocumentados en el interior del vehículo.

Miles de personas sin documentos cruzan México cada año para tratar de llegar a la frontera norte e ingresar a Estados Unidos.

2 Estrecho de Gibraltar: mueren indocumentados

Una patera que transportaba a 23 inmigrantes se hundió cerca de la costa gaditana, provocando la muerte de por lo menos seis personas. Otros 11 pasajeros se encuentran desaparecidos y se presume que también habrían perdido la vida.

Entrar ilegalmente a España era el objetivo final de los viajeros. Los sobrevivientes confesaron que habían pagado unos 1.000 euros a los contrabandistas para que los guiaran a través del Estrecho.

3 El País Vasco ayuda a indocumentados

Omer Oke es director de Inmigraciones del gobierno del País Vasco y piensa que el inmigrante, sea indocumentado o no, debería recibir igual trato. Además quiere potenciar el espíritu de la política de integración de nuevos habitantes en esta región.

Oke destacó que el Plan de Inmigración de la autonomía busca integrar a los nuevos residentes con la población autóctona. Todos los inmigrantes que se empadronan en el País Vasco pueden acceder a medidas de asistencia social. Éstas son medidas que los nativos dan por hecho, por ejemplo vivienda gratuita, tarjeta sanitaria, asesoramiento jurídico para tramitar residencias y beneficios sociales de hasta 435 euros mensuales.

4 Turistas ayudan a indocumentados

Turistas en una playa de Tenerife, en las Islas Canarias, auxiliaron a un grupo de fatigados inmigrantes indocumentados provenientes de África, cuyo barco tocó tierra tras largas horas de travesía en el mar.

Los turistas ayudaron a casi 90 inmigrantes. Les dieron agua y comida hasta que llegaron la policía y la Cruz Roja y los llevaron a un centro cercano. Algunos veraneantes incluso entraron en la playa con sus todoterrenos para trasladar a los indocumentados que se encontraban más débiles y que no podían ir a los centros asistenciales de la zona.

Vocabulario

auxiliar to help/to assist
destacar to highlight
gaditana of/from Cadiz
el remolque trailer/tow
todoterrenos four-wheel, off-road (vehicles)
los/las veraneantes summer holidaymakers

1b Lee los textos de nuevo y contesta las siguientes preguntas.

1 ¿A qué se refiere la cifra 289?
2 ¿En qué estado estaban los indocumentados?
3 ¿Por qué cruzan miles de indocumentados la frontera mexicana?
4 ¿Cuál fue la consecuencia del hundimiento de la patera?
5 ¿Qué confesaron los sobrevivientes de la patera?
6 ¿Cuál es el objetivo del Plan de Inmigración?
7 Según el artículo, nombra dos de los beneficios que tienen los indocumentados al estar empadronados.
8 ¿Por qué estaban exhaustos los inmigrantes que llegaron a una playa de Tenerife?
9 ¿Cómo ayudaron los turistas a los inmigrantes?

1c Traduce el primer texto "Un camión lleno de indocumentados" al inglés.

2 〰 Escucha este reportaje que habla de Teresa y decide cuáles de las siguientes afirmaciones son las cuatro correctas.

1 Teresa vive en un barrio madrileño con muchos marroquíes.
2 Llegó al país con ganas.
3 Pensaba que se quedaría unos pocos años antes de volver.
4 Encontró trabajo en un restaurante.
5 Trabajaba cuidando a una anciana.
6 Tuvo problemas con la Seguridad Social.
7 Se siente muy incómoda ante la situación en que se encuentra.

3 Traduce este texto al español.

> The true scale of the problem of illegal immigration can never be calculated, but an estimated 19 million people worldwide have so far been forced to flee their homes, with 42,000 others joining that number daily. Thousands of hopeful immigrants camp outside the fenced borders of the Spanish enclaves in Africa, Ceuta and Melilla, attempting to earn and save enough money to make the dangerous crossing to Europe. The most desperate have attempted to use hazardous and often fatal ways of evading border control, highlighting the utter desperation of their situation.

4 Traduce estas frases al español.

1 As an immigrant, I have never felt comfortable in this country.
2 Khalid would not have left his country without knowing the risks.
3 Without immigration, the country's Gross National Product would have gone down.
4 Some sectors in Spain would not have had enough workers to keep going.
5 In the future, the number of immigrants will have increased.

5 Mira esta viñeta y con tu compañero/a contesta las preguntas.

- ¿Dónde crees que tiene lugar esta viñeta?
- ¿Qué problema tiene el 'sin papeles'?
- ¿Qué hace el hombre para ser atendido?
- ¿Cómo reacciona la médica?
- En tu opinión, ¿crees que un 'sin papeles' debería tener los mismos derechos que un nativo?

Vocabulario

ahorrar *to save*
conceder *to give*
con ganas *willingly*
la maleta *suitcase*

Gramática

Compound tenses

Simple tenses have only one part (e.g. *como*) whereas compound tenses have two (e.g. *he comido*). Examples of compound tenses are the perfect, pluperfect, future perfect and conditional perfect tenses. For each of these tenses, the auxiliary verb is *haber* (in the appropriate tense) followed by the past participle.

For example:

Perfect tense: *Las autoridades han encontrado a 12 ilegales escondidos en un camión.* (The authorities have found 12 illegal immigrants hidden in a lorry.)

See pages 151–152.

Expresiones claves

Esta desesperado/a
La viñeta muestra
estar resfriado
ser atendido

La frontera entre los Estados Unidos y México

1 Lee las siguientes preguntas y emparéjalas con las respuestas.

1 ¿Viven más inmigrantes en España que en otros países?
2 ¿Hay países con un porcentaje de inmigrantes mucho mayor que el de España?
3 ¿Cómo se puede resolver el problema de los indocumentados en España?
4 ¿La economía sumergida incrementa el problema que sufren los indocumentados?
5 ¿Qué es la Ley de Extranjería?

a Es importante que haya una reforma migratoria para ayudar a los sin papeles.
b No demasiados, pero los hay. Ahora mismo, Canadá y Australia son los grandes países de acogida en el mundo occidental.
c Regula los derechos y deberes de los extranjeros en España y contiene principios que buscan favorecer la inmigración legal.
d El porcentaje de inmigrantes se ha multiplicado por 13 en 20 años. Pocos países han experimentado algo parecido.
e Sin esperanza de tener un empleo fijo, los indocumentados recurren a trabajos temporales que los llevan al umbral de la pobreza.

2 Después de leer el texto decide si las siguientes frases son Verdaderas (V), Falsas (F) o No mencionadas (N).

España lidera la detención de los 'sin papeles' en la Unión Europea

Pese al hecho de que el número de detenciones de sin papeles residentes en España cayó un 21% en el tercer trimestre de 2016, el país siguió siendo el que más inmigrantes apresó, con un total de 52.227, dentro del conjunto de países miembros de la Unión Europea. Esta cifra se encuentra en el informe de la Agencia Europea de los Estados Miembros.

El mayor colectivo de detenidos fue el marroquí con el 14% del total de apresados en España. Además de ser el colectivo extracomunitario más numeroso en España (el último censo indicaba que había 678.467 empadronados), una circular interna de la Policía filtrada a los medios de comunicación, instaba a los agentes a detener, preferiblemente, a marroquíes porque resulta más fácil su expulsión de España. No obstante, el Ministerio del Interior dio orden de retirar esa directriz, tras su publicación en la prensa y pidió disculpas por cualquier malentendido que habría causado este incidente.

Tras los marroquíes, el colectivo con más sin papeles detenidos fue el de los latinoamericanos, sobre todo los bolivianos, paraguayos y brasileños. Estos grupos son los de llegada más reciente a España y, por lo tanto, los que no han podido regularizar su situación de forma generalizada. A nivel continental, el país que acumuló más detenciones de sin papeles fue Afganistán, por delante de Marruecos, Albania, Serbia y Rusia.

1 España encabeza la lista de países de la UE con el mayor número de indocumentados que vuelve a su país de origen.
2 El 12% de los marroquíes en España sufren acoso.
3 Según el informe, la Policía detiene más a los marroquíes por orden del gobierno.
4 Los bolivianos, paraguayos y brasileños no llevan tanto tiempo en España como los marroquíes.
5 Los serbios y albanos prefieren llegar a España en avión.

3 🎙️ Escucha este reportaje. Haz un resumen usando tus propias palabras. Escribe unas 90 palabras en español. Debes incluir:

- quiénes estaban involucrados en el accidente
- qué dijeron los testigos
- lo que se dice de 'La Bestia'.

Vocabulario
lesionados *injured*
rumbo a *on the way to*

4 Escribe las siguientes frases cambiando la palabra subrayada.

1 Miles de centroamericanos **huyen** de la violencia.
2 México **deporta** a nueve de cada diez centroamericanos que van a los Estados Unidos.
3 Los guatemaltecos indocumentados detenidos tras **entrar** en México son los más deportados.
4 La Unión Europea **demanda** de los países miembros **acoger** a más inmigrantes.
5 Pedir **asilo** es algo que los **sin papeles** buscan en el país receptor.
6 Muchos indocumentados no quieren **solicitar** ayuda.

5 Lee este texto sobre el tren 'La Bestia' y contesta las preguntas.

'La Bestia' no solo transporta productos sino que lleva además unos 700 migrantes centroamericanos que buscan llegar a la frontera con Estados Unidos montados en el techo y en los extremos de los vagones.

El recorrido comenzaba en Hidalgo, en un punto fronterizo entre Guatemala y México. Anteriormente, los migrantes solían iniciar allí la primera monta de 'La Bestia', pero en el 2005 un huracán destruyó las vías. Ahora, el trayecto de 275 kilómetros hasta la ciudad de Arriaga deben realizarlo a pie.

Unos deciden caminar durante diez días por las vías del tren, otros se adentran en terrenos desconocidos, pero el viaje siempre debe transcurrir lejos de las carreteras, donde está 'la migra' (las autoridades migratorias), uno de los tantos antagonistas de esta historia.

El deterioro mental y físico que implica un viaje de estas características se refleja en la cara y los cuerpos de los 'viajeros'. Es el caso de José Guardado, un migrante hondureño que busca llegar a California, y conseguir una prótesis para su brazo izquierdo, el cual cuatro años antes le fue amputado por el mismo tren.

La ansiedad por llegar a la frontera e ingresar en EEUU es de suma importancia porque no solo les ayudará a ellos sino también a los seres queridos que han dejado atrás. La posibilidad de tener un trabajo significa poder ayudarles.

Las remesas que envían los migrantes desde Estados Unidos tienen un efecto directo en la vida de sus familias y en las economías locales. Un estudio publicado por el Banco Interamericano de Desarrollo muestra una relación inversa ya que aumenta la tasa de criminalidad en localidades mexicanas cuando las remesas llegan.

1 ¿Por qué no se puede empezar el trayecto en Hidalgo?
2 ¿Cómo llegan los que hacen el trayecto a Arriaga?
3 ¿Quiénes son 'la migra'?
4 ¿Por qué quiere José Guardado llegar a California?
5 ¿Cómo perdió José Guardado el brazo?
6 ¿Qué significa este trayecto para estos 'viajeros'?
7 ¿Cuál es el efecto de las remesas que mandan los migrantes a sus familiares?
8 ¿Qué efecto negativo tiene enviar dinero a casa?

6 "Los políticos que quieren limitar la entrada de inmigrantes son racistas. Usan a los inmigrantes como chivo expiatorio para los problemas que el país sufre." ¿Cómo respondes a esta afirmación? Contesta la pregunta, escribiendo unas 300 palabras.

■ Expresiones claves

el apoyo político
la campaña electoral
problemas económicos
los salarios bajos/altos
el impacto social

¡Demuestra lo que has aprendido!

1 Estas palabras y frases pertenecen al tema de "la inmigración". Emparéjalas con su definición.

1	el país receptor	a	La cohabitación
2	el mercado sumergido	b	Los indocumentados
		c	El desarrollo personal
3	la fuga de cerebros	d	Incorporarse
4	arribar	e	Un tipo de barco
5	los 'sin papeles'	f	Lugar que recibe a los inmigrantes
6	integrarse		
7	cruzar	g	El registro
8	la convivencia	h	Encontrar
9	poner rumbo a	i	La huida de profesionales por la falta de oportunidades
10	el acoso		
11	hallar	j	Detener
12	una patera	k	Quedarse
13	permanecer	l	Trabajo no registrado
14	la formación	m	Irse a
15	el censo	n	Llegar a un sitio
16	apresar	o	Atravesar
		p	La intimidación

2 Usando el vocabulario de la actividad 1, rellena los huecos con la palabra o frase apropiada.

1 Es difícil _____ en un país cuando no se tiene el permiso de residencia.
2 Uno de los problemas de la emigración es que hay _____ porque hay gente como los científicos, que deciden marcharse del país.
3 España ha sido _____ para muchos latinoamericanos.
4 _____ dentro de la comunidad, hace la vida más fácil para los inmigrantes.
5 A veces la única manera para que los inmigrantes puedan sobrevivir, es trabajar en _____.
6 Muchos inmigrantes deciden cruzar el Estrecho en _____.

3 Empareja las dos partes de las siguientes frases.

1 En los años 60 muchos españoles…
2 Hoy en día, muchos inmigrantes…
3 Si no hubiera sido por los inmigrantes…
4 En España muchos sectores se…
5 Muchos europeos quieren que…

a arriesgan la vida en el mar.
b mantienen gracias a los inmigrantes.
c emigraban a países como Gran Bretaña y Alemania.
d se limite la inmigración en sus países.
e la economía española podría haber empeorado.

4 Lee las siguientes frases y decide si son Positivas (P), Negativas (N) o las dos (P+N).

1 Ser inmigrante significa alejarte de los tuyos y de todo lo que has fundado en el país de origen.
2 Ser inmigrante es enfrentarte a una realidad donde tus sueños se pueden hacer realidad.
3 Ser inmigrante es caminar por las calles con miedo a ser expulsado.
4 Ser inmigrante es enfrentarte a la xenofobia de muchos nativos pero a la misma vez encontrarse con nuevas amistades.
5 Ser inmigrante es buscar nuevas oportunidades que pueden enriquecer tu vida.
6 Ser inmigrante es soñar con el día que vuelvas a estar con la familia.

¡Haz la prueba!

1 💬 **Traduce este texto al español.**

Spanish police report that they have discovered a network that illegally regularised the working status of Chinese immigrants in Spain. They arrested nearly 60 people in various cities across the country in an overnight operation.

Chinese nationals illegally living in Spain paid up thousands of euros each to obtain fake papers as workers in restaurants or in the domestic sector. In return they received residency permits.

According to the National Statistics Institute, currently Chinese immigrants represent the fifth biggest foreign community in Spain.

[10 marks]

2a 💬 **Lee este artículo y decide si las siguientes frases son Verdaderas (V), Falsas (F) o No mencionadas (N).**

Amor y *bodas* falsas

"No sé el nombre de la mujer con la que me casé", comenta Ismael. "Era marroquí con el nombre muy raro; fue hace siete u ocho meses en un pueblo que estaba lejos de donde vivo. Mi amigo Pablo me dijo que me darían unos 900 euros". Ismael se 'casó' en diciembre de 2014 en Madrid con Najate B. aunque todo el expediente de matrimonio era falso y la novia ni siquiera fue a su boda – la sustituyó otra compatriota ebria – ni se enteró de que estaba casada hasta que la detuvo la Policía siete meses después.

Ese mismo día se celebraron cuatro enlaces a la vez en el Juzgado de Paz. Tres de los novios eran españoles, ansiosos por ganar unos euros; ellas, marroquíes en busca de la tarjeta de residente comunitario. Todos figuran como detenidos en la operación "Faraón".

"Faraón" es la historia de amores de contrabando en los que el fin es el "pasaporte" a Europa en solo unos meses. La Brigada de Extranjería de Madrid ha localizado ya 527 expedientes de matrimonio civil falso en seis pueblos madrileños y ha detenido a 168 personas. Once son miembros de la organización; el resto, contrayentes. Cinco juzgados de tres provincias investigan estas bodas de conveniencia. En "Faraón" se ha detectado también una tendencia más barata. Los aspirantes a marido o mujer son cada vez más latinoamericanos que viven en España, ya que es más fácil y rápido de obtener papeles casándose con un español, sea de origen o sea nacionalizado.

1 Ismael conocía a la mujer con quien se casó.
2 Ismael tuvo que pagar 900 euros por casarse con Najate B.
3 Najate B no apareció a la boda.
4 La operación Faraón se concentra en buscar bodas falsas entre españoles y marroquíes.
5 La Brigada de Extranjería de Madrid ha arrestado a más de un centenar de personas.
6 Ahora más latinoamericanos viajan a España para casarse y obtener los papeles.

[6 marks]

2b ✏️ **Lee de nuevo el artículo de la actividad 2a "Amor y bodas falsas". Escribe un párrafo en español resumiendo lo que has entendido. No debes usar más de 90 palabras y debes incluir los siguientes puntos en tu resumen:**

- lo que le pasó a Ismael [2]
- qué ocurrió en el Juzgado de Paz [2]
- detalles sobre la operacion 'Faraón'. [3].

Hay cinco puntos adicionales por la calidad de tu español escrito. Escribe usando frases completas y, en la medida de lo posible, debes utilizar tus propias palabras.

[12 marks]

3 💬 **Lee este extracto del libro "Las voces del Estrecho" de Andrés Sorel. Luego contesta las preguntas en español.**

A primeras horas de la mañana un Land Rover de la Guardia Civil se dirigió hacia el lugar del naufragio en busca del cuerpo avistado por unos pescadores. Llamaron más tarde a Ismael para que reconociera aquel cadáver. El médico no se atrevía a hacerlo. Lo contemplaba horrorizado mientras se cogía la nariz, como si fuera una pinza, con los dedos. Luego supieron, era febrero, del naufragio de una patera a la altura del Cabo de Gracia. Aquellos días se rescatarían diecinueve cadáveres. Otros cuatro o cinco serían engullidos por el mar.

1 ¿Qué hacía el Land Rover a primeras horas de la mañana?
2 ¿Quiénes descubrieron el cuerpo?
3 ¿Cuál fue la reacción del médico al ver el cadáver?
4 ¿Dónde naufragó la patera?
5 ¿Qué les pasó a los cuerpos que no fueron rescatados del mar?

[5 marks]

4 🗨 **Traduce las siguientes frases al español. ¡Escoge los tiempos de los verbos con cuidado!**

1 The authorities have detained three Syrian refugees in Valencia as they prepared to attack a shopping centre.
2 Due to people's ignorance, attacks on immigrants increase.
3 Spain took in more immigrants between 2009 and 2014 than any other European country.
4 Last night, the Civil Guard rescued more than 1,000 immigrants from the Mediterranean.
5 In 2000, three days of riots in El Ejido left up to 50 immigrant workers injured.
6 On arriving in Spain, many immigrants find themselves with few opportunities.
7 I have often seen, in my neighbourhood, racist graffiti on walls.
8 The Spanish Home Office plans to deport illegal immigrants.

[16 marks]

5 〰 **Escucha este reportaje sobre el número de inmigrantes que llegó a España el año pasado. Rellena la información con una cifra.**

La inmigración en cifras

El año pasado, llegaron a las costas españolas por medio de embarcaciones ¹_____ inmigrantes irregulares. Esta cifra es algo inferior a la de 2011 que fue la más alta en años recientes cuando la cifra llegó a ²_____.

Aunque la tendencia este año es decreciente, se produjo un aumento de llegadas en Canarias, con ³_____ inmigrantes irregulares. Sin embargo, esta cifra está muy por debajo de la cantidad que llegó en 2006 a esta región cuando llegaron ⁴_____.

Por otra parte, el Ministerio del Interior realizó un total de ⁵_____ repatriaciones de inmigrantes irregulares. También las denegaciones de entrada se redujeron en un ⁶_____ % respecto al año anterior, quedando en ⁷_____.

Las readmisiones, en cambio, experimentaron un aumento, hasta alcanzar las ⁸_____. Las devoluciones y expulsiones, por su parte, descendieron, las primeras en un ⁹_____, y las segundas en un ¹⁰_____.

[10 marks]

6 🗨 **Traduce este texto al inglés.**

Ilka sostiene que la deportación en su vida está a la orden del día. "Es algo con lo que he aprendido a vivir. Por eso no me aferro a un país y tampoco hago planes a futuro, ni siquiera hago planes a medio plazo porque mis circunstancias de indocumentada no me lo permiten. La deportación llegará tarde o temprano y es algo inevitable, aprendí a vivir con eso", añade Ilka. "El no tener los documentos que garanticen la residencia legal, expone a los indocumentados a innumerables atropellos", explica Ilka, que decidió abandonar Guatemala para buscar mejores oportunidades para ella y su familia.

[10 marks]

7 ✉ **Empareja los títulos de los artículos con los resúmenes.**

1	Cuántos son	**a**	Es curioso que en un país como los Estados Unidos, con la excepción de los americanos nativos, todos son inmigrantes.
2	Quién sí, quién no		
3	Anti-inmigrante	**b**	Los inmigrantes añaden millones de euros al año a la economía.
4	Pagan impuestos	**c**	Ha habido casos en que indocumentados han servido en las Fuerzas Armadas, e incluso han participado en guerras.
5	Casados y deportados		
6	Héroes en español	**d**	Muchos indocumentados hacen cosas que los nativos no quieren hacer como por ejemplo, ser barrendero.
7	Reciben poco		
8	Quitan trabajos	**e**	La mayoría de indocumentados contribuyen más de lo que les da el gobierno en ayudas.

f En los Estados Unidos viven unos once millones de inmigrantes indocumentados, la mayoría de México.

g Muchos inmigrantes han vivido en el país receptor durante años, han contraído matrimonio con españoles. Aun así, muchos han sido expulsados.

h Las actuales políticas contra los indocumentados están siendo promovidas, principalmente, por simpatizantes extremistas.

[8 marks]

8 💬 **Lee la siguiente opinión. ¿Estás a favor o en contra? Piensa detenidamente y comparte tu opinión con tu compañero/a.**

> Solo se debería dejar entrar a los inmigrantes que pueden contribuir económica y socialmente al desarrollo del país. Es increíble que se deje entrar a todos. Lo que hacen es quitarnos nuestros empleos, viviendas y vaciar la Seguridad Social de recursos.

9 ✏ **Escribe una carta a un periódico de tu ciudad resumiendo los problemas de los inmigrantes y dando una lista de consejos para facilitar su integración. Escribe unas 300 palabras.**

1 Vocabulario

1.1 Los beneficios y los aspectos negativos

	acoger	*to take in*
	aportar	*to contribute*
	apoyar	*to support*
	arriesgarse	*to risk (oneself)*
el	asilo político	*political asylum*
el	auge	*boom*
	buscar	*to look for*
	denunciar	*to report*
los	derechos humanos	*human rights*
a la	deriva	*adrift*
el	derrumbe	*collapse*
	despilfarrar	*to waste*
la	embarcación	*boat*
	empujar	*to push*
	enriquecer	*to enrich*
la	escazez	*lack*
	escoger	*to choose*
la	esperanza	*hope*
el	extranjero	*foreigner*
la	fuga de cerebros	*brain drain*
	ganarse la vida	*to earn a living*
	hacer falta	*to need*
	hallar	*to find*
la	hostelería	*hospitality sector*
la	igualdad	*equality*
el	inmigrante irregular	*illegal immigrant*
	jubilarse	*to retire*
la	mano de obra	*workforce*
	mantener a	*to provide for*
	marcharse	*to leave*
el	mercado sumergido	*black market*
	padecer	*to suffer*
	pagar impuestos	*to pay taxes*
un	país receptor	*a host country*
la	patera	*boat used by immigrants*
el	permiso de trabajo/ de residencia	*work permit/residency permit*
	poner rumbo a	*to head to*
el/la	portavoz	*spokesperson*
	procedente de	*coming from*
	quitar	*to take away*
	realizar	*to carry out*
	refugiarse	*to take refuge*
	refugiado/a	*refugee*
	regresar	*to return*
	rescatar	*to rescue*
la	seguridad social	*social security*
	sobrevivir	*to survive*
la	tasa de natalidad	*birth rate*
	trasladarse	*to relocate/to move*
la	valla	*wall/border*

1.2 La inmigración en el mundo hispánico

	a pesar de	*despite*
	acabar de	*to have just (done something)*
	agradecer	*to show gratitude for*
	alimentar	*to feed*
	anhelar	*to yearn*
la	ascendencia	*ancestry*
la	calidad de vida	*quality of life*
	cambiar	*to change*
el	censo	*census*
la	ciudadanía	*citizenship*
las	colonias	*colonies*
	compartir	*to share*
	convivir	*to live with*
	crecer	*to grow up*
	dejar	*to leave*
el	destino	*destination*
	difundir	*to spread*
	dirigir	*to head*
la	estabilidad	*stability*
	estallar	*to break out*
la	falta de	*lack of*
la	formación	*training*
	ganar	*to earn*
la	guerrilla	*war*
el	hambre	*hunger*
	huir	*to flee*
	incrementar	*to increase*
los	lazos con	*links with*
la	libertad	*freedom*
	llegar a fin de mes	*to make ends meet*
	luchar	*to fight*
	mejorar	*to improve*
el	mundo hispánico	*Spanish-speaking world*
	nacer	*to be born*
la	oleada de	*wave/surge/flood of*
	permanecer	*to stay*
	probar suerte	*to try your luck*
el	puesto	*post/position*
	reforzar	*to strengthen/to reinforce*
	residir	*to live*
	retornar	*to return*

la	revolución castrista	*the Castro revolution*
la	riqueza	*wealth*
	salvar	*to save*
	seguir	*to carry on/to follow*
	señalar	*to highlight*
la	Unión Europea	*European Union*
	viajar	*to travel*

1.3 Los indocumentados – problemas

	acampar	*to camp out*
	acoger	*to accept/to embrace*
	adentrar	*to go deep into*
	ahogarse	*to drown*
	apresar	*to arrest*
el	arraigo	*support*
el	arribo	*arrival*
el	asesoramiento jurídico	*legal advice*
	autóctono	*native*
	auxiliar	*to help*
	buscar	*to look for*
	caer	*to fall*
el	centro de asistencia	*refuge centre*
	conseguir	*to get*
el	contrabandista	*smuggler*
	cruzar	*to cross*
	cuidar	*to look after*
	deportar	*to deport*
los	derechos	*rights*
	descubrir	*to discover*
	detener	*to arrest*
	empadronar	*to register*
	encabezar	*to head/to lead*
el	estrecho	*the Straits (of Gibraltar)*
	evadir	*to avoid*
	fallecer	*to die*
	firmar	*to sign*
el	funcionario	*civil servant*
	golpear	*to hit*
	gritar	*to shout*
el	herido	*injured person*
	hundir	*to sink*
la	igualdad	*equality*
los	indocumentados	*immigrants without any documents/papers*
	ingresar	*to enter*
	invertir	*to invest*
	lograr	*to achieve*
	no obstante	*nevertheless*

	occidental	*western*
	pagar	*to pay*
la	población autóctona	*the native population*
la	pobreza	*poverty*
la	política	*policy/politics*
	poner en marcha	*to start, to set in motion*
la	prensa	*the Press*
el	producto interior bruto	*Gross Domestic Product*
	recurrir	*to resort to*
	regularizar	*to legalise*
las	remesas	*remittances (money)*
el	riesgo	*risk*
el	sobreviviente	*survivor*
	sospechoso	*suspicious*
la	tasa de	*the rate of*
	tocar tierra	*to land*
el	traficante	*trafficker*
	tramitar	*to process (paperwork)*
	transportar	*to carry*
	trasladar	*to move*
el	trato	*treatment/agreement*
la	travesía/el trayecto	*journey*
el	umbral	*threshold*
	unirse	*to get together*

2 El racismo

By the end of this section you will be able to:

	Language	Grammar	Skills
2.1 **Las actitudes racistas y xenófobas**	Describe and discuss racist and xenophobic attitudes in the Spanish-speaking world	Improve use of nouns and adjectives	Express approval/ disapproval
2.2 **Las medidas contra el racismo**	Understand and discuss measures to combat racism and their effectiveness	Use the conditional	Translate the English gerund (-*ing* form) into Spanish
2.3 **La legislación anti-racista**	Look at existing legislation against racism Discuss possible new legislation	Use future tenses	Express obligation

El racismo es una de las lacras que afecta a nuestra sociedad hoy en día. A la vez, la xenofobia también altera la estabilidad en nuestro mundo. A pesar de la lucha contra ambos problemas, continuamos siendo testigos de actitudes racistas y xenófobas en diferentes sectores de la vida cotidiana (en el mundo laboral, educativo, en el deporte, en el acceso a la vivienda, en las instituciones, en los lugares de ocio, etc.). Aunque se han introducido medidas y hay también una legislación contra esas actitudes, aún siguen existiendo.

1a Sin usar un diccionario, ¿cuántas de estas palabras conoces en inglés? Compara tus respuestas con las de un(a) compañero/a.

1 la repugnancia
2 rechazar
3 la Ley de Extranjería
4 el desprecio
5 un grupo étnico
6 los gitanos
7 los prejuicios
8 la sensibilización
9 juzgar
10 las denuncias

1b Utilizando las palabras de la actividad 1a, completa las siguientes frases. ¡Cuidado! No necesitas todas las palabras.

1 Dos de las características más acusadas entre las personas racistas son la _____ y el _____ hacia gente de otras razas.
2 El gobierno español ha cambiado la _____ varias veces pero aún recibe críticas de las asociaciones que luchan contra el racismo y la intolerancia.
3 No hay que _____ a los extranjeros cuando llegan al país de acogida. Ellos pueden proporcionar muchos beneficios a la sociedad receptora.
4 Es preciso eliminar los _____ contra los inmigrantes y la población gitana. Para ello debemos aumentar la _____ a través de campañas positivas.
5 Las _____ por víctimas de racismo y xenofobia se han duplicado en la última década. Las autoridades deben _____ con mano dura a los culpables.

2 Empareja las siguientes preguntas y respuestas.

1 ¿Qué tipo de actitud racista ha aumentado más últimamente?
2 ¿En qué consiste el racismo?
3 ¿Hay actitudes racistas en Latinoamérica?
4 ¿Quiénes han sufrido el racismo históricamente?
5 ¿Qué tipo de racismo existe en el sector de la vivienda?
6 ¿Sabes lo que es la aporofobia?
7 ¿Cuál es el significado etimológico de la palabra 'xenofobia'?

a Los gitanos, los negros, los judíos, los indios americanos, etc.
b Es el rechazo al pobre o a la persona sin recursos económicos.
c La actitud islamofóbica, tristemente.
d Algunos dueños de inmuebles no los quieren alquilar a inmigrantes.
e 'Miedo al extranjero'
f Es una actitud discriminatoria contra personas de otras razas o grupos étnicos.
g Los países con mayor población de raza blanca en el continente presentan muchas.

3 Piensa en tu propio pueblo/región/país. Discute con un(a) compañero/a. Buscad en Internet si es necesario.

1 ¿Crees que existe racismo y xenofobia?
2 ¿Qué grupos son el blanco de estas actitudes?
3 ¿Hay algún caso reciente de racismo o xenofobia que hayas escuchado en las noticias?
4 ¿Piensas que hay medidas eficaces contra el racismo (en la educación, en el entorno familiar, en el gobierno, en el deporte, etc.)?

4 Completa este texto sobre la Ley de Extranjería escogiendo la palabra más apropiada.

hacia   dignidad   fomentar   irregular   reagrupación
mínimo   regula   normalizar   para   mismo

Ley de Extranjería

La Ley de Extranjería en España es una ley que ¹_____ los Derechos y Libertades de los Extranjeros en España y su Integración Social. Contiene puntos que pretenden ²_____ la inmigración legal y restringir al ³_____ la entrada de extranjeros ilegales. Al ⁴_____ tiempo ofrece oportunidades ⁵_____ que los inmigrantes que viven de forma ⁶_____ en el país puedan ⁷_____ su situación. Incluye el derecho a la ⁸_____ familiar en ciertos casos y el derecho a ser tratado con justicia, respeto y ⁹_____. Esta ley ha recibido muchas críticas de diferentes organizaciones que luchan para combatir el racismo y la intolerancia ¹⁰_____ personas de otros países y razas.

¿Lo sabías?

■ Las principales víctimas del racismo en España son las personas gitanas y los extranjeros. Los gitanos han sufrido racismo en España desde hace siglos.

■ Las organizaciones SOS Racismo y Movimiento Contra la Intolerancia tienen servicios específicos en España para tratar las denuncias por racismo.

■ En la actualidad, el 63% de los españoles considera que la discriminación por origen étnico está extendida en la sociedad española.

■ Las personas gitanas tienen asociaciones para su defensa en casi todas las ciudades de España. Las principales asociaciones que representan a la población romaní son la Unión Romaní, Presencia Gitana y la Fundación Secretariado Gitano.

■ El racismo fue la principal causa de los delitos de odio en España en el año 2015. Se registraron más de 1.300 incidentes provocados por el odio o rechazo a otras razas.

■ El gobierno español aprobó una nueva ley contra el racismo y la xenofobia en el deporte en el año 2007. Esa fue la respuesta a nivel legislativo de las autoridades al creciente número de casos de racismo y xenofobia en los eventos deportivos.

2.1 | A: Las actitudes racistas y xenófobas

⚏ Gramática

Nouns and adjectives

All nouns in Spanish are either masculine or feminine. Learn the gender of nouns as you meet them for the first time.

Nouns ending in *-o* are masculine, with only some exceptions (*la foto, la mano*, …). Most nouns ending in *-e* are also masculine, but there are also exceptions (*la gente, la muerte*, …). Other common masculine endings are *-i, -l, -r*.

Nouns ending in *-a* are mostly feminine. However, there are a number of words ending in *-ma* (*el tema, el sistema*, …) which are masculine. Other common feminine endings are *-ión, -dad, -tad, -tud, -dez, -umbre*.

Adjectives must agree in gender and number with the noun they refer to. They are normally placed after the noun, (exceptions include *mucho, poco, otro, demasiado, tanto, último, cualquier*). In addition, these adjectives go before the noun and lose their final *-o* when followed by a masculine singular noun: *alguno, ninguno, malo, bueno, primero, tercero*.

See pages 142–145.

▪ Vocabulario

una bofetada *slap/punch*
una empleada de hogar *housemaid/domestic employee*
un empujón *push/shove*

---

1 Discute con tu compañero/a si las siguientes actitudes racistas o xenófobas existen en vuestro entorno. Si es el caso, debéis dar ejemplos. Luego, contesta: ¿Qué actitud racista o xenófoba os parece la peor? ¿Cómo podemos evitar o eliminar estas actitudes? Pensad en algunas soluciones.

1 Ser rechazado al solicitar un trabajo por tener nacionalidad extranjera
2 Ser atacado por ser de etnia gitana
3 Tener problemas para abrir una cuenta bancaria al proceder de otro país
4 Ser de raza negra y ser parado por la policía para comprobar la documentación
5 Recibir insultos o acoso en el colegio por haber nacido de padres extranjeros

2 Traduce las siguientes frases al español. Ten cuidado con la concordancia entre los nombres y los adjetivos.

1 No immigrant should be the victim of racist attitudes and violent insults.
2 Some offensive messages towards immigrants are often posted on social networks.
3 The media sometimes offer negative images of some ethnic minorities, which contribute to increasing awful prejudices and discriminatory attitudes.
4 Certain photos we sometimes see in local newspapers and national magazines are the source of rejection and hatred towards foreigners.
5 The Ecuadorian woman who lives in my building came to Spain during the economic crisis.

3a 〰 Escucha este extracto en el que hablan tres personas que han sido víctimas de actitudes racistas o xenófobas. Encuentra cómo dicen estas palabras o expresiones en español.

1 the greenhouses
2 I got in touch
3 since I was six years old
4 thieves
5 attacks
6 whose owner
7 adverts
8 they noticed my accent

3b 〰 Escucha otra vez el extracto. Solo cuatro de las siguientes afirmaciones son correctas. Decide cuáles son.

1 Fátima trabaja en los invernaderos desde hace dos años.
2 Fátima miró en los periódicos locales para buscar empleo en el campo.
3 Una señora que entrevistaba a Fátima para un trabajo no terminó la entrevista con ella cuando Fátima le dijo que era de Marruecos.
4 Andrei tiene diecisiete años y lleva siete en España.
5 Los compañeros de clase de Andrei le agredían en el recreo.
6 Por lo general, el origen rumano y gitano de la familia de Andrei no les causa problemas.
7 Unos ladrones escribieron notas anónimas a Andrei.
8 Teresa tiene un casero de México.
9 A Teresa no le alquilaban pisos cuando notaban su acento ecuatoriano.

4a Lee el texto y busca la traducción de estas frases o palabras.

1 who were begging
2 happened
3 football fans
4 so that they had to kneel

5 in exchange for
6 astonished
7 witnessed the incident
8 the stir/commotion

Racismo y xenofobia en pleno centro de Madrid

Un grupo de seguidores de un equipo extranjero que jugaba contra el Atlético de Madrid en marzo de 2016 humillaron a varias mendigas rumanas que estaban pidiendo limosna en la Plaza Mayor de la capital. El incidente se produjo a mediodía, con la plaza llena de gente.

Las mujeres rumanas se acercaron a los hinchas para pedirles algunas monedas. La reacción normal de una persona si se quiere ayudar en esas circunstancias sería dar el dinero en la mano. Sin embargo, los hinchas, que habían estado bebiendo cervezas en algunos de los bares de la zona, tiraron las monedas al suelo para que las mujeres tuvieran que arrodillarse a cogerlas. Algunos incluso les ofrecieron limosna a cambio de que bailasen o hiciesen flexiones delante de ellos.

Las personas que estaban en la zona en ese momento se quedaron anonadadas y sorprendidas al ver tal situación. La mayoría, entre ellos muchos turistas, presenció el incidente sin hacer o reprochar nada a los hinchas.

Entre risas y gritos de los seguidores del equipo extranjero, las jóvenes rumanas se agacharon a coger el dinero e incluso bailaron e hicieron las flexiones que les pidieron. Según testigos del incidente, todo ocurrió con gritos de 'olés' y cantos xenófobos de 'no crucéis la frontera'. Al parecer, un hombre recriminó su actitud al grupo de hinchas diciéndoles: "Eso no se hace", pero no consiguió pararles.

El revuelo fue en aumento hasta que finalmente vino la policía. Lo chocante fue que la reacción de los agentes fue llevarse a las chicas de la zona mientras que los hinchas siguieron bebiendo y divirtiéndose. Las críticas y los reproches a la policía en las redes sociales y por parte de algunos políticos no se hicieron esperar.

La Plaza Mayor en Madrid, la escena del incidente

Vocabulario

acercarse a *to approach*
agacharse *to bend down*
hacer flexiones *to do press-ups*
humillar *to humiliate*
las mendigas *beggars*
reprochar *to reproach*
el/la testigo *witness*

4b Contesta estas preguntas en español usando tus propias palabras en la medida de lo posible.

1 ¿Por qué había seguidores de un equipo extranjero en la Plaza Mayor de Madrid?
2 ¿Qué estaban haciendo las mujeres de nacionalidad rumana en el lugar?
3 ¿Qué dos cosas pidieron los hinchas a las rumanas a cambio del dinero?
4 ¿Cómo reaccionó la mayoría de la gente que estaba en la zona?
5 ¿Por qué recibió la policía críticas en las redes sociales?
6 ¿Qué hicieron los hinchas después del incidente?

4c Traduce el segundo párrafo del texto al inglés de "Las mujeres" hasta "delante de ellos".

Expresiones claves

a la hora de erradicar
no ha hecho más que aumentar
no tiene nada que ver
sea cual sea nuestro origen
dejar boquiabierto

1 Discute las siguientes preguntas con un(a) compañero/a.

- ¿Has visto u oído algún caso de manifestaciones racistas o xenófobas en tu región/país?
- ¿Has visto algún caso de racismo o xenofobia en tu colegio/instituto?
- ¿Crees que existe racismo en el deporte?
- ¿En qué deporte ha habido más casos de actitudes racistas y xenófobas?
- ¿Qué papel tienen los políticos a la hora de erradicar las actitudes racistas?

2a Escucha el siguiente reportaje sobre la discriminación en las discotecas y encuentra el equivalente en español a las siguientes palabras o expresiones.

1	to have some drinks	**4**	facial features
2	the report has revealed	**5**	they were dressed
3	where the study was made	**6**	they were not insulted

2b Escucha el reportaje otra vez y decide si las siguientes afirmaciones son Verdaderas (V), Falsas (F) o No mencionadas (N).

1 Muchos jóvenes quieren beber mucho alcohol cuando salen.
2 El estudio de SOS Racismo se realizó en el 45% de las discotecas.
3 Una de las parejas que participaron en el estudio era de Ecuador.
4 Las cuatro parejas vestían de manera parecida.
5 La pareja europea pudo entrar en todas las discotecas del estudio.
6 Las parejas de otras razas u orígenes recibieron insultos.
7 El informe ha dejado sorprendidos a muchos.

3a Lee el siguiente texto sobre el racismo en el fútbol español y traduce al inglés el primer párrafo.

Vocabulario

la grada *the grandstand*
un macaco *monkey*
realizar *to do, to make*
sacar un córner *to take a corner (in football)*
sea cual sea *no matter what*
vergonzoso *shameful*

El racismo en el fútbol español no es nada nuevo y ha habido casos vergonzosos en los últimos años. Desde los gestos de un mono realizados por una aficionada en un partido de segunda división, incluso cuando había niños cerca, hasta aficionados de un equipo imitando los sonidos de un mono cuando un jugador senegalés del equipo contrario iba a sacar un córner. Pepe Diop, el futbolista que sufrió esto dijo después: "Es un tema que me afecta mucho y que me lo hacen en muchos campos. Tiene que acabar."

En mayo de 2014, otro futbolista llamado Dani Alves, del FC Barcelona, jugaba un partido de fútbol cuando le tiraron un plátano desde la grada del estadio. El defensa brasileño reaccionó con humor y se comió el plátano.

Unos días después se fotografió con un plátano, empezando una campaña llamada "Somos todos macacos". Otros famosos le apoyaron y se sacaron fotos haciendo lo mismo para expresar que todos somos iguales, que no hay diferencias entre nosotros sea cual sea nuestra raza o color de piel.

3b Haz un resumen del texto en 90 palabras utilizando tus propias palabras. Incluye los siguientes puntos:

- ejemplos de actos racistas en el fútbol español
- la reacción de Dani Alves en el campo al tirarle el plátano
- la campaña "Somos todos macacos".

4 **Lee el siguiente poema de Federico García Lorca, titulado "Romance de la luna, luna" y contesta las preguntas.**

1 ¿Qué dos 'personajes' mantienen una conversación en este poema de Lorca?

2 ¿Qué sentimiento se expresa sobre el hecho de que los gitanos se acercan: alegría, miedo o esperanza? Explica tu respuesta indicando los versos que la apoyan.

3 ¿Cómo describe Lorca a los gitanos? Menciona al menos dos detalles.

4 ¿Crees que los gitanos en este poema son vistos como un grupo que es bienvenido?

5 En tu opinión, ¿existen actitudes racistas hacia los gitanos en nuestra sociedad?

La luna vino a la fragua
con su polisón de nardos.
El niño la mira, mira.
El niño la está mirando.
En el aire conmovido
mueve la luna sus brazos
y enseña lúbrica y pura
sus senos de duro estaño.
Huye luna, luna, luna.
Si vinieran los gitanos
harían con tu corazón
collares y anillos blancos

Niño, déjame que baile.
Cuando vengan los gitanos,
te encontrarán sobre el yunque
con los ojillos cerrados.
Huye luna, luna, luna,
que ya siento sus caballos.
Niño, déjame, no pises
mi blancor almidonado.

El jinete se acercaba
tocando el tambor del llano.
Dentro de la fragua el niño,
tiene sus ojos cerrados.
Por el olivar venían
bronce y sueño, los gitanos.
Las cabezas levantadas
y los ojos entornados

Cómo canta la zumaya
¡ay cómo canta en el árbol!
Por el cielo va la luna
con un niño de la mano.

Dentro de la fragua lloran,
dando gritos los gitanos.
El aire la vela, vela.
El aire la está velando.

Vocabulario

el collar *necklace*   **el jinete** *horseman*
entornado *half-closed* **pisar** *to tread*
la fragua *forge*   **el seno** *breast*
huir *to escape*

5 **Analiza estas dos fotos y prepara las siguientes preguntas para discutirlas con un(a) compañero/a.**

- ¿Por qué crees que las manifestaciones contra el racismo son importantes?
- ¿Qué mensaje intentan transmitir los que han hecho las pintadas de la segunda foto?
- ¿Deberían los ayuntamientos permitir las protestas contra los inmigrantes? ¿Por qué sí/no?
- ¿Es peor el racismo verbal (por ejemplo, insultos, gritos) o las agresiones físicas?
- ¿Cómo se puede parar el crecimiento de la islamofobia en nuestra sociedad?

Estrategias

Expressing approval or disapproval

Estoy a favor de denunciar el racismo/ Estoy en contra de la xenofobia.
(No) tienes razón.
Estoy de acuerdo contigo/Estoy en desacuerdo.
(No) es cierto lo que dices.
A lot of the expressions you can use to express approval or disapproval are followed by the subjunctive.
No está bien que digas eso.
Es un acierto que hagan eso.
Es una vergüenza/es vergonzoso que exista racismo.
Es una lástima que ocurran estas cosas.
Me alegro de que lo hayan hecho.

2.2 A: Las medidas contra el racismo

1 Considera la siguiente lista de medidas contra el racismo y discute estas preguntas con un(a) compañero/a.

- ¿Qué medida te parece más/menos efectiva?
- ¿Cuál piensas que es una pérdida de tiempo y recursos?
- ¿Has visto o escuchado algo sobre alguna de estas medidas en tu entorno/país?

Vocabulario

a través de *through*
la discapacidad *disability*
el lema *slogan*
mezclarse *to mix (with one another)*
plural *diverse*
pretender *to intend*
los relatos *stories*
superar *to overcome*

1 campañas de sensibilización
2 festivales a favor de la diversidad
3 debates en los medios de comunicación
4 clases en los centros educativos
5 charlas con víctimas del racismo
6 amonestaciones por un juez
7 publicación de libros sobre el racismo
8 eventos deportivos
9 canciones con mensajes anti-racistas
10 penas de cárcel
11 la educación de los padres
12 mensajes en las redes sociales

2a Lee el siguiente texto sobre una campaña del gobierno español y decide cuáles son las cuatro afirmaciones correctas. ¡Cuidado! No aparecen en el orden en el que las lees en el texto.

En una campaña con el lema "Yo soy tú, mézclate", el gobierno de España pretendió hace pocos años promocionar la diversidad y luchar contra el racismo, la xenofobia y la intolerancia entre la población adolescente de 13-20 años. La idea era sensibilizar a la juventud sobre los beneficios de una sociedad multicultural y diversa.

El anuncio de la campaña fue traducido a varios idiomas, entre ellos el inglés, el gallego, el vasco y el catalán. En dicho anuncio se podían ver imágenes de blancos, negros, personas con discapacidad, etc. y se transmitía un mensaje claro a través de diferentes palabras. Yo soy hombre, sordo, mujer, negro, musulmán, ciego, rubio, pelirrojo, … fueron algunas de las palabras elegidas. El mensaje final decía con orgullo: "Yo contribuyo a que esta sociedad sea más plural y esté llena de alternativas".

El propósito del gobierno era abordar la discriminación que muchas personas sufren en la sociedad española, ya sea por sexo, origen racial o étnico, orientación sexual o discapacidad. La campaña incluía una página web que ofrecía secciones de ayuda para las víctimas. También, anunciaba un concurso de videos, fotografías y relatos, así como una sección titulada "Famosos sin complejos", con las historias de varias celebridades que sufrieron discriminación cuando eran jóvenes y que animaban a los adolescentes a superar esos problemas para alcanzar sus sueños.

1 Los responsables de la campaña tradujeron el anuncio en varios países.
2 En la página web de la campaña se podía participar en un concurso de famosos.
3 La campaña se hizo para combatir el racismo y la xenofobia entre los jóvenes.
4 El objetivo del gobierno era reflejar la tolerancia existente en la sociedad.
5 La campaña contó con la colaboración de personas muy conocidas.
6 El eslogan de la campaña sugería a los jóvenes que hay que luchar contra el multiculturalismo.
7 La página web de la campaña proporcionaba apoyo para las víctimas.
8 Se usaron palabras claves para reflejar la diversidad.

2b Traduce el último párrafo del texto al inglés de "El propósito" hasta "sus sueños".

2c Escribe un párrafo en español de unas 300 palabras expresando tu opinión sobre este tipo de campañas. ¿Crees que son efectivas entre el público joven como medida para luchar contra el racismo? ¿Se podrían mejorar incluyendo algo más?

3 Escucha la siguiente noticia sobre el poder de la música contra el racismo y, según lo que oyes, decide cuál es la terminación correcta (a–c) para cada una de las frases.

1 Un grupo de música francés…
   a toca en Todas las Naciones.
   b estará en Guadalajara este año.
   c celebra cada dos años un festival.

2 El batería de la banda…
   a dijo que el concierto es en Guadalajara.
   b afirmó que el festival estará lleno de gente.
   c expresó que el deseo del grupo es tocar con energía.

3 El grupo francés…
   a había estado antes en México.
   b es muy conocido en América Latina.
   c participará en este festival por primera vez.

4 Los músicos del grupo…
   a desean comunicar la importancia de la tolerancia.
   b son de origen árabe.
   c reflejan la multiculturalidad en América Latina.

5 El vocalista del grupo dice que…
   a tienen orígenes parecidos.
   b combaten el racismo con su música.
   c pueden hacer letras sobre sus orígenes.

4 Traduce las siguientes frases al español.
1 That organisation would become the key to fighting Islamophobic attitudes.
2 Their main goal would be to eliminate racial discrimination through awareness campaigns.
3 Governments would need to do a lot more to reduce racism in different sectors of society.
4 Surveys wouldn't reveal the true number of victims of racism amongst young people.
5 The gypsy community wouldn't always denounce the racist attacks against them.

5 Imagina que ves este mensaje en un cartel en tu colegio.

> **La educación es la mejor arma para luchar contra el racismo y la xenofobia.**

Discute con un(a) compañero/a qué medidas pueden tomar los profesores y padres para luchar contra el racismo y la xenofobia. Debéis explicar y describir exactamente qué pasos o iniciativas deberían tomar los profesores en vuestro colegio y los padres en general.

La plaza principal de Guadalajara

Vocabulario

afirmar *to affirm/to confirm*
argelino/a *Algerian*
las letras *lyrics*

Gramática

The conditional

You use the conditional to express what **would happen**. To form the conditional, use the infinitive of the verb and add *-ía, -ías, -ía, -íamos, íais, -ían*. Irregular verbs include: *tendría, vendría, diría, haría, saldría, pondría, podría, sabría.*

The conditional form of *deber* is used to talk about what someone **should do/ought to do:**

Las medidas anti-racistas deberían recibir más fondos del gobierno.

There is also the conditional perfect, which translates in English as **would have (done)** something. It is formed by using the conditional of *haber (habría, habrías, habría, …)* and the past participle of the verb.

Esa campaña contra la xenofobia no habría tenido éxito hace unos años.

See pages 152–153.

Una campaña de Amnistía Internacional contra el racismo

1 Trabaja con un(a) compañero/a y discute los siguientes puntos.

- ¿Existen medidas en las redes sociales para vigilar los comentarios racistas o xenófobos?
- ¿Hay que hacer más en los colegios para fomentar las actitudes tolerantes y eliminar los prejuicios contra alumnos de distinto origen racial o étnico?
- ¿Quiénes hacen más para luchar contra el racismo: los jóvenes o los mayores?

2a Lee el siguiente texto sobre el trabajo de una revista contra el racismo. Encuentra los sinónimos de las siguientes palabras que se utilizan en el texto.

1	sucede	**6**	grupos
2	respaldo	**7**	a través de
3	localidades	**8**	contemplaba
4	contado	**9**	inquietante
5	asociación	**10**	alabada

A diferencia de lo que ocurre en otros países europeos, donde la extrema derecha ha ganado apoyo político (por ejemplo, con el Frente Nacional en Francia o el BNP en el Reino Unido), en España la ultraderecha apenas tiene representación en el mundo de la política. A nivel social, sin embargo, como también se ve por toda Europa, sí que existen ataques en contra de los extranjeros en muchas ciudades y pueblos por parte de los neonazis.

Según un portavoz de la oenegé Movimiento Contra la Intolerancia, se han contabilizado entre 4.000 y 6.000 agresiones violentas o delitos de odio de media cada año contra gente de otras razas y orígenes. "Hay cada vez más," dijo el portavoz de la organización y a la vez añadió: "En la lucha contra estos colectivos de ideología racista y xenófoba, los medios de comunicación tienen un papel importante."

La revista "El Jueves", un cómic para adultos conocido en España por denunciar temas actuales mediante un humor satírico, publicó en su portada no hace mucho tiempo una viñeta que criticaba a los neonazis. El dibujo tenía una manifestación con grupos de cabezas rapadas y un título: "Plaga de Neonazis". Una madre con su hijo miraba la protesta asombrada y preocupada. La publicación pretendía concienciar sobre el preocupante aumento en el número de delitos de odio por este colectivo en el país. La labor de esta revista fue aplaudida por muchos, pero también, aunque parezca increíble, criticada por otros.

Vocabulario

a diferencia de *contrary to*
a la vez *at the same time*
apenas *hardly*
asombrada *shocked*
la oenegé *NGO (Non-governmental organisation)*
por parte de *by*
el/la portavoz *spokesperson*
la viñeta *cartoon drawing*

2b Lee el texto otra vez y decide si las siguientes afirmaciones son Verdaderas (V), Falsas (F) o No mencionadas (N).

1 En todos los países europeos la extrema derecha ha ganado apoyo.
2 En España la ultraderecha casi no tiene representantes políticos.
3 Los neonazis atacan a los extranjeros principalmente en las ciudades.
4 El portavoz de una oenegé ha contado hasta 6.000 agresiones al año.
5 Los medios de comunicación juegan un papel clave en el asunto.
6 "El Jueves" criticó el movimiento neonazi en su portada.
7 La revista solo recibió críticas por su trabajo.

2c Haz un resumen de la información que aparece en el texto utilizando unas 90 palabras. Debes utilizar tus propias palabras en la medida de lo posible. Incluye los siguientes puntos en tu resumen:

- la popularidad de la ultraderecha a nivel político en España
- lo que están haciendo los neonazis para mostrar su ideología
- la reacción de una oenegé (menciona dos detalles)
- la medida que tomó una revista para luchar contra el racismo y por qué tomaron esa medida.

3 Traduce al inglés el siguiente texto sobre los gitanos y la campaña "Conócelos antes de juzgarlos".

Se estima que en España viven unos 700.000 gitanos. Las cifras también revelan que en torno al 60% de ellos residen en Andalucía.

Son muchas las encuestas y los estudios que muestran que los gitanos siguen padeciendo el rechazo de una parte considerable de la población española. Muchos tienen unos estereotipos sobre esta comunidad gitana. Les consideran chabolistas, amantes del flamenco y que viven de delinquir.

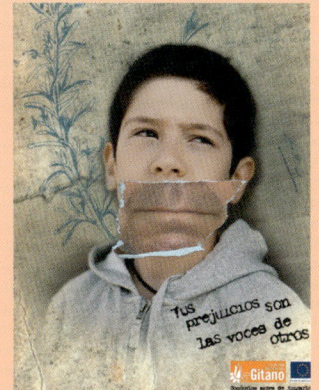

Con el lema "Conócelos ante de juzgarlos", la Fundación Secretariado Gitano realizó una campaña para alertar sobre la intolerancia y los prejuicios que a menudo sufre el pueblo gitano.

4 〰 Escucha la noticia y responde en español a estas preguntas.

1 ¿Qué hicieron unas modelos negras en Brasil durante la semana de la moda?
2 ¿Qué pusieron en su piel algunas de ellas?
3 ¿Por qué protestaban esas modelos?
4 ¿Qué otros tres sectores se mencionan en los que también existe racismo?
5 ¿Qué sentimientos han mostrado otras modelos en sus mensajes en Twitter?
6 Según otras modelos de éxito, ¿qué prototipo de modelo domina en las pasarelas?
7 Para Naomi Campbell, ¿qué debería influir más a la hora de escoger a las modelos?

5 Traduce las siguientes frases al español.

1 Banning racist messages online is a key measure to combat prejudices.
2 At this moment, we are working on these leaflets on multiculturalism.
3 They should tackle xenophobic attitudes in schools instead of ignoring the problem. It is worrying.
4 Before organising a diversity festival for this summer, planning other events must be our priority.
5 They love cooking meals from different cultures and sharing them with their children.

6 Discute el siguiente tema con un(a) compañero/a.

Los gitanos: ¿una comunidad tratada de manera justa?

- ¿Por qué piensas que los gitanos sufren discriminación?
- En tu opinión, ¿es normal que según una encuesta más del 40% de los gitanos en España sientan rechazo en sitios públicos como piscinas y discotecas?
- ¿Cómo se pueden cambiar los prejuicios existentes contra los gitanos?

📘 Estrategias

Translating the English gerund (-*ing* form)

The Spanish gerund is formed by adding **-*ando*** to the stem of *-ar* verbs and **-*iendo*** to the stem of *-er* and *-ir* verbs (e.g. *cantando, corriendo, saliendo*).

The gerund preceded by **estar** is used to form the continuous tenses (e.g. *estoy hablando*).

However, it is important to remember:

- After a preposition, Spanish uses the infinitive: Instead of **driving** → *En vez de/en lugar de* **conducir**
- When the *-ing* form is the subject of the sentence, use the infinitive too: **Eating** late is bad for you → **Comer** *tarde es malo para ti*
- There are adjectives in English which end in *-ing* too and cannot be translated by a gerund in Spanish: a worrying situation → *una situación preocupante*
- With impersonal verbs like *gustar, encantar, apetecer*, etc. the English *-ing* is also translated with an infinitive in Spanish: We love **eating** chocolates → *Nos encanta* **comer** *bombones*.

⬛ Expresiones claves

hay que fomentar/vigilar/denunciar…
se pretende concienciar
aunque parezca increíble
se estima que
de la misma forma/manera
se ha convertido en tema viral
basta ya de prejuicios

A: La legislación anti-racista

1 La legislación antirracismo en los países hispánicos incluye muchos puntos. Aquí tienes algunos que están redactados en esa legislación. ¿Puedes emparejarlos para ver en qué consisten esas leyes?

1	Castigar…	a	en los medios las penas recibidas por individuos racistas o xenófobos
2	No vender…	b	cámaras de seguridad que graben cualquier comportamiento racista
3	Poner multas…	c	considerables a los clubes con hinchas racistas
4	Instalar…	d	a los extranjeros igualdad de trato ante la ley en el país
5	Divulgar…	e	entradas a los hinchas con antecedentes penales por racismo
6	Garantizar…	f	todos los actos de racismo y xenofobia con penas de cárcel o multas

Vocabulario

ante *faced with, in front of*
los antecedentes
  penales *criminal convictions*
divulgar *to publish*
el instrumento *tool*
negar *to deny*

2a Lee el siguiente texto sobre algunos instrumentos legales contra el racismo y la discriminación en España. Completa el primer párrafo con las palabras de la lista.

> forma establece raza condición previo prevalecer mismas
> iguales ser extracto

La **Constitución española de 1978** [1]_____ que "los españoles son [2]_____ ante la ley sin que pueda [3]_____ discriminación alguna por razón de nacimiento, [4]_____, sexo, religión, opinión o cualquier otra [5]_____ o circunstancia personal o social" (artículo 14). Aunque este [6]_____ de la Constitución se refiere a los españoles, en un punto [7]_____ del mismo documento se afirma que 'los extranjeros' en España tendrán las [8]_____ libertades públicas que incluye la ley, es decir, deben [9]_____ tratados de [10]_____ igual y justa.

Otro instrumento legal clave para eliminar el racismo en España es el **Código Penal**, que contempla penas y castigos contra todo tipo de actos racistas, xenófobos y/o discriminatorios. Aquí aparecen algunos de los delitos castigados por el presente Código Penal español:

a Ofender a alguien por su raza, nacionalidad o religión

b Pertenecer a asociaciones o grupos racistas o xenófobos

c Negar los servicios públicos (sanidad, educación, …) a alguien de otra raza o etnia

d Discriminar en el empleo por pertenencia a otra raza, nación o religión

e Realizar tráfico ilegal de personas

f Amenazar a grupos étnicos.

2b Traduce al inglés los delitos mencionados en la lista y penalizados por el Código Penal.

3a Escucha este informe sobre el uso de símbolos racistas en España. Según lo que oyes, decide si las frases son Verdaderas (V), Falsas (F) o No mencionadas (N).

En España:

1 Llevar una esvástica en una camiseta mientras paseas por la calle no está castigado.
2 Una persona puede tatuarse un símbolo nazi y se considera un delito.
3 Los abogados dicen que la ley antirracismo está funcionando.
4 La Ley Contra el Racismo en el deporte entró en vigor en el 2007.
5 Según la ley, una persona que lleva un símbolo racista en un partido de fútbol comete una infracción grave.
6 La ley castiga con una multa de 70 euros a alguien que lleve un símbolo xenófobo.

3b Haz un resumen del informe que has escuchado usando aproximadamente 90 palabras. Debes utilizar tus propias palabras y incluir los siguientes puntos:

- lo que pasa en España si la gente usa símbolos nazis o racistas
- el uso de símbolos nazis como tatuajes y lo que dice la ley sobre esto
- la única situación en que se castiga el uso de estos símbolos
- el tipo de castigo que se menciona.

4 Traduce las siguientes frases al español. Necesitas usar verbos en futuro en cada una de ellas.

1 Football clubs will not sell tickets to supporters with criminal convictions.
2 This new anti-racist legislation is not going to improve anything for ethnic minorities.
3 The governments of Latin American countries will do more to fight racism and xenophobia.
4 The authorities will ban racist messages in social networks forever.
5 The judges are going to sentence him to five years in prison. He will not come out before then.

5a Imagina que estás participando en un congreso sobre cómo cambiar la legislación anti-racista. Discute estas preguntas con tu compañero/a.

- ¿Crees que la ley es suficientemente estricta con las personas que son racistas en Internet?
- ¿Debería existir la misma legislación contra el racismo y la xenofobia en todos los países europeos o debe ser diferente en cada país?
- ¿Piensas que los clubes de fútbol deben ser sancionados con pérdida de puntos cuando sus hinchas causan agresiones racistas?
- ¿Cómo se debe castigar a los jóvenes menores de 16 años que cometen delitos de racismo?
- En tu opinión, ¿las manifestaciones contra los inmigrantes son un ejemplo de libertad de expresión en una democracia o deberían ser siempre prohibidas por la ley?

5b Escribe una redacción de unas 300 palabras con tus opiniones sobre este tema. Intenta usar algunas de las opiniones de tus compañeros de la clase.

Vocabulario

el cartel *poster*
entrar en vigor *to come into force*
una esvástica *a swastika (Nazi symbol)*
incluso *even*
la infracción leve *minor offense*

Gramática

Future tenses

The immediate future is used to talk about the things that 'are going to happen'.

La nueva ley va a castigar cualquier agresión xenófoba.

It is formed with the present tense of *ir + a* + infinitive.

The future tense is used to communicate what 'will happen' in the future. Add the following endings to the infinitive form of the verb: *-é, -ás, -á, -emos, -éis, -án* (notice that only the 'we' form doesn't have an accent).

A few verbs have an irregular future stem: *diré*, *haré*, *podré*, *pondré*, *querré*, etc.

The future perfect tense is used to express what 'will have happened'. It is formed by using the future of *haber* (*habré, habrás, …*) and the past participle of the verb.

Para el año 2030 habremos erradicado todas las actitudes racistas.

See pages 152–153.

Expresiones claves

no se castiga de forma justa
respetar la libertad de expresión
se debe prohibir
obedecer una orden judicial

1a Empareja cada palabra o expresión inglesa con su equivalente en español.

1	to deny	**a**	hasta
2	benefits	**b**	con mano dura
3	harshly	**c**	con respecto a
4	which involves	**d**	negar
5	up to	**e**	minoría étnica
6	in relation to	**f**	que conlleve
7	ethnic minority	**g**	prestaciones

1b Traduce el siguiente texto al español. Utiliza las palabras y expresiones de la actividad 1a.

Colombia changed its law against racism and discrimination in 2011. Nobody can be denied access to health services, employment or state benefits just because they belong to an ethnic minority or a different race. The law now punishes more harshly any behaviour which involves physical or moral damage to someone from a different race or nationality. Sentences go from one to three years in prison for racist attacks and discrimination. Defending Nazi crimes from the past can mean up to 15 years in prison. According to the president, the law shows the progress the country has made in relation to the inclusion of different ethnic groups and minorities in Colombian society.

2a Lee el siguiente texto sobre la ley antirracismo en Bolivia. Encuentra los sinónimos de las siguientes palabras en el texto.

1	eliminar	**3**	padecido	**5**	el motivo
2	labradores	**4**	alabada	**6**	difundan

Bolivia es el país de América del Sur con mayor porcentaje de población indígena (alrededor del 62%). En 2006 se convirtió en la primera nación latinoamericana en tener un presidente indígena: Evo Morales. Cuatro años más tarde, en 2010, el gobierno boliviano aprobó una nueva ley contra el racismo. Uno de los propósitos principales de dicha ley era erradicar la discriminación contra los pueblos indígenas y campesinos que habían sufrido actos de racismo durante siglos. Al parecer, por problemas de analfabetismo y falta de acceso a los servicios legales, muchos indígenas sufrieron en silencio sin denunciar los actos discriminatorios contra ellos.

Cuando la ley fue aprobada, fue aplaudida por muchos sectores. Sin embargo, hubo un sector que se opuso a la ley: los periodistas. ¿La razón? Uno de los puntos de la ley establece sanciones contra periodistas y dueños de medios de comunicación que publiquen ideas racistas o discriminatorias. Los periodistas argumentan que ese punto va en contra del derecho a la libertad de expresión.

Evo Morales

2b Según lo que dice el texto, decide cuáles son las cuatro afirmaciones correctas.

1 Los bolivianos habían tenido un presidente indígena con anterioridad al 2006.

2 Más de la mitad de los bolivianos es de origen indígena.

3 La nueva ley del 2010 contra el racismo tenía como meta eliminar los ataques racistas contra periodistas.

4 El hecho de que muchos bolivianos de origen indígena no supieran leer ni escribir hizo que no denunciaran los actos racistas.

5 Tras siglos de discriminación los indígenas celebraron la nueva ley.

6 Al no tener acceso a abogados, los indígenas padecieron un trato discriminatorio.

7 Los periodistas bolivianos respaldaron la ley.

8 Si un medio publicase ideas racistas, los responsables serían sancionados.

3 🎵 **Escucha las siguientes noticias sobre varios actos racistas y cómo han sido condenados. Responde a estas preguntas en español.**

En la primera noticia…
1   ¿Quiénes sufrieron insultos y humillación?
2   ¿Contra qué equipo jugaba el club de los hinchas racistas?
3   ¿Cuántos seguidores racistas han sido identificados?
4   Menciona una de las sanciones que ha dado el equipo a sus hinchas racistas.

En la segunda noticia…
1   ¿Qué hicieron los jóvenes racistas en Valencia?
2   ¿Cuál era el origen de los dos hombres afectados por sus acciones?
3   ¿Qué vendían esos hombres en una plaza céntrica de la ciudad?
4   ¿Hubo alguien que intentara parar el incidente?
5   ¿A cuánto tiempo de cárcel han sido condenados los chicos?

4 **Imagina que puedes aplicar la ley antirracismo durante un día. ¿Qué clase de sentencia o castigo darías por los siguientes actos racistas o xenófobos? Discute tus ideas con un(a) compañero/a.**

1   Entonar cantos racistas contra un jugador de raza negra
2   Agredir a una joven por ser de origen asiático y dejarla minusválida
3   Hacer pintadas islamófobas en un edificio público (por ejemplo, ayuntamientos o colegios)
4   Insultar a alguien por ser colombiano con palabrotas horribles
5   Participar en una protesta contra los inmigrantes
6   Colgar un video en la red con un mensaje contra la comunidad gitana
7   Contratar a un inmigrante irregular y pagarle un sueldo menor al salario mínimo
8   Grabar una agresión racista y poner la grabación en las redes sociales

5 **¿Crees que se deberían prohibir los partidos políticos que fomentan las actitudes racistas y xenófobas?**
Escribe una redacción de unas 300 palabras con tus opiniones sobre este tema.

📘 Estrategias

Expressing obligation

There are various verbs or structures that can be used to express obligation in Spanish. Most of them are followed by a verb in its infinitive form.

- **Deber** (must) → *debo, debes, debe,* … + infinitive
  Debemos combatir el racismo con más mano dura.

- **Tener que** (have to) → *tengo que, tienes que, tiene que,* … + infinitive (This verbal structure strengthens the idea of obligation.)
  Las autoridades tienen que actuar más rápido contra las protestas neonazis.

- **Haber de** (have to) → *he de, has de, ha de, hemos de,* … + infinitive (This expresses some mild obligation. Its use is quite rare and literary, but it can be heard in conversation.)
  He de leer este artículo sobre la nueva ley antirracismo.

- **Deber** in the conditional (should/ought to) → *debería, deberías, debería,* …+ infinitive

- **Hay que** + infinitive → it is necessary/one has to
  Hay que tener más mano dura con las actitudes neonazis.

- **Hace falta que** + present subjunctive → Depending on the person the subjunctive verb is referring to, this structure will communicate 'you must or have to…', 'he/she must or has to…', 'we must or have to …', etc.
  Hace falta que denunciemos cualquier acto racista.

■ Expresiones claves

hace falta que la ley se respete	puede suponer mucho
hemos de sancionar	no se puede negar
tener más mano dura	al no tener acceso
hay que castigar	propinar una paliza

¡Demuestra lo que has aprendido!

1 Lee las palabras que has aprendido en este tema y emparéjalas con su equivalente en inglés.

1	solicitar	a	to commit a crime
2	mendigo	b	warning
3	ladrones	c	slogan
4	bofetadas	d	to tackle
5	temer	e	to apply for
6	agredir	f	behaviour
7	informe	g	slaps
8	lema	h	offence
9	amonestación	i	goal/target
10	delinquir	j	roots
11	abordar	k	illiteracy
12	comportamiento	l	to assault
13	realizar	m	beggar
14	infracción	n	report
15	analfabetismo	o	to make/carry out
16	meta	p	to fear
17	raíces	q	thieves

2 Completa las siguientes frases escogiendo las palabras más apropiadas de la lista.

1 En los últimos años se ha visto un aumento en la tasa de _____ de odio en el país.
2 En el deporte, algunos hinchas _____ gestos racistas cuando juegan algunos _____ de color.
3 Las _____ hacen una labor clave para _____ las actitudes xenófobas.
4 Muchos inmigrantes son _____ por grupos neonazis en lugares céntricos.
5 Muchos gitanos se _____ del trato desigual que reciben por _____ de otra etnia.

> quejan   ser   combatir   futbolistas   realizan
> delitos   agredidos   oenegés

3 Lee las siguientes posibles medidas contra el racismo y decide para qué se toman. Empareja cada medida con su objetivo.

1 Las campañas de sensibilización
2 Las penas de cárcel
3 Las amonestaciones de un juez
4 Las manifestaciones callejeras contra el racismo
5 El buen ejemplo de los padres

a Sirven para avisar oficialmente de futuras consecuencias si se cometen actos racistas otra vez
b Castigan a los infractores racistas a pasar tiempo en una celda
c Se lanzan para concienciar sobre el racismo y la xenofobia
d Educa a los niños con gran efectividad y evita prejuicios
e Se hacen para expresar en una zona pública el rechazo contrar racismo

4 Las leyes contra el racismo y la xenofobia en los países hispánicos quieren erradicar esas actitudes. Según lo que has aprendido, ¿cuál es la respuesta correcta (a–e) a las siguientes preguntas (1–5)?

1 ¿Qué dice la Constitución española de 1978?
2 ¿Se puede llevar un símbolo racista a un partido?
3 ¿De qué forma cambió la ley antirracismo en Colombia en 2011?
4 ¿Qué incluye el Código Penal español contra el racismo?
5 ¿Cómo condenaron a esos hinchas racistas?

a Enumera muchos castigos y penas contra actos racistas.
b Se hizo más estricta y penaliza la discriminación contra las comunidades indígenas.
c Los españoles son iguales ante la ley. No debe existir discriminación de ningún tipo.
d Con una pena de tres años de cárcel.
e Según la Ley Contra el Racismo en el Deporte del 2007, eso está penalizado.

¡Haz la prueba!

1 📘 **Lee el texto y decide si las siguientes frases son Verdaderas (V), Falsas (F) o No mencionadas (N).**

1 La niña protagonista vive en Galicia.
2 Los datos dicen que un 60% de niños gitanos no termina sus estudios obligatorios.
3 Se eligió el nombre de Leonor porque era muy popular.
4 Si la Princesa Leonor dejase sus estudios, los españoles reaccionarían con inquietud.
5 Muchos padres gitanos no saben ni leer ni escribir.
6 El director de la Fundación dijo que la educación no es esencial para tener éxito en la vida.

[6 marks]

"Soy Leonor y soy gitana, no soy princesa", dice la protagonista de una campaña de la Fundación Secretariado Gitano. Leonor es una niña gallega de cinco años y quiere estudiar medicina. La campaña se ha hecho para sensibilizar sobre el problema del abandono escolar por parte de los niños gitanos y la discriminación que sufren como consecuencia más tarde en la vida.

Según un informe, seis de cada diez niños gitanos en España abandonan la escuela antes de acabar la enseñanza obligatoria. Los datos son escalofriantes. Afirman también que las niñas dejan la escuela antes que los niños.

Que la protagonista de la campaña se llama Leonor no es una coincidencia; se ha elegido el nombre a propósito. Los portavoces de la Fundación han explicado que eligieron ese nombre para concienciar a la sociedad y hacerles pensar. Según ellos, "la futura Reina de España se llama Leonor y si abandonara la escuela todo el país se preocuparía. Sin embargo, que un gran porcentaje de niños gitanos no acabe sus estudios no parece importarle a nadie."

La comunidad gitana es una de las comunidades más desfavorecidas y discriminadas en el país. Son víctimas de muchos prejuicios y mucho rechazo. Muchos padres gitanos son analfabetos y no fomentan el amor por los estudios en sus hijos; a veces los niños no tienen ni siquiera un sitio en casa para hacer los deberes.

El director de la Fundación Secretariado Gitano recordó que la educación es una herramienta imprescindible para progresar en la vida. Explicó que la pobreza, la exclusión social y la falta de recursos en los centros educativos tienen que erradicarse si queremos lograr como sociedad que estos niños gitanos tengan un futuro mejor y que no sean víctimas de las actitudes racistas y de la discriminación de otros.

2 〰️ **Escucha la siguiente noticia sobre un ataque xenófobo y selecciona las cuatro frases correctas según lo que oyes.**

1 Un hombre ha denunciado un ataque racista y xenófobo de la Policía Nacional.
2 La chica que sufrió el ataque xenófobo no era natural de Sevilla.
3 La agresión ocurrió en una parada del metro.
4 Dos jóvenes se rieron de la chica, tirándole una moneda.
5 El novio de la chica observó el incidente sin hacer ni decir nada.
6 Uno de los autores del ataque le dio al chico que denunció el incidente un manotazo en el rostro.
7 El autor de la agresión tenía 25 años y era rubio.
8 Las cámaras de vigilancia del metro grabaron el altercado.

[4 marks]

3 ✏️ **Lee el artículo de abajo y haz un resumen en español usando un máximo de 90 palabras. Responde con frases completas.**

● El creciente uso de Internet para expresar mensajes de odio y las cifras [2]
● Las razones por las que los agresores usan la red [2]
● Los casos que menciona la abogada andaluza y lo que puede hacer la ley [3]

Hay cinco puntos adicionales por la calidad de tu español escrito. En la medida de lo posible, debes utilizar tus propias palabras. [12 marks]

El Internet se ha convertido en la última década en una plataforma para expresar mensajes de odio de todo tipo. Las amenazas e insultos en la red por motivos de raza, etnia o religión van en aumento. Los expertos aseguran que la sensación de anonimato que tiene el agresor y la facilidad para lanzar el mensaje y hacerlo llegar a miles de personas son dos de las grandes razones para el aumento de estos delitos de odio en ese campo.

Una abogada andaluza cuenta como en una página web se podía leer no hace mucho tiempo: "Los gitanos son una raza que se caracteriza por robar y por drogarse". Añade además que en una red social se encontró el mensaje: "Islam, fuera de Europa". Según la abogada, estos delitos son una clara muestra de racismo y xenofobia ya que atentan contra las personas de etnia gitana y contra los musulmanes. Aunque están sancionados en el Código Penal, en muchos casos es complicado identificar a los culpables por el medio que utilizan para comunicar sus prejuicios.

Las cifras muestran que más de un 80% de los casos de insultos y amenazas en Internet no se denuncian a las autoridades policiales, lo que dificulta la erradicación de este delito.

4 📖 Lee el siguiente texto y complétalo escogiendo las palabras de la lista. ¡Cuidado! Sobran palabras.

> apoyada   perfiles   foto   refleja   cartel
> protagonista   por   preocupaba   animaba   tez
> mismo   para   llamada   con   comentarios   grito
> convierte   en

Un chico con barba larga, un 'hípster', es el ¹_____ de un anuncio contra el racismo. Una ONG suiza ²_____ "Stopexclusion" ha decidido usar cuatro fotos con solo una diferencia: el color. En las fotos, el ³_____ modelo, un chico de raza blanca, pelo rubio y ojos azules, se ⁴_____ en otro con la ⁵_____ y ojos oscuros y el pelo negro. El mensaje del ⁶_____ dice: "¿A partir de qué color comienzan tus prejuicios?"

La iniciativa de la ONG ha sido también ⁷_____ por la Oficina de Integración de Extranjeros. A su vez, las redes sociales han permitido que esta campaña de sensibilización termine en los muros y ⁸_____ de usuarios de otros países, como España.

Según un miembro de la ONG suiza, "la lectura de ⁹_____ racistas en los medios de comunicación y ¹⁰_____ las redes sociales nos ¹¹_____ enormemente y por eso decidimos elaborar esta campaña. El objetivo era sensibilizar a la gente sobre sus prejuicios y el rechazo a otros simplemente ¹²_____ su raza, origen o creencias religiosas. Apoyar el racismo y la xenofobia es un crimen".

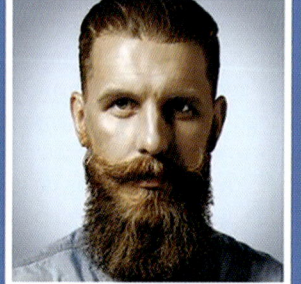
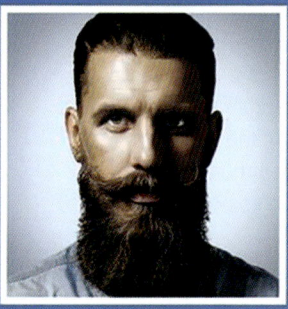

[12 marks]

📘 Consejo

Tackling gap-fill exercises

When presented with a gap-fill exercise, you should:

- Try to work out the meaning of all the words you are given in a list to fill in the gaps.

- Additionally, consider the type of word it is: noun, adjective, preposition, adverb, verb (which tense/ form?), etc. This will help you to decide in which gap it will be needed.

- Read the text and try to understand the gist of the sentences. As you read it for the first time, think about the grammar used before and after each gap. With the meaning of a particular sentence, the words used around each gap might give you an idea/the answer to which word from the list is needed in that gap. If before the gap you encounter words such as *han* or *habrían*, it will be clear that you will need a past participle form from the list (e.g. *mandado* or *hecho*), but if there is a preposition before the gap (e.g. *por, para, en, con, …*) the infinitive form of a verb might be required (e.g. *para combatir*).

- Fill in the gaps and try to translate each sentence as you complete the text to ensure the whole piece makes sense.

5 📖 Traduce este texto al inglés.

> A pesar de la crisis de los últimos años, muchos extranjeros siguen eligiendo España para trabajar. Las encuestas revelan que la mayoría de los españoles considera la llegada de extranjeros como algo aceptable, pero más del 50% opina que la inmigración es un problema. Los que más sufren el rechazo son los sin papeles.
>
> Los extranjeros son discriminados en muchos ámbitos y uno de ellos es el legal. La Ley de Extranjería se ha cambiado varias veces en las últimas dos décadas. Las oenegés que luchan contra el racismo y la discriminación denuncian que cada vez se han incluido normas más discriminatorias en esa ley, sobre todo en el acceso de los extranjeros a los servicios públicos.

[10 marks]

6a 〰 **Escucha esta noticia y, según lo que oyes, decide si estas afirmaciones son Verdaderas (V), Falsas (F) o No mencionadas (N).**

1 Una juez en Cataluña es pionera en el ámbito legal.
2 Un cliente de un supermercado se ha librado de la cárcel.
3 Una cajera colombiana fue contratada por el supermercado hace más de un año.
4 El cliente rechazaba a la cajera por no ser española.
5 Otros clientes también pensaban lo mismo que el hombre.
6 La juez dijo que los insultos no habían afectado a la cajera.

[6 marks]

6b 〰 **Escucha otra vez la noticia y haz un resumen incluyendo los siguientes puntos. No debes usar más de 90 palabras.**

- el tipo de sentencia que se menciona y dos detalles [2]
- lo que hizo el cliente del supermercado para que la juez le diera esta sentencia [3]
- lo que había dicho la chica sobre lo que sufrió. [2]

En la medida de lo posible, debes utilizar tus propias palabras y frases completas. Hay cinco puntos adicionales por la calidad de tu español escrito.

[12 marks]

7 🗨 **Estudia los párrafos 1 y 3 de la actividad 3 en la página 43 y después traduce al español el siguiente texto.**

> Until a few years ago, racist insults and threats were not common on the Internet. Sadly, in recent years, hate crimes have become something more frequent in cyberspace. Authorities and experts claim that in most cases these crimes are not reported. Therefore, the Internet continues to be the platform that allows those racist messages to be anonymous.
>
> It is clear that the government needs to accelerate the process to introduce drastic changes to the law.

[10 marks]

8 🗨 **¿Son los españoles tolerantes y abiertos con otras razas y nacionalidades? Utiliza tus conocimientos sobre el racismo y la xenofobia en España (incluido lo que has aprendido sobre las medidas existentes contra esta lacra y la legislación anti-racista). Considera estas cifras, publicadas por el CIS (Centro de Investigaciones Sociológicas) y luego discute las siguientes preguntas con un(a) compañero/a o tu profesor.**

- A más del 40% de los españoles les molestaría tener como vecinos a gente de etnia gitana.

- Casi un 10% de los padres encuestados recientemente dijo que no querría que sus hijos compartieran la misma clase con niños de familias inmigrantes.

- ¿Por qué piensas que muchos españoles rechazan a las personas gitanas?
- ¿Te parece preocupante la actitud de los padres encuestados? ¿Por qué sí/no?
- En tu opinión, ¿los extranjeros son bien recibidos y aceptados en España?

9 ✏ **Elige uno de los siguientes temas y escribe unas 300 palabras.**

- La enseñanza y el ejemplo que dan los padres son la principal arma para erradicar el racismo y la xenofobia entre los jóvenes.
- Las medidas contra el racismo en los colegios no funcionan. ¡Mejor usar el Internet para combatirlo!
- No hay que cambiar la ley antirracismo en ningún sitio. Hay que cambiar la mentalidad de la gente.

2 Vocabulario

2.1 Las actitudes racistas y xenófobas

	acosar	to bully, to harass
	actuar	to act
	agredir	to attack, to assault
el	agresor	attacker
	alentar	to encourage
	amenazar	to threaten
	anonadado	shocked
	apuñalar	to stab
el	arma	weapon
	asombrar	to astonish, to amaze
	asquear	to disgust
	asustar	to frighten
la	bofetada	slap
el	brote xenófobo	xenophobic outbreak
	burlarse de	to make fun of
el/la	chabolista	slum dweller
el	comportamiento	behaviour
	comportarse	to behave
la	conducta	behaviour
	dar ejemplo	to set an example
	dar un manotazo	to slap somebody
	de mente cerrada	narrow minded
el	delito de odio	hate crime
	desalentar	to discourage
	despreciar	to despise
el	empujón	push
	enfadarse	to get angry
el	enfrentamiento	confrontation
	enfrentarse a	to face, to confront
	entonar cantos racistas	to sing racist chants
	estereotipar	to stereotype
	expulsar	to expel
el	gesto	gesture
	golpear	to hit
	grabar	to record
la	grada	grandstand
	gritar	to shout
el/la	hincha	football fan
	judío	Jewish
el	ladrón	thief
	mendigar	to beg
	musulmán	Muslim
	padecer	to suffer
	pedir limosna	to beg
	proceder de	to come from
	rechazar	to reject
	reírse de	to laugh at

	reprochar	to reproach
el	revuelo	stir/disturbance
	salvar	to save someone
	ser testigo de	to be witness to
	sorprender	to surprise
el	sufrimiento	suffering
	temer	to fear
	ultrajar	to offend, to insult
	valorar	to value
	vergonzoso	shameful
	vincular	to link, to connect

2.2 Las medidas contra el racismo

	abordar	to tackle
	acoger	to welcome
	aguantar	to put up with, to tolerate
	alcanzar	to reach
el	ámbito	field
	animar a (alguien)	to encourage (someone)
	anunciar	to announce/to advertise
	aplaudir	to applaud
	apoyar	to support
	avisar	to warn
el	aviso	warning
	bienal	two-yearly
la	cámara de vigilancia	CCTV camera
el	cartel	poster
	ciego	blind
	combatir	to combat
	concienciar	to make aware
	concienciarse	to become aware
	debatir	to debate
el	desafío	challenge
	discapacitado	disabled
	erradicar	to eradicate
	escaso	limited/scarce
	esforzarse	to make an effort
el	espectáculo	show
	etiquetar	to label
	excluir	to exclude
	expresar el rechazo	to express rejection
el	folleto	leaflet
	fomentar (algo)	to encourage (something)
	hacer un esfuerzo	to make an effort
	imponer	to impose
	lanzar una campaña	to launch a campaign
el	lema	slogan
	manifestarse	to protest

la	medida	*measure*
	mentalizar	*to make aware, mentally prepare*
	merecer	*to deserve*
la	meta	*goal*
	mezclarse	*to mix with one another*
	minusválido	*disabled*
	montar una campaña	*to put together a campaign*
la	oenegé	*NGO (Non-governmental organisation)*
la	pancarta	*banner*
el	perfil	*profile*
las	pintadas	*graffiti*
el/la	portavoz	*spokesperson*
	prestar atención	*to pay attention*
	promover	*to promote*
	proporcionar	*to provide with*
	recriminar	*to recriminate*
el	relato	*story*
	repatriar	*to repatriate*
	respaldar	*to support*
	restringir	*to restrict*
la	sensibilización	*awareness*
	sensibilizar	*to make aware*
	sordo	*deaf*
	superar	*to overcome*
el/la	vocalista	*lead singer*

2.3 La legislación anti-racista

	acercarse	*to approach, to get close*
	alarmante	*alarming*
	alejarse	*to move away*
el	altercado	*quarrel, altercation*
la	amonestación	*warning, eprimand*
	amonestar	*to reprimand*
los	antecedentes penales	*criminal record*
	arresto domiciliario	*house arrest*
el	cabeza rapada	*skinhead*
la	cadena perpetua	*life sentence*
la	cárcel	*prison*
el	carnet de identidad	*identity card*
	castigar	*to punish*
	conceder	*to grant*
la	condena	*sentence*
	condenar	*to sentence, to condemn*
el	control de alcoholemia	*alcohol test*
la	criminalidad	*crime rate*
	criminalizar	*to criminalise*

	dar/propinar una paliza	*to beat*
la	delincuencia	*crime*
el/la	delincuente	*criminal*
	delinquir	*to commit a crime*
el	delito	*crime*
	deshacerse de	*to get rid of*
la	detención	*arrest*
	disculparse	*to apologise*
	divulgar	*to disclose, make public*
	encarcelar	*to jail*
	escalofriante	*chilling*
el	gamberro	*hooligan*
	garantizar	*to guarantee*
	impedir	*to stop*
la	indemnización	*compensation*
	indemnizar	*to compensate*
la	infracción leve	*minor offence*
el	juez	*judge*
el	juzgado	*court/tribunal*
	juzgar	*to judge*
	multar	*to fine*
	negarse a	*to refuse to*
	obligar	*to force*
la	orden de alejamiento	*restraining order*
	pedir disculpas	*to apologise*
la	pena de muerte	*death penalty*
	penalizar	*to penalise*
	perjudicar	*to harm/to be detrimental*
	poner una multa	*to (give a) fine*
las	prestaciones	*benefits*
la	prohibición	*ban, prohibition*
	prohibir	*to ban, to prohibit*
	a propósito	*on purpose*
	quitar	*to remove, take away*
	sancionar	*to fine*
	sentenciar	*to sentence*
	ser consciente de	*to be aware of*
	tener en cuenta	*to bear in mind*
las	vejaciones	*harassment/poor treatment*

By the end of this section you will be able to:

	Language	Grammar	Skills
3.1 **La convivencia de culturas**	Understand and describe the different ways cultures integrate in Hispanic society	Form and use prepositions	Use language for describing change
3.2 **La educación**	Understand and describe the issues surrounding the integration of different cultures within the sphere of education	Use pronouns	Vary sentence structure to enhance writing
3.3 **Las religiones**	Understand and describe the coexistence of various religions in the Hispanic world	Use adverbs	Structure an argument

La convivencia cultural supone la coexistencia pacífica y armoniosa de grupos diferentes de personas y es la base sobre la que se construye un estado democrático y estable. Sin embargo en nuestro mundo multicultural y plurilingüe, sería ingenuo no aceptar que haya a veces conflictos y retos, como ha pasado a lo largo de la historia. En España, igual que en otras partes del mundo, estas diferencias pueden ocurrir no solamente entre grupos étnicos diferentes, sino también entre hablantes de diferentes lenguas, entre miembros de diferentes religiones, o entre afiliados a diferentes partidos políticos, y no cabe duda de que seguirán ocurriendo en el futuro. No obstante, en el lado positivo, tanto actualmente como en el pasado, la convivencia cultural ha tenido, y sigue teniendo, momentos de éxito.

1 **Mira esta viñeta y discute con un(a) compañero/a.**

- ¿Hasta qué punto estás de acuerdo con lo que dice el chico?
- ¿Crees que la idea de la coexistencia pacífica y armoniosa es posible? ¿Hay problemas/posibilidades?
- ¿Cuando piensas en el futuro eres pesimista u optimista de que en el mundo pueda haber la convivencia pacífica?

Comprensión y respeto, eso es lo importante para convivir con los demás, y sobre todo, no creer que uno es mejor que nadie.

2 Con un(a) compañero/a y sin buscar información, escribid una lista de las religiones que en vuestra opinión conviven en España hoy en día. Comparad vuestras ideas con las del resto de la clase. Ahora tratad de clasificar las religiones por orden de seguidores en España.

3 Con la ayuda de Internet u otros recursos busca:

- la población de España hoy en día
- información sobre la composición étnica del país
- el número de hablantes de cada uno de los idiomas cooficiales.

4 Después de leer "¿Lo sabías?" decide si las afirmaciones son Verdaderas (V), Falsas (F) o No mencionadas (N).

1 Durante la Edad Media los judíos y los musulmanes se dedicaron a las mismas actividades.

2 En muchas ciudades los miembros de los distintos grupos étnicos se peleaban mucho.

3 Parece que el gobierno español quiere enmendar las injusticias de gobiernos pasados.

4 'Sefardí' es el nombre hebreo de los judíos españoles antes de su expulsión.

5 Aunque hay relativamente pocos gitanos en España, son todavía un grupo marginalizado.

6 La mayoría de los españoles que profesan una religión es católica.

7 En España se toman medidas para combatir la radicalización de los jóvenes musulmanes.

5 Utilizando la imagen, explica con tus propias palabras qué significan estas estadísticas sobre la población indígena de México.

1 14 millones
2 7%
3 83,3%
4 17,1%

¿Lo sabías?

- Durante la Edad Media, antes de su expulsión, los judíos jugaron un papel muy importante en la vida de la Península Ibérica. Muchos se dedicaron a actividades mercantiles y artesanas y también a actividades financieras. En la mayoría de las ciudades importantes vivieron en sus propios barrios, las juderías, separados de los musulmanes.

- Más de 3,5 millones de judíos en todo el mundo cuyos antepasados fueron expulsados de España por los Reyes Católicos, podrían adquirir la nacionalidad española gracias a su origen sefardí y a la modificación del Código Civil que el gobierno español ha aprobado.

- Los gitanos representan el 2% de la población de España. El 45% reside en Andalucía y el 88% vive en viviendas normalizadas. Desgraciadamente siguen siendo víctimas de discriminación.

- Aunque el catolicismo es la fe más practicada en España, casi el 3% de la población practica alguna religión diferente al catolicismo. Los musulmanes constituyen la minoría religiosa más grande de España.

- Los alumnos musulmanes de ESO y Bachillerato en España estudian "estrategias para tomar conciencia, predecir, detectar y prevenir toda violencia, en particular la violencia terrorista" desde septiembre de 2016.

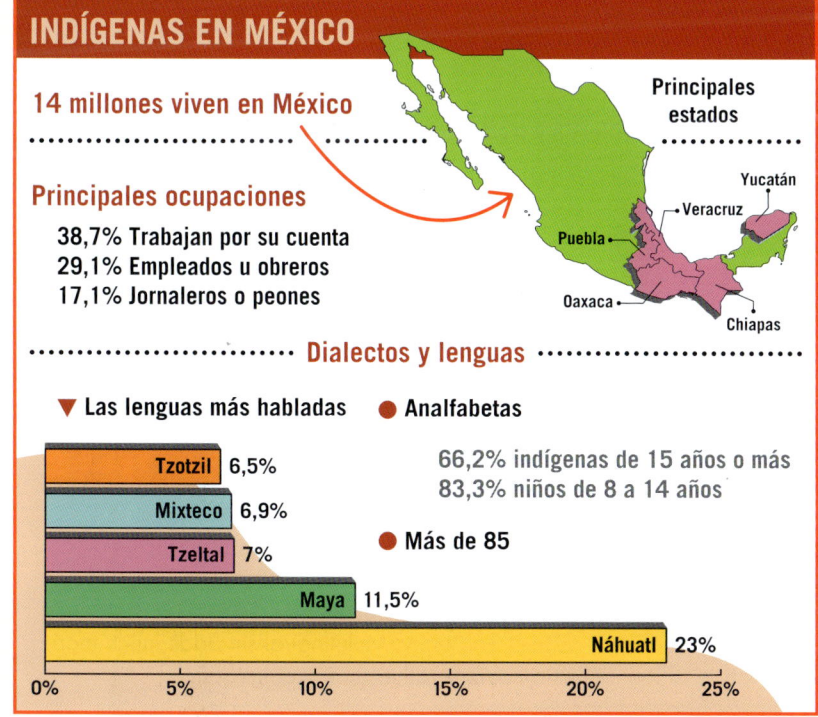

INDÍGENAS EN MÉXICO

14 millones viven en México

Principales estados

Yucatán
Veracruz
Puebla
Oaxaca
Chiapas

Principales ocupaciones

38,7% Trabajan por su cuenta
29,1% Empleados u obreros
17,1% Jornaleros o peones

Dialectos y lenguas

▼ **Las lenguas más habladas**   ● **Analfabetas**

Tzotzil 6,5%
Mixteco 6,9%
Tzeltal 7%
Maya 11,5%
Náhuatl 23%

0%   5%   10%   15%   20%   25%

66,2% indígenas de 15 años o más
83,3% niños de 8 a 14 años

● **Más de 85**

1 Lee el texto y escoge la palabra o frase más apropiada.

España es conocida en el mundo por ser un país integrador y de convivencia. Por su territorio han pasado una multitud de pueblos y durante siglos han convivido cristianos, musulmanes y judíos, cuyos legados han enriquecido el patrimonio histórico y cultural del país.

Sus relaciones con los pueblos iberoamericanos han engrandecido esa riqueza cultural y han contribuido a moldear el carácter de los españoles.

La Constitución Española de 1978 garantiza la convivencia, protege los derechos de las minorías y establece que nadie puede ser discriminado por nacimiento, raza, sexo, religión, opinión o cualquier otra circunstancia personal. Reconoce la existencia de las lenguas cooficiales y confiere el autogobierno a las comunidades históricas.

1 España tiene la reputación de ser un país *acogedor / discriminatoria*.

2 *Después de / A lo largo de* su historia varios grupos *extranjeras / étnicos* han poblado *la península / país*, cada uno *trayendo / cambiando* su propia cultura.

3 Esto ha *eliminado / proporcionado* una historia y cultura ricas y *diversas / distinto*.

4 Además, la *invasión / influencia* latinoamericana ha contribuido a formar el carácter del país.

5 La Constitución entró *en España / en vigor* en 1978, con el *objetivo / intención* de proteger los derechos de los *inmigrantes / ciudadanos*.

2  Escucha la entrevista sobre la convivencia y selecciona las tres frases correctas.

1 Según Sofía hay ocasiones en que no se pueden evitar las disputas entre distintos grupos étnicos.

2 Felipe no piensa que existan problemas para establecer buenas relaciones entre los distintos grupos.

3 Carlota vive en un barrio multicultural y le preocupa mucho, sobre todo el número de restaurantes étnicos.

4 Eduardo tiene una actitud muy abierta que considera útil para combatir la discriminación.

5 El punto de vista de Raquel es negativo porque no entiende los comportamientos culturales diferentes y tampoco habla sus idiomas.

6 A Daniel le gustaría restringir la inmigración.

Vocabulario

la creencia *belief*
el desafío *challenge*
la mezcla *mix*
sacar provecho *to benefit*

3 Mira la caricatura de la izquierda y trabaja con un(a) compañero/a.

- Explica el significado de esta caricatura.
- ¿Conoces otros países que tengan más de una lengua oficial?
- ¿Tienen una lengua común?
- En tu opinión ¿se benefician los catalanes, los vascos y los gallegos de ser bilingües?

4 Traduce este párrafo al español.

Spain is a multilingual country in which Castilian (or Spanish), Catalan, Basque and Galician are co-official languages. They are all recognised, together with Castilian, in their respective regions: Catalan in Catalonia and the Balearic Islands, and in Valencia where it is called Valencian; Basque in the Basque Country and the Basque-speaking parts of Navarra; and Galician in Galicia. It is essential that the languages coexist and never become a cause of division or rejection, rather one of mutual respect and unity. Multilingualism adds much more than it takes away and it enriches a country rather than weakens it.

5a Lee el texto y contesta las siguientes preguntas.

La capital española de los ingleses

La mayoría de ingleses que fijan su residencia en España lo hace en Orihuela, en la Costa Blanca. Los datos reflejan que un total de 18.834 británicos se han inscrito en el padrón oriolano y aunque en el ranking de ciudades españolas con más residentes de origen inglés lo sigue la ciudad de Mijas en la provincia de Málaga, con 15.645 británicos, existen hasta cinco localidades alicantinas entre los primeros diez municipios con más residentes procedentes de Reino Unido.

Estos datos demuestran que los ingleses fijan su residencia en localidades con un buen clima, muy distinto al que tienen en su país de origen así como zonas residenciales en zonas costeras o municipios cercanos al litoral.

La gran cantidad de residentes extranjeros ha convertido Orihuela Costa en un espacio multicultural. Esta zona, deshabitada hace treinta años, carece de cultura de base por lo que las tradiciones las han creado sus propios habitantes.

Como la mayoría de habitantes son extranjeros se hace difícil la integración de los mismos en la sociedad española. De hecho, una de sus quejas es que aunque quieren aprender castellano les es imposible porque en todos los lugares, sean regentados por españoles o no, les hablan en inglés. Muchos residentes acuden a las clases de «Español para extranjeros» que ofrece el ayuntamiento de Orihuela pero cuando quieren practicarlo, todos los que saben inglés les contestan en el idioma internacional por lo que les es imposible profundizar en el idioma.

1 ¿En qué parte de España está la Costa Blanca? ¿Cuáles son las ciudades principales de la región?

2 ¿Por qué, en tu opinión, es esta región tan popular entre los británicos?

3 Busca información sobre el pueblo de Mijas y descríbelo brevemente.

4 ¿Por qué carece Orihuela de cultura tradicional?

5 ¿Elegirías vivir en esta parte de España? Explica por qué/no.

6 ¿Crees que los residentes extranjeros deberían ser obligados a aprender el español? Da los dos lados del argumento y justifica tus opiniones.

5b Traduce el último párrafo al inglés ("Como la mayoría… en el idioma").

6 Completa las frases con el verbo más adecuado de la lista.

1 Yo _____ aprender el catalán cuando fui a Barcelona el año pasado.

2 Muchos jubilados británicos no _____ nunca _____ pasar tiempo en España.

3 Entre ellos hay los que _____ hablar el español y los que _____ hablar siempre en inglés.

4 Uno de los problemas es que ellos _____ pasar mucho tiempo con sus compatriotas.

5 Los Reyes Católicos _____ aceptar a los judíos.

6 Ahora creemos que los Reyes Católicos _____ expulsar a los judíos y los musulmanes.

se negaron a   insisten en   se cansan de   me dediqué a
hicieron mal en   tienden a   aprenden a

🔲 Gramática

Prepositions

You are familiar with most prepositions – 'little' words such as: *a; en; de; por; para; con* etc.

You may not be so familiar with the many verbs that require a specific preposition when they are followed by an infinitive. For example:

*Contribuir a: La Constitución de 1978 **contribuyó a eliminar** mucha discriminación.*

*Tratar de: Si viviera en el País Vasco, **trataría de** aprender el euskera.*

*consentir en: Muchos árabes y judíos **consintieron en** convertirse al cristianismo.*

Find a list of verbs followed by a preposition and learn them.

See page 160.

1a **Busca en el texto cómo se expresan las siguientes palabras y frases.**

1 in order to
2 tool
3 had a political wing
4 legally
5 their political persuasion
6 without success
7 a serious threat
8 a ceasefire
9 demonstrable

Una amenaza a la convivencia y a la paz

ETA (Euskadi ta Askatasuna, que significa "País Vasco y Libertad") fue una organización terrorista asentada en el País Vasco que fue creada en 1958 con el objetivo de conseguir la independencia para el territorio formado por el País Vasco y Navarra. Poco después, la violencia se convirtió en su principal instrumento de actuación. Paradójicamente sus actividades violentas se multiplicaron exponencialmente después de la muerte del General Franco y del establecimiento de la democracia en España. Entre 1958 y 1977 – fecha de celebración de las primeras elecciones democráticas, ETA asesinó a 75 personas. Entre 1978 y 2011 ETA asesinó a 785 personas. Desde el comienzo de la democracia, ETA contó con un brazo político llamado Herri Batasuna. Durante casi veinticinco años este partido actuó en la legalidad, pero fue ilegalizado en 2003.

Todos los gobiernos españoles desde 1977 a 2007, con independencia de su signo político, intentaron lograr el final de la violencia a través de conversaciones con ETA, pero sin éxito.

No obstante, tras haber representado una amenaza seria por toda España, finalmente, en 2011 ETA declaró un "alto el fuego general y verificable internacionalmente".

1b **Decide si las siguientes afirmaciones son Verdaderas (V), Falsas (F) o No mencionadas (N).**

1 La traducción castellana de la palabra vascuence 'askatasuna' es 'país'.
2 El objetivo de ETA fue la creación de un estado independiente.
3 ETA no fue un movimiento pacífico – por el contrario, cometieron muchos asesinatos.
4 Además de ser un grupo terrorista, ETA tenía también su propio partido político.
5 Hubo más ataques después de 1975 que antes.
6 El fundador de ETA se llamaba Iñaki Batasuna.
7 El último ataque de la organización separatista tuvo lugar en Madrid.
8 ETA tenía el apoyo de la mayoría de la población vasca.
9 Antes del último alto el fuego, otros habían fracasado.

2 〰 **Escucha el reportaje sobre la cuestión de la secesión de Cataluña y contesta las preguntas.**

Con respecto a los argumentos a favor de la independencia de Cataluña:

1 ¿Cómo se beneficiarían los catalanes si tuvieran su propio gobierno?
2 ¿Cómo fortalecería la lengua catalana?
3 ¿Cómo ayudaría a la economía de Cataluña?

Con respecto a los argumentos en contra de la independencia de Cataluña:

1 Según el primer argumento en contra, ¿por qué no corresponde solo a los catalanes la decisión de independizarse del resto del país?
2 ¿En qué aspectos sería Cataluña más débil si fuera independiente?
3 ¿Cómo afectaría la independencia a la incorporación de Cataluña en la Unión Europea?

3 Lee el texto sobre los gitanos españoles y utilízalo para ayudarte a traducir las frases de abajo al español.

Los gitanos españoles

Actualmente la sociedad española es un mosaico de grupos étnicos y culturales con sus propias características, lenguas y pueblos. La Comunidad Gitana, presente en la Península Ibérica desde el siglo quince, representa cerca del 2% de la población. Según diferentes encuestas, los gitanos son el grupo étnico más rechazado por la sociedad.

A pesar de los significativos avances conseguidos en los últimos años en la promoción social de la comunidad gitana, la imagen negativa que la estigmatiza continúa fuertemente arraigada en todos los sectores de la sociedad. Esta actitud discriminatoria hacia ellos continúa siendo uno de los principales obstáculos que impiden el pleno ejercicio de la ciudadanía de los gitanos.

Hace 30 años podía ser difícil que los niños gitanos fuesen a la escuela, a pesar de que la educación es un derecho. Hoy en día las leyes españolas garantizan este derecho y casi la totalidad de los niños y niñas gitanos están escolarizados. Y cada vez más los jóvenes gitanos y gitanas continúan estudiando, y ahora estudian para ser abogados, ingenieros, educadores, médicos, etc.

1 Spanish society is made up of many different cultural groups.
2 The gypsy community has been part of the Spanish population for six hundred years.
3 However, they are a group that still suffers discrimination, in spite of the advances of recent years.
4 Fortunately these days almost all gypsy children have access to an education.
5 They have the opportunity to continue studying and to enter professions such as medicine, law or teaching.

4 〜〜 Escucha el reportaje sobre casos de anti-gitanismo y escribe un resumen con tus propias palabras de unas 90 palabras. Debes incluir:

- por qué las mujeres gitanas sufren "una doble discriminación"
- en qué situaciones sufren más
- qué sector se enfrenta a más discriminación.

5 Lee el texto y con un(a) compañero/a investiga cuál es la mezcla étnica de México. Podrías considerar los siguientes puntos:

- grupos étnicos históricos cuyos descendientes forman parte de la demografía actual de México
- ¿Qué significa el término 'la Mexicanidad'?
- Busca información sobre la situación actual de convivencia de culturas en el país.

México posee una gran diversidad cultural debido a la mezcla étnica y cultural que hubo en el pasado entre los españoles y otros europeos, y los indígenas. En efecto, ocupa el octavo lugar del mundo entre los países con la mayor cantidad de pueblos indígenas y tiene la mayor población indígena de las Américas. Según estadísticas bastante recientes existen 62 pueblos indígenas, con una población estimada en más de 14 millones, lo que significa cerca del 12,5% del total de la población del país.

Presentad los resultados de vuestro trabajo a la clase y luego discutid juntos los aspectos más destacados de todas las investigaciones.

📘 Estrategias

Language for describing change

Describing change will most likely involve a change in tense. For example, from the imperfect to the present – what it used to be like to what it is like now:

*En el pasado los gitanos **sufrían** mucha discriminación pero hoy en día su situación **es** mejor.*

Or from pluperfect to preterite:

*Aunque las tres culturas **habían convivido** apaciblemente, en el siglo dieciséis los Reyes Católicos **expulsaron** a los musulmanes y judíos.*

Sometimes, of course, a subjunctive will be required:

*Antes de que los Reyes Católicos **expulsaran** a los musulmanes y judíos, las tres culturas **coexistían** pacíficamente.*

■ Expresiones claves

posteriormente	antes de
previamente	después de
mientras	por otra parte
actualmente	

A: La educación

1a Lee el texto y luego selecciona la mejor alternativa para completar cada frase.

Inmigrantes en la escuela

Un nuevo estudio sobre el impacto de los alumnos inmigrantes en los institutos españoles echa por tierra el mito de que su presencia en las aulas reduce el nivel educativo del conjunto. Sin embargo, sí es cierto que son los propios estudiantes extranjeros los más perjudicados por esta situación. Lo cual significa que la alta presencia de inmigrantes en las aulas apenas tiene influencia en el conjunto de la clase, aunque sí la tiene entre los propios alumnos extranjeros. Aunque el estudio no determina las causas de este fenómeno, es razonable pensar que, en un aula en la que hay muchos alumnos inmigrantes, una parte puede tener tendencia a formar guetos por países de origen o por cualquier otra razón que puede afectar a su rendimiento escolar. Otra de las cuestiones que analiza el estudio es que una parte importante del colectivo de inmigrantes, hasta un 40%, tiene grave riesgo de fracaso escolar, cuando la media en Cataluña es del 30%. Dejar la escuela sin el graduado escolar es un factor determinante que aumenta el riesgo de exclusión social. Es un problema al que se debería poner remedio para evitar situaciones problemáticas en el futuro. Pero la investigación también afirma que la escuela puede actuar en estos casos como un elemento de integración y, sobre todo, de compensación social.

Vocabulario

el conjunto *group*
echar por tierra *to destroy, to wreck*
un mito *myth*
un remedio *remedy, solution*

1 Un nuevo informe…
   a suprime la presencia de los inmigrantes en los institutos en España.
   b descarta el impacto negativo de los inmigrantes en la educación de los alumnos españoles.

2 El estudio sugiere que los alumnos inmigrantes prefieren…
   a pasar tiempo con otros inmigrantes.
   b evitar trabajar con otros alumnos.

3 En Cataluña…
   a la media de fracaso escolar es menor que la media de fracaso entre escolares inmigrantes.
   b pocos alumnos están en grave riesgo de fracaso escolar.

4 El riesgo de exclusión social…
   a disminuye con el éxito en el rendimiento escolar.
   b baja cuando los alumnos inmigrantes tienen el graduado escolar.

5 Es posible que los institutos…
   a jueguen un papel intrascendente en la integración de los alumnos inmigrantes.
   b promuevan la integración dentro de los institutos.

1b Haz un resumen de 90 palabras del texto. Utiliza tus propias palabras e incluye:

- los puntos más destacados del reportaje
- que significan los porcentajes
- que se puede hacer para evitar problemas en el futuro.

2 Estudia el gráfico con un(a) compañero/a. Busca las regiones donde hay más y menos estudiantes inmigrantes y apunta el porcentaje. Intenta sugerir las razones de esas diferencias. ¿Qué diferencias notas en la distribución del alumnado extranjero por tipo de centro?

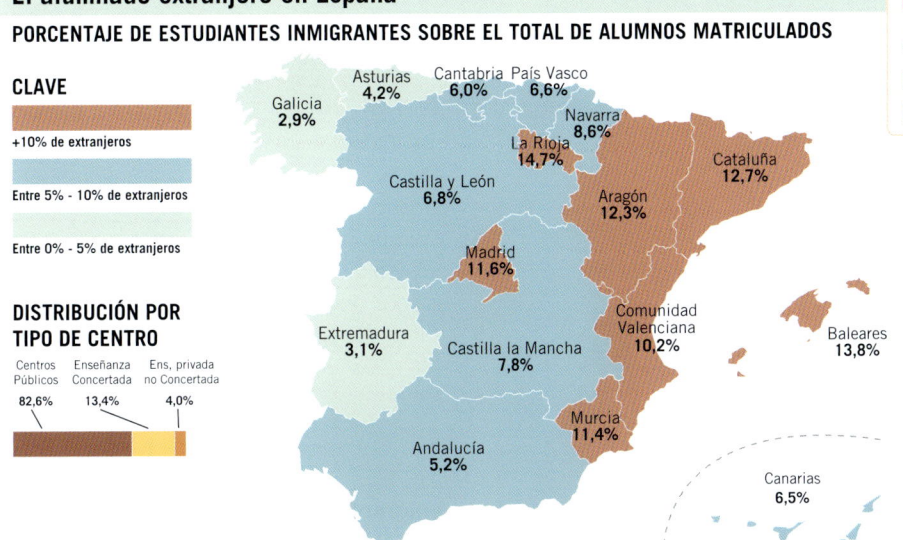

El alumnado extranjero en España
PORCENTAJE DE ESTUDIANTES INMIGRANTES SOBRE EL TOTAL DE ALUMNOS MATRICULADOS

CLAVE
- +10% de extranjeros
- Entre 5% - 10% de extranjeros
- Entre 0% - 5% de extranjeros

DISTRIBUCIÓN POR TIPO DE CENTRO
Centros Públicos	Enseñanza Concertada	Ens. privada no Concertada
82,6%	13,4%	4,0%

Galicia 2,9%
Asturias 4,2%
Cantabria 6,0%
País Vasco 6,6%
Navarra 8,6%
La Rioja 14,7%
Castilla y León 6,8%
Cataluña 12,7%
Aragón 12,3%
Madrid 11,6%
Extremadura 3,1%
Castilla la Mancha 7,8%
Comunidad Valenciana 10,2%
Baleares 13,8%
Murcia 11,4%
Andalucía 5,2%
Canarias 6,5%

3 Escucha este reportaje sobre la alcaldesa de Barcelona, Ada Colau. Decide si las frases son Verdaderas (V), Falsas (F) o No mencionadas (N).

1 La alcaldesa de Barcelona descarta la idea de cambiar el mapa escolar.
2 Afirma que los colegios deberían escoger los alumnos que se matriculan en la escuela.
3 Los padres deberían tener el derecho de escoger su propio instituto.
4 Cree que en ciertos barrios hay demasiados inmigrantes.
5 Subraya que los inmigrantes ayudan en el aprendizaje de los españoles nativos.
6 Los padres prefieren que sus hijos aprendan más sobre sus compañeros inmigrantes.
7 El incremento de inmigrantes ha creado más guetos en los barrios.

4a Lee este blog de una mujer que da su opinión sobre lo que piensa la alcaldesa de Barcelona y traduce al inglés.

> "Tengo varios amigos aquí en España cuyos hijos están 'condenados' a estar en sus colegios e institutos rodeados de extranjeros. Son niños nacidos en España o que llegaron al país muy pequeños, con padres de Ecuador, Colombia y Rumanía. Niños normalmente muy amables y educados, más o menos motivados, mejor o peor estudiantes. Tengo la suerte de que mi hija va a un colegio público en el que hay un buen puñado de niños con otros orígenes. Mi hija está así 'condenada' a que un compañero cuyos padres vinieron de China la invite a su cumpleaños y descubra los fideos riquísimos que hace su abuela. Está 'condenada' a ver el mundo como es en realidad: diverso y rico, no siempre fácil y lleno de retos. Y doy gracias por ello."

blog

4b Escribe tu propio blog sobre lo que piensas de las acciones de la alcaldesa de Barcelona. Escribe unas 250–300 palabras.

Estrategias

Varying sentence structure to enhance writing

You can improve your writing by adopting different sentence structures. In Spanish, word order is more fluid. Most of the time you can change the order without altering the meaning of the sentence or making it incorrect. For example, if you want to translate 'More than two million immigrants study in Spanish schools', there are two possibilities.

Más de dos millones de inmigrantes estudian en los institutos españoles is perfectly correct but you could also say *Estudian más de dos millones de inmigrantes en los institutos españoles.*

Try doing this when you write to change the structure and sound more Spanish.

Expresiones claves

una iniciativa
elección libre
un choque cultural

1 Mira la imagen y contesta las preguntas.

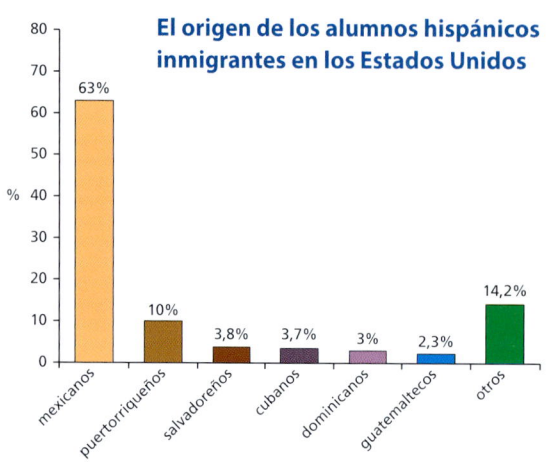

El origen de los alumnos hispánicos inmigrantes en los Estados Unidos

mexicanos 63%
puertorriqueños 10%
salvadoreños 3,8%
cubanos 3,7%
dominicanos 3%
guatemaltecos 2,3%
otros 14,2%

1 ¿Cuáles son los seis países hispanohablantes de la imagen?
2 ¿Por qué crees que la mayoría de los alumnos hispánicos inmigrantes vienen de México?
3 ¿Por qué crees que no hay tantos alumnos cubanos?
4 ¿Por qué crees que muchos padres hispánicos quieren que sus hijos vayan al instituto en los Estados Unidos?
5 ¿Crees que podemos fiarnos de estas estadísticas?

2 Lee este artículo sobre un alumno inmigrante de Guatemala. Solo tres de las siguientes afirmaciones son correctas. Decide cuáles son.

Los niños refugiados en California dicen que la discriminación en la escuela está empeorando

Amira Matti, 11 años, recuerda el día en el que su hermano estuvo a punto de ser secuestrado cerca de su casa en la ciudad de Guatemala. "Mi hermano pequeño vino corriendo hacia nosotros y nos dijo 'Alguien ha tratado de llevarme'", nos dijo ella. Así que, la familia de Amira decidió que era hora de salir de Guatemala, y de su creciente violencia de bandas, y marcharse a los Estados Unidos.

Cuando la familia llegó, solicitaron asilo en San Diego. Amira creyó que la parte difícil del viaje había terminado. Se dio cuenta de que no era así tan pronto como empezó la escuela — aprender inglés fue difícil.

Dijo que sus compañeros de clase la acosaban. "Los niños se acercaban a mí y me decían 'Hola, niña rara', y yo no entendía nada, porque no sabía inglés al principio, y pensaba que este no es un país en el que debía estar. No soy bienvenida aquí", dijo.

Pero entonces su familia supo de un programa extraescolar que comenzó hace seis años. Les enseña a jugar al fútbol a inmigrantes y refugiados, usando el deporte como un divertido gancho para servicios académicos serios.

Mark Kabban, que empezó el programa, dijo que los estudiantes del programa se quejan de más discriminación en la

escuela. "Nuestros atletas escolares dicen que 'nos sentimos discriminados'", nos dijo. "En nuestros seis años, nunca había oído eso antes. Y no sé qué decirles más que, eh, así es como somos y vamos a permanecer juntos y a seguir trabajando duro, y vamos a ser las mejores personas que podamos."

Amira ha aprendido a creer en sí misma y sus grandes ambiciones — quiere ser cirujana — aunque algunos de sus compañeros de clase no inmigrantes le han dicho que no puede ser cirujana porque es de Guatemala.

1 El hermano de Amira fue secuestrado cerca de su casa.
2 La familia huyó de Guatemala debido a un incremento de comportamientos violentos.
3 El viaje de la familia fue difícil a causa de la violencia de algunas bandas de los Estados Unidos.
4 Amira sufrió acoso escolar cuando se fue a los Estados Unidos.
5 Un programa extraescolar les ayudó a integrarse en la vida americana.
6 Mark Kabban no apoya la idea de que la discriminación ocurra en los institutos estadounidenses.
7 Amira quiere seguir los pasos de sus abuelos y ser cirujana.

3a Busca todos los pronombres en este texto y después traduce el texto al inglés.

Los alumnos inmigrantes peruanos en mi cole necesitarán más apoyo en el futuro. Mi madrina Paula les dio libros de segunda mano. Creo que estos alumnos nos dan la oportunidad de aprender la importancia de convivir juntos. Me da rabia cuando alguien les insulta. Ayer, un alumno inmigrante fue agredido en el patio. Le dieron golpes en el pecho. Voy a ir a visitarlo al hospital. Te pido que prestes atención a esta situación y escribas al diputado de tu distrito, para convencerle de que los políticos tienen que hacer algo.

3b Utiliza el texto sobre los inmigrantes en la escuela para traducir estas frases al español.

1 She gave them her second-hand books because she wanted to help them.
2 Some Spanish students do not know about the importance of coexistence of cultures. They prefer to ignore it.
3 It annoys me that some immigrant students are attacked at school.
4 My best friend is from Peru and he always tells me life is better in Spain.
5 They asked us to pay attention to the situation and write to our MP to tell him to act.

4 Completa el texto escogiendo la palabra apropiada de la lista. ¡Cuidado! Sobran palabras.

Viven desde hace años en nuestro país, ¹_____ las mismas dificultades generadas por la crisis, utilizan sin ²_____ los servicios sociales y confían en las instituciones pero no ³_____ bien tratados por los ⁴_____. Y sobre todo creen que la ⁵_____ para su integración es la implicación de toda la sociedad. El hecho de que la enseñanza sea la institución más apreciada se refleja también en la respuesta que da la mayoría sobre la necesidad de que los niños de origen ⁶_____ estén en clases con los estadounidenses: para el 88% esta experiencia ⁷_____ es positiva. Y el 68% está a ⁸_____ de la introducción de lenguas extranjeras en los planes de estudio.

> abusar   políticos   policías   extranjero   compartida
> comparten   se sienten   favor   contra   clave

5 〰 Escucha este reportaje sobre lo que hacen algunos jóvenes estadounidenses para ayudar a los inmigrantes en su instituto. Haz un resumen de unas 90 palabras con tus propias palabras. Incluye:

● el objetivo del programa
● lo que hacen los voluntarios
● las organizaciones españolas.

6 Discute en tu grupo lo que piensas de una clase con muchos alumnos inmigrantes. Discute:

● las ventajas de tener muchos alumnos inmigrantes en un instituto
● los inconvenientes (si hay)
● las posibilidades
● los peligros.

🖬 Gramática

Direct object pronouns

Direct object pronouns are words that replace the object of the verb.

Muchos alumnos inmigrantes saben hablar español.
***Lo** hablan entre sus compañeros españoles.*

Me, te, nos, os – me, you singular (informal), us, you plural (informal)

Lo, la, los, las – him, her, it, them, you (formal)

The direct object pronoun usually comes in front of the verb.

If a gerund or an infinitive is used you can place it at the end.

*Muchos padres prefieren que no haya guetos. De hecho, prefieren evitar**los**.*

Indirect object pronouns

The indirect object is the person or thing to whom or for whom the action is performed. It is often a person receiving the direct object.

*La situación de los inmigrantes **me** da mucha pena.*

Me, te, nos, os – to me, to you singular (informal), to us, to you plural (informal)

Le, les – to him/her, to them/you (formal)

See pages 147–148

■ Vocabulario

lanzar   *to launch*
sensibilizar   *to raise awareness*
el taller   *workshop*
las tareas   *tasks, jobs*

■ Expresiones claves

el aprendizaje
mejorar las relaciones
comprender otras culturas

La arquitectura árabe del sur de España

1 **Con tu compañero/a discute:**

- ¿Qué sabéis de la convivencia entre las tres culturas – los cristianos, los musulmanes y los judíos – durante la Edad Media?
- ¿Cuál es el legado de los musulmanes y los judíos en España?

2 **Escribe un resumen de unas 90 palabras de este texto. Debes usar tus propias palabras. Incluye:**

- el establecimiento de la población musulmana en la Península Ibérica
- la importancia de la reconquista de Granada
- el objetivo de la Inquisición y cómo funcionó.

La Inquisición española

A partir del siglo ocho casi toda la Península Ibérica fue conquistada por los árabes y en el sur se estableció un gran número de musulmanes. La reconquista de la península no acabó hasta la caída de Granada en 1492 cuando los Reyes Católicos, Fernando e Isabel, lograron vencer a los árabes.

Con la reconquista de Granada terminó la convivencia pacífica de las tres culturas. Los Reyes Católicos ya habían introducido, en 1478, la Inquisición española. La Inquisición era un tribunal encargado de encontrar, procesar y sentenciar a personas acusadas de desviarse de la religión católica. Persiguió principalmente a los judíos y musulmanes que, aunque conversos, practicaban su propia religión en secreto. También persiguieron a los cristianos que no practicaban correctamente el catolicismo, a personas acusadas de brujería y, durante el siglo dieciséis, los casos de protestantismo que aparecieron en España. Todas estas personas fueron torturadas e incluso condenadas a muerte.

En Aragón existieron cuatro tribunales, situados en Zaragoza, Valencia, Barcelona y Mallorca. Los Reyes también establecieron la Inquisición española en Latinoamérica, creando los tribunales de Lima, México y Cartagena.

🔲 Gramática

Adverbs

Adverbs qualify verbs or adjectives. Many English adverbs end in -ly, while others are short words like 'very'. In Spanish; there are words like *muy*, *bastante, bien*, and there is: **-mente**.

To form an adverb, take the feminine form of the related adjective and add *-mente*, e.g.:

lento – lenta – lentamente, slowly

For two adverbs, just add *-mente* to the second, but use the feminine form.

*Los Reyes Católicos reconquistaron sus tierras **sistemática** e **implacablemente***.

See page 146.

3 〜 **Escucha la información sobre la Inquisición y decide si las frases son Verdaderas (V), Falsas (F) o No mencionadas (N).**

1 Fernando e Isabel instituyeron los tribunales de la Inquisición en la segunda mitad del siglo quince.
2 Tomás de Torquemada es una figura histórica bien conocida por su crueldad.
3 Fue responsable de la ejecución de muchos arabes musulmanes.
4 Ordenó la muerte por fusilamiento de miles de judíos.
5 El deber del tribunal era determinar si los conversos practicaban realmente el catolicismo.
6 Los curas no tenían el derecho de señalar a los conversos que fingían practicar la fe.
7 La adivinación y la brujería no fueron toleradas.
8 Muchos sacerdotes se casaron en secreto.
9 Una costumbre musulmana era lavarse los pies hasta las rodillas.
10 Los tribunales de Perú y de México fueron fundados por los Reyes Católicos también.

4 **Traduce las frases al español utilizando el adverbio más apropiado.**

1 The Catholic Monarchs tried relentlessly to reconquer Granada.
2 According to the Catholic Monarchs it was very important to practise Catholicism correctly.
3 After their success they quickly introduced the Inquisition.
4 The Inquisition sought out Jews and Muslims who secretly practised their own religion instead of Catholicism.
5 Fortunately nowadays the Constitution protects citizens' rights.

5a Lee este fragmento de "La Mano de Fátima" de Ildefonso Falcones y empareja estas palabras del texto con su definición.

1 tiritar   a risas fuertes y ruidosas
2 castañetear   b denso
3 morisco   c subido a un lugar alto o difícil de alcanzar
4 encaramada   d temblar de frío
5 carcajadas   e lo que se hace para conseguir algo usando poderes mágicos
6 tupida   f chocar los dientes
7 sortilegio   g un hechizo mágico
8 encantamiento   h musulmán que se ha convertido al cristianismo

En la plaza frente a las puertas de la iglesia, un grupo formado por algunos niños y varios cristianos viejos de la veintena que vivía en el pueblo observaba a una anciana subida en lo alto de una escalera que estaba apoyada en la fachada principal del templo. La mujer tiritaba y castañeteaba con los escasos dientes que le quedaban. Los moriscos accedieron a la iglesia sin desviar la mirada hacia su hermana en la fe, que llevaba allí encaramada desde el amanecer, aferrada al último travesaño, soportando sin abrigo el frío del invierno. La campana repicaba, y uno de los niños señaló a la mujer, que temblaba, intentando mantener el equilibrio. Unas risas rompieron el silencio.

¡Bruja! – se oyó entre las carcajadas.

Un par de pedradas dieron en el cuerpo de la anciana al tiempo que los pies de la escalera se llenaban de escupitajos.

Cesó el repique de la campana; los cristianos que todavía quedaban fuera se apresuraron a entrar en la iglesia. En su interior, a un par de pasos del altar y de cara a los fieles, un hombretón moreno y curtido por el sol permanecía de rodillas sin capa ni abrigo, con una soga al cuello y los brazos en cruz; sostenía un cirio encendido en cada mano.

Días atrás aquel mismo hombre había entregado a la anciana de la escalera la camisa de su mujer enferma para que la lavase en una fuente de cuyas aguas se decía que tenían poderes curativos. En aquella fuentecilla natural, oculta entre las rocas y la tupida vegetación de la sierra, jamás se lavaba la ropa. Don Martín, el cura del pueblo, sorprendió a la mujer mientras lavaba esa única camisa y no dudó de que se trataba de algún sortilegio. El castigo no tardó en llegar; la anciana debía pasar la mañana del domingo subida en la escalera, expuesta al escarnio público. El ingenuo morisco que había solicitado el encantamiento fue condenado a hacer penitencia mientras escuchaba misa de rodillas, y de esa guisa podían contemplarlo entonces los allí presentes.

> **■ Vocabulario**
>
> **aferrado** *clinging*
> **una bruja** *a witch*
> **un cirio** *a candle*
> **curtido** *weatherbeaten*
> **de esa guisa** *in that way*
> **el escarnio** *scorn*
> **un escupitajo** *spit*
> **una soga** *a noose*
> **el travesaño** *step*

La Mano de Fátima, Ildefonso Falcones (2009)

5b Lee el texto otra vez y escoge la mejor alternativa (a–c) para completar las frases.

1 Los moriscos…
  a no cesaron de mirar a la vieja.
  b no miraron a la vieja.
  c miraron a la vieja de reojo.
2 La vieja…
  a era la hermana de uno de los transeúntes.
  b era una monja.
  c era morisca.
3 La vieja fue acusada de…
  a haber robado una camisa.
  b subir a la fachada de la iglesia sin permiso.
  c ser bruja.

4 Mientras que estaba la vieja en la escalera…
  a los vecinos trataron de ayudarla a bajar.
  b le tiraron piedras y escupieron en la escalera.
  c le dieron un abrigo porque hacía mucho frío.
5 El morisco…
  a siempre sorprendió al cura.
  b había pedido a la vieja que le lavase la ropa.
  c necesitó la ayuda de la vieja para curar a su esposa.
6 El morisco…
  a fue humillado delante de todos los que asistieron a la misa.
  b llevaba una soga porque iban a colgarle.
  c se quemó los dedos con los cirios que llevaba.

5c Escribe unas 150 palabras explicando las razones de los sucesos del fragmento y explica tu reacción al respecto.

1a Lee el texto y busca los sinónimos de las siguientes palabras.

1 aficionados
2 seguidores
3 en aumento
4 la religión

5 triunfo
6 eventos destacados
7 llevan por primera vez

Hindúes de varias partes de España reunidos afuera del templo Jhulelal Mandir

La España hindú

Con más de 800 millones de seguidores el hinduismo es una religión característicamente india, aunque, hay practicantes por todo el mundo y entre todos grupos étnicos, incluso en España donde hay una comunidad creciente de hindúes.

Hace unos años un grupo de practicantes de la fe en España organizó el Primer Encuentro de Madrid en el templo hindú de Jhulelal. Como resultado de su éxito esta celebración se ha convertido en una tradición anual.

También en Madrid, la cultura hindú se celebra en Casa Asia Madrid donde se organizan programas de actividades relacionados con esta religión. Entre las citas importantes del calendario hindú destaca la fiesta de las luces, o Diwali, que celebra el inicio del nuevo año hindú y que tiene lugar entre mediados de octubre y mediados de noviembre. Durante el Diwali los practicantes estrenan ropa nueva, comparten dulces, y lanzan petardos y fuegos artificiales. Es una de las celebraciones más alegres del año durante la cual hay una oportunidad única para sumergirse en la cultura de esta antigua fe.

Vocabulario

estrenar to show
mediados in the middle of/halfway
un petardo firecracker

1b Traduce el último párrafo del texto de "También en Madrid" hasta "antigua fe".

2 Escucha el reportaje sobre las iglesias evangélicas en España y decide cuáles son las cuatro frases falsas. Luego, corrígelas.

Vocabulario

el culto worship
debido a due to, because of

1 Actualmente en España el número de iglesias evangélicas está disminuyendo.
2 El número de iglesias evangélicas de España se ha duplicado en los años.
3 Las iglesias evangélicas se asocian a la Iglesia Católica.
4 Muchos miembros de las iglesias evangélicas vienen de América del Sur.
5 Muchos inmigrantes de América del Sur quieren quedarse en España a causa de la crisis económica en sus países.
6 El porcentaje de protestantes en España es superior al de musulmanes.
7 Muchos latinoamericanos que practicaban la fe católica en su propio país se convirtieron al protestantismo al llegar a España.

3a Lee el artículo y empareja el vocabulario con su significado.

LA CONVIVENCIA INTERRELIGIOSA ES POSIBLE Y ARGENTINA ES PRUEBA DE ELLO

En junio de 2016, la legislatura de la ciudad de Buenos Aires aprobó una ley en la que se declara a la capital Argentina como "Ciudad de Diálogo Interreligioso". La ley considera a la ciudad el "ámbito donde personas, comunidades e instituciones de distintas tradiciones religiosas conviven armónicamente, valoran la riqueza de la diversidad religiosa, promueven los valores comunes compartidos y entablan relaciones a través del diálogo, la reflexión y acciones de cooperación a fin de fortalecer el tejido social en pos del bien común", aseguró Claudio Epelman, Director Ejecutivo del Congreso Judío Latinoamericano y miembro del Foro Asesor del Centro Internacional de Diálogo (KAICIID).

"El hecho de que haya una ley que reconoce el valor del diálogo interreligioso en Argentina puede llamar la atención de quienes no son argentinos. En Argentina nadie vio la ley como algo singular, porque es una cosa totalmente natural. Pero sí sorprendió fuera de Argentina".

"Para compartir algunas reflexiones de lo que significaba la convivencia para Buenos Aires el jefe de gobierno de la ciudad de Buenos Aires convocó a unos 40 líderes religiosos a un almuerzo. En el almuerzo, la comida que se sirvió era kosher, la comida tradicional judía, para facilitar que todos pudieran estar reunidos alrededor de la mesa. Si este almuerzo que se daba en Buenos Aires se pudiera repetir en cada ciudad del mundo, el mundo sería muy distinto. Si judíos, católicos y musulmanes pudieran encontrarse para comer, sin matarse unos a otros, tendríamos un mundo muy distinto", agregó Epelman.

1	el ámbito	**a**	fabric
2	entablar	**b**	to call/to convene
3	el tejido	**c**	area
4	en pos de	**d**	in pursuit of
5	singular	**e**	remarkable
6	convocar	**f**	to establish

3b Contesta las preguntas.

1 ¿Cuáles son los valores que promueve la legislatura?

2 ¿La introducción de esa legislatura sorprendió a los argentinos? ¿Y a personas de otros países? ¿Por qué?

3 ¿Qué evento organizó el líder del gobierno de la ciudad?

4 ¿Cómo reaccionas a la última frase del texto? ¿Crees que eso podría verdaderamente ayudar a establecer la convivencia interreligiosa?

4 Estas fotos, todas sacadas en España, ilustran la mezcla de religiones que se practican allí. Para practicar el consejo en las Estrategias, contesta las siguientes preguntas con un(a) compañero/a.

- ¿Crees que la práctica de una amplia gama de religiones enriquece la cultura de un país, o que es un inconveniente?
- ¿Cómo ayuda u obstaculiza la convivencia? Justifica tus ideas.

Estrategias

Structuring an argument

Whether you are arguing a case in writing or orally, unless you are involved in a debate where you are taking on just one side of the argument, aim to deal with both sides of the question and to conclude by expressing which side of the argument you favour.

- First, jot down your 'pros and cons' in two columns.

- Number them in order of importance/impact.

- Decide in which order you are going to deliver them. You could do all the pros followed by all the cons or you could alternate them.

- Think how you are going to introduce the topic.

- Decide on your conclusion. How are you going to sum up your views? Make this punchy!

¡Demuestra lo que has aprendido!

1 Estas palabras pertenecen a esta unidad sobre "La convivencia". Emparéjalas con su equivalente en inglés.

1	mito	**a**	unifying
2	poner remedio	**b**	ceasefire
3	fracasar	**c**	to live together
4	extranjeros	**d**	Jews
5	convivir	**e**	race
6	integrador	**f**	to deny
7	musulmanes	**g**	threat
8	judíos	**h**	to fail
9	enriquecer	**i**	trace
10	raza	**j**	to reject
11	rechazar	**k**	myth
12	rastro	**l**	to enrich
13	amenaza	**m**	to put a stop to
14	negarse a	**n**	Muslims
15	alto el fuego	**o**	foreigners

2 Empareja las siguientes palabras con sus definiciones.

1	refugiado	**5**	euskera
2	discriminación	**6**	xenófobo
3	minoría	**7**	asilo
4	expatriado		

a Ideología o comportamiento social que separa y considera inferiores a las personas por su raza, clase social, sexo, religión u otros motivos ideológicos

b Alguien que siente odio u hostilidad hacia los extranjeros

c Se concede a un extranjero desterrado o huido de su país

d Persona que por causa de una guerra, catástrofe o persecución, huye de su país

e Alguien que vive fuera de su patria

f De la lengua vasca o relativo a ella

g Parte de la población que se diferencia de la mayoritaria por su raza, lengua o religión

3 Completa las frases, escogiendo la palabra más apropiada de la lista. ¡Cuidado! Sobran palabras.

> sabido   descubierto   descartan   religiosa   étnica
> conquistada   mosaico   partidaria   conocida   avisan

1 España es _____ en el mundo por ser un país integrador y de convivencia.

2 Actualmente la sociedad española es un _____ de grupos étnicos y culturales con sus propias características, lenguas y pueblos.

3 Los expertos _____ el impacto negativo de los inmigrantes en la educación de los alumnos españoles.

4 La alcaldesa de Barcelona es _____ de cambiar el mapa escolar de la ciudad.

5 A partir del siglo ocho casi toda la Península Ibérica fue _____ por los árabes.

6 Los protestantes son la principal minoría _____ de España.

4 Empareja el principio de cada frase con el final correcto.

1 Las iglesias evangélicas…

2 Los Reyes Católicos…

3 En Cataluña…

4 El objetivo de la iniciativa 'Jóvenes con corazón' es…

5 La Constitución Española de 1978…

6 ETA…

a garantiza la convivencia, protege los derechos de las minorías y establece que nadie puede ser discriminado por nacimiento, raza, sexo, religión, opinión o cualquier otra circunstancia personal.

b concienciar a los jóvenes estadounidenses de los problemas que sufren los inmigrantes hispanohablantes.

c no paran de ganar terreno en España y han experimentado un incremento en los últimos años.

d fue una organización terrorista asentada en el País Vasco y creada en 1958 con el objetivo de conseguir la independencia para el territorio formado por el País Vasco y Navarra.

e la media de fracaso escolar es menor que la media de fracaso escolar entre inmigrantes.

f instituyeron la Inquisición española en 1478 y el primer inquisidor general fue el famoso e infame Tomás de Torquemada.

¡Haz la prueba!

1 📋 **Traduce este texto al inglés.**

El 9 de agosto se celebra el Día Internacional de los Pueblos Indígenas en todos los países de Sudamérica. En la Declaración de las Naciones se establecen los derechos individuales y colectivos de la población indígena, en particular, su derecho a la cultura, la identidad, el idioma, el empleo, la salud y la educación. Además, se subraya el derecho de los pueblos indígenas a mantener y reforzar sus instituciones, culturas y tradiciones y promover su desarrollo de acuerdo con sus aspiraciones y necesidades. También se prohíbe discriminarlos y se promueve su participación plena y efectiva en relación con los asuntos que les conciernen, incluido el derecho al desarrollo de su identidad, de acuerdo a su cosmovisión.

[10 marks]

2 ✏️ **Lee el texto y escribe un párrafo en español resumiendo lo que has entendido. No debes usar más de 90 palabras y debes incluir los siguientes puntos en tu resumen. Incluye:**

- qué hará el ayuntamiento de Valencia [3]
- qué asegura Isabel Lozano [2]
- qué hará la edil con el Ministerio del Interior [2].

Hay cinco puntos adicionales por la calidad de tu español escrito. Escribe usando frases completas y, en la medida de lo posible, debes utilizar tus propias palabras.

[12 marks]

El ayuntamiento de Valencia quiere mejorar su relación con las 16 religiones minoritarias

El Ayuntamiento de Valencia informó ayer de que ha iniciado las actuaciones y reuniones necesarias para abordar la "situación de la diversidad religiosa" en la ciudad con el objetivo de "tomar medidas que permitan garantizar la mejor convivencia posible" entre todas las confesiones presentes y "acabar" con el "menosprecio que los anteriores equipos de gobierno del PP han demostrado sistemáticamente con las minorías en nuestra ciudad".

Así lo explicó la concejala de Igualdad y Políticas Inclusivas, Isabel Lozano, quien aseguró que desde su área se impulsarán y coordinarán todas las actuaciones que permiten "mejorar la convivencia y la cohesión social de la ciudad" y que sirven como "elementos fundamentales para la prevención de procesos de radicalización de todo tipo".

La edil se ha reunido con responsables de la Fundación Pluralismo y Convivencia, organismo que trabaja para el Ministerio del Interior, para abordar un diagnóstico de la situación de las 16 confesiones minoritarias de la ciudad, y debatir las propuestas para optimizar la gestión de la diversidad religiosa. En esta línea se abordarán la representación institucional en actos importantes de las diversas confesiones, la relación fluida con sus responsables, la ocupación de la vía pública, la modificación del modelo de gestión de la parcela del Cementerio General adscrita a los enterramientos islámicos y la regulación de los lugares de culto.

3 〰️ **Escucha este informe sobre el fracaso de la integración de jóvenes musulmanes de origen español y luego selecciona la alternativa que mejor convenga para completar la frase. Escribe *a*, *b* o *c*.**

1 Los expertos…
- **a** están al tanto de todos los yihadistas que están en Siria.
- **b** han indicado que la cifra de yihadistas en España seguirá subiendo.
- **c** desconocen el número exacto de yihadistas en España.

2 La mayoría de los yihadistas…
- **a** son nativos españoles.
- **b** pertenecen a una familia que ha emigrado a España.
- **c** se radicaliza cuando son adultos.

3 Francia ha introducido nuevas leyes para que…
- **a** los franceses que quieran ir a Siria permanezcan en el país.
- **b** los franceses no cometan actos terroristas en el país.
- **c** los ciudadanos se trasladen para luchar.

4 Tres británicos…
- **a** se declararon culpables de un delito contra el 'Estado Islámico'.
- **b** no cumplirán más de doce meses en una prisión británica.
- **c** fueron sentenciados por delitos relacionados con el conflicto sirio.

5 La organización 'Estado Islámico'…
- **a** ha advertido a España de posibles atentados.
- **b** se ha quejado de la divulgación de un video amenazante.
- **c** cuenta con militantes que han huído de España.

6 Al principio, las familias españolas de los periodistas…
- **a** querían animar al público a que se enterase de la situación.
- **b** no quisieron que el público se supiera del secuestro.
- **c** deseaban difundir su repugnancia por el secuestro.

[6 marks]

4a 📖 **Lee el texto y busca las frases o palabras equivalentes a las siguientes.**

1 coexistencia
2 fortalecer
3 normalmente es
4 carente
5 lleva a cabo

Una decena de familias gitanas de Pamplona participan en un programa de integración social

Este año el programa de intervención social con minorías étnicas del Ayuntamiento de Pamplona se extiende a toda la ciudad. Se trata de un programa que ayuda a las familias que presentan situaciones de exclusión o con problemas de convivencia con los vecinos.

Las familias participan de forma voluntaria, ya que se trata de potenciar los recursos propios de la unidad familiar a través de acompañamiento intensivo y continuo, y del tratamiento integral de la unidad familiar e implicación activa de la familia. El perfil de las familias suele ser de hogares monoparentales o parejas jóvenes con hijos, con baja cualificación, escasa experiencia laboral y, generalmente, perceptores de algún tipo de ayuda social.

Los organizadores han destacado la importancia de atender de forma continuada y desarrollar itinerarios con ellos, y han puesto en valor el convenio firmado como vía para trabajar en común con las instituciones y entidades de iniciativa social, que permite que se pueda atender de forma global y buscar soluciones a los problemas que presentan las distintas unidades familiares. Así por ejemplo, en el ámbito educativo, donde la tasa de abandono escolar de los gitanos supera el 64% en educación secundaria, se trata de trabajar en común entre Ayuntamiento, fundación y centro educativo.

Por último, el programa también detecta las comunidades de vecinos más problemáticas, realiza un diagnóstico y promueve las actuaciones necesarias para intervenir, con las alternativas posibles y los instrumentos que deben desarrollarse para llevarlas a cabo de la manera más efectiva posible.

[5 marks]

4b 📖 **Lee el texto otra vez. Solo tres de las siguientes afirmaciones son correctas. Decide cuáles son.**

1 El programa de intervención social con minorías étnicas ya se desarrolla en toda la ciudad.
2 La meta del programa es facilitar la integración de las familias excluidas.
3 No es obligatorio participar en el programa.
4 La tasa de fracaso escolar entre los gitanos sigue disminuyendo en los institutos de Pamplona.
5 El programa intenta evitar las comunidades de vecinos más problemáticos.
6 El programa pone en marcha una serie de procedimientos para llevar a cabo una estrategia eficaz.

[6 marks]

5 📖 **Completa el texto escogiendo la palabra apropiada de la lista. ¡Cuidado! Sobran palabras.**

Casi la mitad de colegios e institutos de Madrid prohíben el velo

Los centros educativos madrileños están [1]_____ casi por la mitad entre los que permiten el hiyab y los que lo prohíben. "En torno al 40% impide entrar en clase con la cabeza cubierta; el 60% restante no tiene reglamento al respecto", según [2]_____ de la Consejería de Educación. El instituto Camilo José Cela de Pozuelo es uno de los restrictivos: cuatro niñas [3]_____ fueron apartadas de clase por usar el velo y otras dos más se colocaron ayer el pañuelo en solidaridad con ellas. Regula todo tipo de atuendos, pero no se especifica nada sobre los religiosos. Sin embargo, esta norma no tiene por qué referirse al [4]_____. "Se prohíbe cualquier pañuelo, sea [5]_____ o no", añaden en Educación. Además, los profesores explican que en muchos casos "se hace la vista [6]_____ con los pañuelos islámicos, aunque se prohíba tener la cabeza cubierta".

musulmanas cristiana gorda multiplicados
fuentes blanca islámico divididos
cristianos velo

[6 marks]

6 💬 **Traduce este párrafo al español.**

The popular image of British expats abroad in Spain is of retirees who watch English soap operas with an English newspaper and slowly drink cheap wine or quickly eat an English breakfast. However, in June, a Scottish man, a member of the Spanish socialist party, will take part in local elections. He believes many Brits prefer the inhabitants to speak to them in their own language. He points out that if you do not integrate into the host country, you will sadly not enjoy the opportunity to experience the richness of its culture and gastronomy which would be a shame.

[10 marks]

7 〰️ **Escucha este reportaje sobre los pueblos indígenas de Sudamérica y decide si las frases son Verdaderas (V), Falsas (F) o No mencionadas (N).**

1 Los pueblos indígenas rechazan la colonización de su cultura.
2 Mucha gente no respalda la idea de que la diversidad cultural es una fuente de creatividad.
3 El presidente boliviano proviene de un pueblo indígena.
4 Se hablan más de 600 lenguas pero no se incluye el español.
5 La desigualdad ha aumentado durante los últimos años en las grandes ciudades.
6 Bolivia promociona una estrategia holística de convivencia en sus pueblos indígenas.
7 Se ha conmemorado ya el Día Internacional de los Pueblos Indígenas.

[7 marks]

> ### 🔷 Consejo
>
> **Translation into Spanish**
>
> - Break the paragraph down into sizeable chunks and aim to work out what grammar is being tested.
> - Make sure you are familiar with your regular and irregular verb formations in all tenses.
> - Check your spellings carefully.
> - Check for accents, gender and agreements.
> - Reread your translation after you have completed it and double check you have been faithful to the original and you haven't missed anything out.
> - Leave time to reread again. Don't leave any blanks. Make an educated guess.

8 💬 **Utilizando la información que has aprendido y las fotos, discute lo siguiente con un(a) compañero/a.**

- ¿Por qué crees que estas mujeres quieren llevar esta ropa?
- ¿Qué crees que es más importante, respectar las religiones o la cultura de un país? ¿Se puede hacer ambas cosas?
- ¿Por qué crees que a veces la convivencia entre culturas es difícil?

9 ✏️ **Escribe unas 300 palabras contestando la siguiente pregunta.**

¿Hasta qué punto crees que la convivencia de culturas es una quimera?

3.1 La convivencia de culturas

	a lo largo de	throughout
	acogedor	welcoming
	alicantino	from Alicante
el	alto el fuego	ceasefire
la	amenaza	threat
	apacible	peaceful
	arraigado	deep-rooted, entrenched
el	autogobierno	self-government
el	brazo político	political wing
	carecer de	to lack
	conferir	to confer
la	creencia	belief
	de hecho	in fact
	debilitar	to weaken
el	desafío	challenge
	deshabitado	uninhabited
el	emplazamiento	site, location
	encerrar	to shut away
	engrandecer	to enlarge
	enriquecer	to enrich
	entrar en vigor	to come into force
	escolarizar	to school, to teach
	estatal	state
	estigmatizar	to stigmatise
	fortalecer	to strengthen
	fracasar	to fail
	idóneo	appropriate
la	índole	nature/kind
	inducir a	to encourage/to induce
	inscribirse	to register
	integrador	inclusive
	jubilado	retired
	jubilarse	to retire
el	legado	legacy
el	litoral	coast
la	mezcla	mix
	moldear	to mould
el	moro	Muslim
	oriolano	from Orihuela
el	padrón	roll/register
	paradójicamente	paradoxically
el	partidario	supporter
	pleno	full
	preciado	appreciated
	prevalecer	to prevail
	primar	to predominate
	procedente de	from

	proporcionar	to provide
el	pueblo	the people
	rechazar	to reject
	repartido	spread
	restringir	to restrict
el	signo político	political persuasion
el	taller	workshop
	tender a	to tend to
	traer	to bring
	verificable	verifiable
la	vivienda	housing

3.2 La educación

	acercarse	to get close
	acosar	to harass, to bully
	agredir	to attack
el/la	alcalde(sa)	mayor
	apostar por	to bet on
	apreciar	to appreciate
el	aprendizaje	learning
el	asilo	asylum
las	bandas	groups
el	cirujano	surgeon
	condenar	to condemn
	confiar	to trust
el	conjunto	combination
	convencer	to convince
	correr el riesgo	to run the risk
	de segunda mano	second-hand
el	derecho	right
el	diputado	MP
	dirigirse a	to set off for
	disminuir	to reduce
los	dominicanos	Dominicans
	echar por tierra	to destroy
	elegir	to choose
las	enseñanza	education
	escoger	to choose
	evitar	to avoid
el	éxito	success
	extranjero	foreign
el	fracaso	failure
los	golpes	thumps
los	guatemaltecos	Guatemalans
	hacer caso	to pay attention
	humilde	humble
	junto	together

la	madrina	*godmother*
	matricularse	*to enroll*
el	mito	*myth*
el	nivel	*level*
el	pecho	*chest*
	perjudicar	*to damage*
	permanecer	*to remain*
los	políticos	*politicians*
	poner remedio	*to put a stop to*
los	puertorriqueños	*Puerto Ricans*
	quejarse	*to complain*
la	rabia	*rage*
	rebajar	*to lower*
	recordar	*to remember*
el	rendimiento	*performance*
	retrasar	*to delay*
los	salvadoreños	*Salvadorans*
	secuestrar	*to kidnap*
	sentirse	*to feel*
	solicitar	*to request*
	subrayar	*to underline*
la	suerte	*luck*
	tener en cuenta	*to bear in mind*

3.3 Las religiones

la	adivinación	*fortune-telling*
	aferrado	*clinging*
el	ámbito	*scope/area*
la	amplia gama	*wide range*
la	apostasía	*apostasy*
	apoyado en	*leaning on*
	apresurarse	*to hurry*
	armónicamente	*harmoniously*
el	ayuno	*fasting*
la	bruja	*witch*
la	brujería	*witchcraft*
la	carcajada	*burst of laughter*
el	cirio	*candle*
	comprometido	*committed to*
el	converso	*convert*
	convocar	*to convene*
el	culto	*religion*
	de cara a	*facing*
la	deidad	*deity*
la	desviación	*deviation*
	desviar	*to deviate*
	duplicar	*to double*

	emblemático	*prominent*
	entablar	*to establish*
	entregar	*to hand over*
la	escalera	*ladder*
el	escarnio	*scorn*
	escupir	*to spit*
	estrenar (ropa)	*to show off*
	experimentar	*to experience*
la	fachada	*façade*
	fingir	*to pretend*
	frecuentar	*to attend*
la	fuentecilla	*spring*
	ganar terreno	*to gain ground*
el	hereje	*heretic*
el	impulso	*boost*
	instituir	*to institute*
	lograr	*to succeed*
el	mandato	*order*
	obstaculizar	*to hinder*
la	pedrada	*stone*
	perseguir	*to pursue/to prosecute*
el	petardo	*firecracker*
	procesar	*to try (a case)*
	relacionado con	*related to*
	singular	*unusual*
la	soga	*noose*
el	sortilegio	*magic, sorcery*
el	tejido	*fabric*
el	testigo	*witness*
	tiritar	*to shiver*
el	tribunal	*court*
la	veintena	*score (20)*
	vencer	*to defeat*
	vigilar	*to monitor*

By the end of this section you will be able to:

		Language	Grammar	Skills
4.1	**Los jóvenes y su actitud hacia la política: activismo o apatía**	Discuss the importance of politics in young people's lives Understand why their attitude to politics is changing	Use the present subjunctive	Use a variety of negative expressions
4.2	**El paro entre los jóvenes**	Discuss the unemployment situation amongst young people nowadays and how it is affecting them	Use imperatives	Talk about data and trends
4.3	**Su sociedad ideal**	Describe and discuss the type of society young people in the Hispanic world want to live in	Use the perfect subjunctive	Express an opinion or evaluation

> Los jóvenes en el mundo hispánico actual se enfrentan a una serie de retos: partidos políticos con los que no se identifican, una alta tasa de desempleo, problemas en el sistema educativo, un planeta en peligro a nivel ecológico, la amenaza del terrorismo, etc. Tienen muchos desafíos. Su actitud hacia la política (desde apáticos a activistas) o sus movilizaciones sociales son claves para cambiar su futuro, mejorar sus oportunidades laborales y vivir en una sociedad distinta.

1 Sin usar un diccionario, ¿cuántas de estas palabras conoces en inglés? Compara tus respuestas con las de un(a) compañero/a.

1	la tasa de paro	6	ir a las urnas
2	los recortes	7	la nómina
3	emanciparse	8	los menores de edad
4	las movilizaciones	9	el voluntariado
5	quejarse	10	indignarse

2 ¿Has oído hablar de alguno de estos movimientos de protesta nacidos en el mundo hispánico en los últimos años? Busca en Internet información sobre tres de ellos. Busca dónde, cuándo, por qué y en qué consistió cada uno. Luego, explica lo que has encontrado y da tu opinión a un(a) compañero/a.

1 El movimiento 15-M
2 Las protestas estudiantiles contra la LOMCE
3 La revolución de los pingüinos
4 #YoSoy132
5 La primavera mexicana

3a Mira la viñeta. Con un(a) compañero/a haz un resumen de lo que trata.

3b El paro juvenil en España siempre ha tenido fama de ser alto. Lee el siguiente texto sobre el problema del desempleo en Cataluña y rellena los huecos con una palabra del cuadro. ¡Cuidado! Sobran palabras.

> nivel zonas tasa aparecer puso
> extiende ya situarse siquiera mira
> barrios entre crece caído aún

El número de catalanes de [1] _____ 16 y 24 años que ni estudian ni trabajan ha [2] _____ un 7,4% en un año, hasta [3] _____ en los 91.760. Pero el desánimo [4] _____ ya que uno de cada cuatro ni [5] _____ busca empleo, según el último boletín de la Asociación de Empresas de Trabajo Temporal (Asempleo).

Sin embargo, este desinterés o apatía no se [6] _____ por todo el territorio español. Asempleo señala que la disminución del número de catalanes apáticos en algunas [7] _____ coincide con la recuperación de la actividad económica.

Para combatir la alta [8] _____ de paro entre los menores de 25, la Generalitat [9] _____ en marcha a finales del año pasado el Plan de Garantía Juvenil, financiado con fondos propios y de la Unión Europea. Esta es una iniciativa a la que han recurrido 15.000 catalanes y que [10] _____ ha encontrado empleo a 1.800.

4 Lee el siguiente texto y tradúcelo al inglés. Luego, añade al menos un factor más que en tu opinión debería ser parte de una sociedad ideal. Discute luego con tus compañeros/as.

¿EXISTE LA SOCIEDAD IDEAL?

El concepto de sociedad ideal varía para cada individuo, ya que cada persona tiene intereses distintos. No obstante, una sociedad ideal podría tener las siguientes características:

- Hay una justicia verdadera
- No hay pobreza, hambre ni desigualdades. La riqueza está compartida; no se concentra en manos de unos pocos
- Todas las personas tienen igual derecho a la educación, al trabajo y a una vivienda digna
- Los jóvenes encuentran oportunidades laborales que les enriquecen
- Todos en la sociedad tienen acceso a un sistema de salud de calidad
- No existe discriminación sino tolerancia y respeto.

5 Lee la información en la sección "¿Lo sabías?" y decide si estas frases son Verdaderas (V), Falsas (F) o No mencionadas (N).

1. Casi un 25% de los jóvenes ha terminado su carrera universitaria y no tiene empleo.
2. Menos de la mitad de los jóvenes españoles asegura tener confianza en los partidos políticos.
3. Los jóvenes no tienen preferencias en cuanto a en qué sectores les gustaría trabajar.
4. El activismo juvenil ha estado presente en varios países del mundo hispánico en los últimos diez años.
5. Un estudio ha revelado que la mayoría de los jóvenes españoles son rebeldes y revolucionarios.
6. España ocupa la primera posición en Europa en cuestión de desempleo entre los jóvenes menores de 30 años.
7. Los recortes en el sistema educativo han hecho a más jóvenes interesarse en la política.
8. Las tres grandes inquietudes de los jóvenes ahora son no tener empleo ni una casa ni un coche propio.

¿Lo sabías?

- Un 72% de los jóvenes españoles afirma confiar poco en los partidos políticos.

- España lidera el ranking europeo de paro juvenil. Casi un 50% de jóvenes entre 18 y 30 años no puede encontrar un trabajo. Una gran cantidad de ellos tiene un alto nivel de estudios académicos.

- La juventud de varios países hispánicos ha demostrado una actitud activista en la última década, organizándose en movimientos de lucha por el cambio.

- Dos partidos políticos nacidos en España en los últimos años (Podemos y Ciudadanos) han encontrado mucho apoyo entre los jóvenes de 18–34 años de edad.

- El interés de los jóvenes en la política ha incrementado más de un 10% en años recientes debido a cosas como la imposibilidad de conseguir empleo o los recortes en educación.

- Según un estudio realizado en España, un 21% de los jóvenes se describen a sí mismos como rebeldes que luchan por una sociedad mejor.

- No tener trabajo y, como resultado, no poder comprar una casa y no tener perspectivas de una pensión son las tres principales preocupaciones de la juventud actual.

- La Informática, las Telecomunicaciones, la Hostelería y el Turismo son los sectores en los que a los jóvenes les interesa más encontrar trabajo.

A: Los jóvenes y su actitud hacia la política: activismo o apatía

El activismo político consiste en la dedicación intensa a una ideología política que coincide con tus ideales. Se manifiesta con acciones y trabajo para apoyar a un partido político.

La apatía política es la falta de interés en la política y los políticos. El individuo muestra indiferencia y pasividad y prefiere ignorar la política.

1 Lee las siguientes definiciones sobre el activismo y la apatía en la política. Luego discute con un(a) compañero/a.

- ¿Te interesa la política? ¿Por qué sí/no?
- En cuestión de política, ¿crees que los jóvenes en tu país son activistas o apáticos?
- ¿Sabes cuántos partidos políticos existen en tu país?
- ¿Podrías explicar algunas o todas estas ideologías políticas? Comunista, socialista, liberal, demócrata, nacionalista, laborista, verde, …

2a Lee las opiniones de estos jóvenes sobre la política y encuentra la traducción a estas palabras o expresiones.

1	to complain	**6**	politicians
2	committed	**7**	couldn't-care-less attitude
3	health system	**8**	we get involved
4	to demand	**9**	cuts
5	protested	**10**	promises

Los jóvenes y la política, ¿comprometidos o pasotas?

Los jóvenes no podemos quejarnos y exigir cambios en la sociedad si no nos involucramos. Mi labor como voluntario en un partido político me ha hecho comprender eso. **(Jesús)**

Si los jóvenes no protestamos contra injusticias como la falta de ayudas en la educación, la calidad del sistema sanitario o los recortes en las pensiones, ¿qué futuro nos espera? **(Yolanda)**

Yo paso de la política. Está claro que los políticos solo se interesan en la juventud cuando hay elecciones, luego se olvidan de nosotros y de todas sus promesas. **(Mónica)**

Los jóvenes están más comprometidos con la sociedad. El 'pasotismo' en la política es una cosa del pasado. La mayoría de mis amigos se movilizó hace años para el 15-M, en el movimiento de los indignados. **(Luis)**

Vocabulario

indignados *outraged, angry*
la juventud *youth*
el labor *work*
pasota *apathetic*
quejarse *to complain*

2b Lee las opiniones otra vez y decide quién dice cada frase. Escribe los nombres correctos.

1 La actitud de los jóvenes hacia la política es diferente a como era antes.
2 Hay problemas enormes en nuestra sociedad por los que los jóvenes deben movilizarse.
3 La política me es indiferente. No somos importantes para los políticos.
4 Los jóvenes deben involucrarse en la política. El activismo es una forma de pedir cambios.

3a 〰 **Escucha este informe sobre las protestas estudiantiles en España. Según lo que oyes, responde a las preguntas.**

1 ¿Por qué decidieron protestar los estudiantes españoles en abril de 2016?
2 ¿Quiénes exactamente se movilizaron contra los cambios del gobierno?
3 Según Javier, ¿cómo se sienten los estudiantes con respecto a estas reformas?
4 ¿Qué quiere hacer el gobierno con las carreras universitarias?
5 ¿Cómo afectará a los másteres el decreto 3+2?
6 A nivel económico, ¿qué significarán estos cambios para las familias?
7 ¿Qué dijo el Ministro de Educación sobre los cambios?
8 Según Javier, ¿qué porcentaje de estudiantes salió a las calles?

3b 〰 **Escucha el informe de nuevo y haz un resumen en español usando un máximo de 90 palabras. Debes incluir los siguientes puntos y usar tus propias palabras en la medida de lo posible:**

- lo que hicieron muchos estudiantes españoles en abril de 2016
- lo que significa el decreto 3+2 y las consecuencias para las familias
- las razones por las que el gobierno decidió hacer los cambios.

4 **Traduce las siguientes frases al español.**

1 Young people want politicians to stop lying.
2 When there is less job insecurity, young people will feel more positive about their future.
3 It is likely that the economic situation continues to worsen.
4 I don't recommend you go on strike unless you are desperate.
5 We doubt the government will increase resources for young people in education.
6 Nowadays, many young people ignore politics unless it affects them directly.

5 **Lee la siguiente carta escrita al director de un periódico y tradúcela al inglés.**

No es cierto que a los jóvenes no les interese la política. Estamos concienciados y nos preocupa el futuro que tenemos por delante. El problema es que no todos los políticos piensan en los jóvenes. Prometen y prometen pero luego no vemos nada.

¿La prueba? La precariedad laboral continúa, los jóvenes se ven obligados a vivir con sus padres hasta los 30 años, no pueden permitirse comprar o alquilar una vivienda, o invertir o hacer otros planes para el futuro. Existe mucha incertidumbre entre la juventud y eso ha aumentado el compromiso de los jóvenes con las movilizaciones sociales y con la política.

🖻 Gramática

The present subjunctive

The subjunctive is used to express a mood/attitude of the speaker.

To form the present subjunctive, take the *yo* form of the present tense of the verb and replace the *-o* with these endings:

-ar verbs → *-e, -es, -e, -emos, -éis, -en*
-er/-ir verbs → *-a, -as, -a, -amos, -áis, -an*

There are six verbs that are irregular in the present subjunctive:

dé *(dar)*, **vaya** *(ir)*, **sea** *(ser)*, **haya** *(haber)*, **esté** *(estar)* and **sepa** *(saber)*.

You will need to use the subjunctive after verbal expressions that convey wishes, emotions, advice, requests, doubt, probability, etc.

No quiero que *los políticos* **hagan** *promesas que no cumplen.*

The subjunctive is also used after conjunctions that imply intention that something should happen, like *para que, a fin de que, …* and other structures like *a menos que, a condición de que, siempre que.* Finally, it is also used after *cuando, hasta que, tan pronto como, …* when you are referring to the future.

Nos movilizamos **para que** *los políticos* **vean** *lo que queremos.*

See pages 153–154.

Algunos jóvenes protestan por el derecho a votar a los 16 años.

1 Discute con un(a) compañero/a las siguientes preguntas.

- ¿Cuál es la edad adecuada para votar?
- ¿Crees que un joven de 16–17 años está mejor o peor preparado para votar que un joven mayor de 18 años?
- ¿Qué es más efectivo: votar, manifestarse o ignorar la política?

2a Antes de escuchar la entrevista, empareja estas palabras o expresiones con su equivalente en inglés.

1	proyecto de ley	**a**	as far as I know
2	rechazar	**b**	to pass
3	consentimiento	**c**	madness
4	conservadores	**d**	consent
5	que yo sepa	**e**	draft act/bill
6	propuesta	**f**	to reject
7	locura	**g**	proposal
8	aprobar	**h**	conservatives

2b 〰 Escucha la entrevista sobre la posibilidad de votar a los dieciséis años. Dos expertos en política, María y Enrique, hablan sobre el tema. Cada una de estas afirmaciones tiene un error. Según lo que escuchas, corrige ese error.

1 En el verano de 2016 el Congreso aprobó un nuevo proyecto de ley.
2 La iniciativa tuvo menos votos a favor que en contra.
3 El Partido Socialista y Podemos rechazaron la propuesta.
4 En el mundo muchos países permiten votar a los jóvenes de 16 años.
5 Los norteamericanos pueden votar desde los 18 años.

Vocabulario

ceder *to yield*
centenares *hundreds*
la huelga *strike*
las peticiones *requests*

3a Lee este texto sobre las movilizaciones estudiantiles en Chile y empareja las siguientes frases. ¡Cuidado! Sobran segundas partes.

En el año 2006, Chile vivió "la revolución de los pingüinos", la movilización social más grande desde el final de la dictadura de Pinochet. Centenares de miles de estudiantes se declararon en huelga y realizaron marchas y protestas por las calles llevando sus uniformes escolares, ropa blanca y negra con la que parecían pingüinos. Exigían mejoras en el sistema educativo, como la gratuidad de la Prueba de Selección Universitaria o el acceso a descuentos en el transporte público. El gobierno terminó haciendo cambios leves a la ley de educación que realmente no respondieron a todas las peticiones de los estudiantes.

Unos años más tarde, en el 2011, Chile volvió a experimentar una explosión de movilizaciones estudiantiles de protesta en las que los estudiantes (apoyados por muchos profesores y otras autoridades educativas) volvieron a reclamar mejor financiamiento a todos los niveles en el sistema educativo y un mejoramiento de la calidad de la educación en Chile. El gobierno cedió en algunos aspectos pero no todo lo que pedían los estudiantes fue conseguido. Sin embargo, no cabe duda que estas movilizaciones estudiantiles demostraron la fuerza que la protesta social juvenil puede lograr a nivel político.

1	En el 2006 los estudiantes chilenos …	**a**	se vieron más movilizaciones estudiantiles.
2	La revolución de los pingüinos …	**b**	lograron más peticiones.
3	Los estudiantes querían …	**c**	hicieron marchas de protesta para pedir cambios.
4	El gobierno chileno …	**d**	mejorar la gratuidad del transporte público.
5	Cinco años más tarde en Chile …	**e**	mostraron lo que pueden conseguir los jóvenes si se movilizan.
6	Ambas olas de protesta sobre la calidad del sistema educativo …	**f**	fue la primera movilización tras la dictadura de Pinochet.
		g	protestaron contra el estado de los pingüinos.
		h	acceder a un transporte público más barato.
		i	respondió a algunas de las peticiones estudiantiles.
		j	trajo las movilizaciones más importantes desde el fin de Pinochet.

3b Haz un resumen del texto con un máximo de 90 palabras. Debes utilizar tus propias palabras y debes incluir los siguientes puntos:

- la revolución de los pingüinos y el por qué de su nombre
- lo que pedían los estudiantes chilenos en el 2006
- por qué hubo más protestas en el 2011
- la reacción del gobierno a ambos movimientos sociales.

4 Lee el siguiente extracto de un poema del escritor uruguayo Mario Benedetti. Completa el poema con las palabras que faltan.

> puertas   sabios   convertirse   como   este   Dios   decir   maten

Las movilizaciones estudiantiles en Chile

¿Qué les queda por probar a los jóvenes?

¿Qué les queda por probar a los jóvenes
en este mundo de paciencia y asco?
¿sólo grafitti? ¿rock? ¿escepticismo?
También les queda no ¹ _____ amén
no dejar que les ² _____ el amor,
recuperar el habla y la utopía,
ser jóvenes sin prisa y con memoria,
situarse en una historia que es la suya,
no ³ _____ en viejos prematuros

¿Qué les queda por probar a los jóvenes
en ⁴ _____ mundo de consumo y humo?
¿vértigo? ¿asaltos? ¿discotecas?
También les queda discutir con ⁵ _____
tanto si existe ⁶ _____ si no existe,
tender manos que ayudan, abrir ⁷ _____
entre el corazón propio y el ajeno.
Sobre todo, les queda hacer futuro
a pesar de los ruines del pasado
y los ⁸ _____ granujas del presente.

---

5 Traduce las siguientes frases al español.

1. The government does not want to change the health system either.
2. No youngster will vote in the election without this campaign in the news.
3. They have neither time nor interest to get more involved in politics.
4. The president said he had nothing else to tell young voters.
5. The students didn't see anybody from the conservative party in their demonstrations in the capital.

6 Debate los siguientes puntos con un(a) compañero/a.

- ¿Crees que votar puede mejorar las cosas para los jóvenes?
- ¿Piensas que la falta de empleo es culpa de los políticos?
- En tu opinión, ¿qué deben hacer los políticos para que los jóvenes se interesen más en la política?

Los jóvenes desencantados con la política

- Votar no sirve para nada.
- Aún más del 40% de los jóvenes no tenemos trabajo.
- No hay mejoras grandes en el sistema de becas y matrículas universitarias.

📓 Estrategias

Using a variety of negative expressions

There are many ways to express negative ideas. Try not to rely solely on using constructions with *no*.

Instead, use other negative expressions like *ningún/ninguna*, *sin*, *nada*, *jamás/nunca*, *nadie*, *tampoco*. Most of these require a *no* in front of the verb in the sentence so you end up with a 'double negative'. For example:

No he ido nunca a votar.
Los políticos no cambian nada la situación.

Tampoco is used to express the idea of 'neither/either', especially after a negative.

Ella tampoco quiere votar.
She doesn't want to vote either.
Tampoco quiere firmar la petición.
Neither does she want to sign the petition/She doesn't want to sign the petition either.

■ Expresiones claves

yo paso de votar
da igual lo que hagamos
¿Para qué estudiar?
no les importan nuestras opiniones

4.2 A: El paro entre los jóvenes

1 Discute con un(a) compañero/a las siguientes preguntas.

- ¿Crees que el paro juvenil es un problema en tu país? ¿Por qué?
- ¿Qué se puede hacer para ayudar a los jóvenes a encontrar trabajo?
- Busca por internet las cifras más actuales del paro entre los jóvenes españoles. ¿Por qué crees que el paro juvenil es más alto en España que en otros países en la UE?

2a Lee este artículo y elige una de las respuestas *a* o *b* para completar las frases.

Cada vez con mayor frecuencia se recurre al término 'generación perdida' para referirse a la actual juventud española. Pero, ¿quiénes forman parte de este grupo? ¿Qué dificultades sufren? ¿Cómo es el futuro que les espera?

Este colectivo está constituido por jóvenes que tienen entre 16 y 29 años, están en paro y cuentan con estudios primarios o de educación secundaria, según un estudio publicado por la consultora People Matters. Además, estos jóvenes tendrán difícil el acceso o la reincorporación al mercado laboral aunque la situación económica mejore. Según datos, en la actualidad hay casi un millón de españoles que tienen este perfil.

¿Cómo es la generación perdida? La tasa de desempleo juvenil es más baja entre las mujeres que entre los hombres, y la franja de edad que más sufre el desempleo es la que va de los 16 a los 19 años, con una tasa de paro del 72%. Respecto a los estudios, tienden a los extremos, una parte de los jóvenes con baja formación y otra con estudios superiores. Además, el 63% de los jóvenes se encuentran buscando su primer empleo.

¿Cómo les afecta el alto desempleo juvenil? "El desempleo juvenil constituye una de las principales disfunciones del mercado de trabajo en España," asegura el informe. Debido a las largas temporadas sin empleo, se está empezando a extender el fenómeno de la 'sobretitulación'. Es decir, jóvenes universitarios que tienen la tentación de coger el primer trabajo que se les presente, normalmente puestos para los que no se requiere un nivel formativo superior.

¿Qué futuro les espera? Los años venideros no son muy alentadores. Por tanto, la solución para muchos jóvenes españoles es la emigración. Desde 2009, han emigrado casi 350.000 españoles, la mayoría de ellos jóvenes, según datos del Instituto Nacional de Estadística (INE). Solo en lo que va de año salieron del país 114.057 españoles, de los que 83.763 emigraron al continente americano y 26.222 lo hicieron a países europeos.

Vocabulario

alentador *encouraging*
la formación *training*
la franja *group*
el perfil *profile*
una tasa *level*
venidero *approaching*

1 El término 'generación perdida' se refiere a la juventud de…
  a hoy.
  b mañana.
2 Este término se refiere a los jóvenes que…
  a han cumplido los 29 años.
  b tienen menos de 29 años.
3 Aunque la economía supere la crísis, este grupo…
  a no lo tendrá fácil.
  b lo tendrá poco difícil.
4 El grupo que tiende a sufrir más desempleo es…
  a los jubilados.
  b los varones.
5 Casi dos tercios de jóvenes…
  a jamás han tenido un empleo.
  b están aún estudiando.
6 La 'sobretitulación' afecta a…
  a estudiantes de secundaria.
  b los licenciados.
7 Para mejorar su situación, muchos españoles deciden…
  a hacer otro cursillo.
  b dejar el país.

2b Lee de nuevo el texto de la actividad 2a y escribe un resumen. No debes usar más de 90 palabras. Incluye:

- una descripción de la generación perdida
- lo que significa el término 'sobretitulación'
- el futuro que le espera a esta generación perdida.

3 Traduce las siguientes frases al español usando la forma *tú* del imperativo.

1 Demonstrate against the Government.
2 Look for a job.
3 Don't move out if you don't have the money.
4 Write to your local MP.
5 Increase resources for young people in education.

4 〰 Escucha estas entrevistas con tres jóvenes y responde a las preguntas.

1 ¿Por qué perdió Paz su trabajo?
2 ¿Qué decidió hacer Paz después?
3 ¿Cuánto tuvo que pagar Paz al mes para llevar adelante su negocio?
4 ¿Qué hace Simón para ganarse la vida?
5 ¿Cómo puede pagar Simón el alquiler del piso?
6 ¿En qué trabajaba Yolanda?
7 ¿Qué futuro tiene Yolanda?

5 Utilizando la imagen de abajo discute las siguientes preguntas con un(a) compañero/a.

- ¿Por qué crees que el 54% de los jóvenes en paro son hombres?
- ¿Por qué razones tienden los jóvenes a encontrarse en paro?
- En tu opinión, ¿qué otras preocupaciones tienen los jóvenes?
- ¿Quién tiene la responsabilidad de ayudar a los jóvenes a salir del paro?

🔲 Gramática

The imperative

The imperative is used to express a command. For positive informal imperatives ('Do's'), simply use the normal *tú* form without the final -*s*.

A few verbs do not follow this pattern and have to be learnt separately:

decir > di, hacer > haz, ir > ve, poner > pon, salir > sal, ser > sé, tener > ten, venir > ven.

For negative imperatives ('Don'ts'), use a negative word plus the present subjunctive:

llevar > no lleves, beber > no bebas.

With reflexive verbs, the personal pronoun (*te*) is attached to the end of the verb in a positive instruction. You may need to add an accent to keep the stress on the correct syllable.

In a negative instruction, the pronoun goes before the verb.

See pages 155–156.

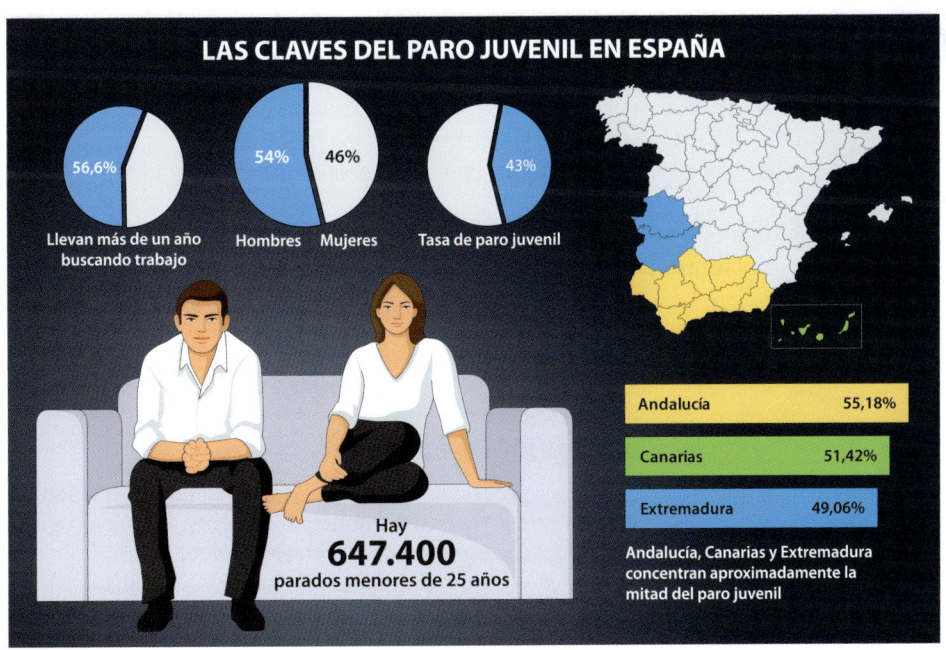

LAS CLAVES DEL PARO JUVENIL EN ESPAÑA

56,6% — Llevan más de un año buscando trabajo

54% Hombres / 46% Mujeres

43% Tasa de paro juvenil

Andalucía — 55,18%
Canarias — 51,42%
Extremadura — 49,06%

Andalucía, Canarias y Extremadura concentran aproximadamente la mitad del paro juvenil

Hay **647.400** parados menores de 25 años

1a Lee las opiniones de estos jóvenes sobre el paro juvenil y encuentra la traducción a estas palabras o expresiones.

1 to find
2 as soon as
3 a waste of time
4 I am fed up
5 applying for jobs
6 unemployment benefit
7 the post
8 a connection/friend in high places
9 to solve
10 training courses
11 to leave
12 salary
13 bills
14 job insecurity

Opiniones sobre el paro juvenil

a ¿Para qué vamos a estudiar si no hay posibilidad de encontrar trabajo en cuanto terminemos la universidad? Es una pérdida de tiempo. **(Raúl)**

b Estoy harta de mi situación. Llevo meses solicitando empleos y aún no he encontrado nada. Además, mi subsidio de paro pronto se acabará. No sé lo que voy a hacer cuando me lo quiten. **(Marta)**

c La verdad es que he tenido suerte porque mi padre trabaja en el Ayuntamiento. Me dieron el puesto por enchufe y no por mi experiencia. **(Francisco)**

d Si la juventud no protesta contra este problema, ¿qué futuro nos espera? El Gobierno necesita saber que para resolver el paro juvenil, los jóvenes exigen más cursos de formación. **(Elena)**

e En este momento, los españoles no tenemos la posibilidad de encontrar trabajo. Un amigo mío me ha dicho que en otros países hay más oportunidades. Por eso, he decidido marcharme. **(Pep)**

f Aunque tengo trabajo, el sueldo apenas cubre el alquiler y las facturas. Además, temo la precariedad laboral que muchos amigos míos sufren. Hace poco me redujeron las horas de contrato. **(Ángela)**

Vocabulario

el enchufe *connection/friend in high places*
la precariedad *scarcity/insecurity*
quitar *to take away/to remove*

1b Lee las opiniones otra vez y decide quién dice cada frase. Escribe los nombres correctos.

1 Pienso que en el futuro tendré que irme al extranjero.
2 Algún familiar me ha metido.
3 Da igual las calificaciones que tengas, al fin y al cabo no sirven para nada.
4 Mi trabajo no me da la seguridad que me gustaría tener.
5 Los jóvenes deben tomar parte en la política para mejorar su situación.

2 Lee este artículo y complétalo con palabras de la lista. ¡Cuidado! Sobran palabras.

> acciones   sean   plazo   europeo   nacionalidad   iniciativa   tengan
> programa   cumplan   ayuda   juvenil   salir

¿Qué se hace para ayudar a los jóvenes parados?

El Programa de Garantía Juvenil es un proyecto a nivel [1]_____ que tiene como objetivo reducir el paro [2]_____. Consiste en que jóvenes del municipio que [3]_____ mayores de 16 años y menores de 29 puedan recibir ayuda para [4]_____ del desempleo.

Es un [5]_____ que se ofrece en toda España. En Cataluña por ejemplo, el Gobierno de la Generalitat ofrece, en un [6]_____ de cuatro meses, una oferta de trabajo, prácticas o formación a aquellas personas jóvenes que [7]_____ los requisitos.

Estos requisitos incluyen tener [8]_____ española y no haber trabajado en los 30 días anteriores de la fecha de solicitud. También no pueden haber recibido ni [9]_____ formativas ni educativas antes de la presentación de la solicitud.

3 Mira este anuncio del Programa de Garantía Juvenil y con tu compañero/a contesta las preguntas.

- ¿De qué se trata este anuncio?
- ¿A quién se dirige?
- ¿Cómo se puede inscribir a este programa?
- ¿Cuáles son los tres objetivos del programa?
- ¿Crees que estos tipos de programas tienen éxito?

4 〜 Escucha a esta Ministra de la oposición hablar del Programa Garantía Juvenil. Decide si las siguientes afirmaciones son Verdaderas (V), Falsas (F) o No mencionadas (N).

1 El porcentaje de jóvenes que se han inscrito al programa Garantía Juvenil es el 17%.
2 La Ministra opina que el programa debe tener ayuda de empresas nacionales.
3 La manera en que el programa funciona, varía mucho entre Comunidades.
4 El programa ha sido promocionado a través del boca a boca entre los jóvenes.
5 El Gobierno va a lanzar una campaña educativa para aumentar el número de jóvenes que participan en el programa.
6 España es el país donde más dinero europeo se ha invertido en ayudar a jóvenes a encontrar trabajo.

5 Traduce al español este texto.

According to latest reports, the number of 16 year olds in both education and work has decreased by nearly 50 per cent in 20 years. Those interviewed said that it was harder now to find a Saturday job. Many just want to earn a little extra money whilst others are looking for experience to help them with future career choices. The problem is that employers are looking for people with experience and are reluctant to take on someone who will leave after a few weeks. The government are thinking of introducing work experience into lessons but this idea is still at an early stage.

6 En Argentina, el Gobierno de Mauricio Macri introdujo un plan para mejorar las posibilidades de los jóvenes para insertarse en el mundo laboral llamado "Mi Primer Empleo". Busca más información sobre este plan en internet. Haz un resumen del plan. Escribe 90 palabras usando tus propias palabras y debes incluir los siguientes puntos:

- quiénes pueden participar
- cuáles son los beneficios
- cuál es la duración del programa
- tu propia opinión sobre estos programas en general.

📘 Estrategias

Talking about data and trends

Although it is important to know how to describe changes in the values of data (i.e. increases and decreases) that are used in reports or presentations, you also need to be able to explain and compare. With explaining, you need to be able to say what the lines/bars and chart represent, and also what the data means or demonstrates. In charts with multiple lines or bars, you will also have to be able to make comparisons between them.

■ Expresiones claves

el aumento
el descenso
el gráfico (de barras)/(de torta)
las estadísticas
en cambio
en promedio
mostrar
pretender
indicar
como se puede ver

1 La sociedad actual tiene muchos aspectos con los que estamos contentos y otros que podrían mejorar. Considera la siguiente lista: ¿qué cambiarías para conseguir una sociedad ideal? Discute tus ideas con un(a) compañero/a.

1 La calidad de la educación (recursos, exámenes, matrículas universitarias, …)
2 El sistema sanitario (los servicios médicos, los hospitales, …)
3 Las oportunidades de empleo (la facilidad para conseguir trabajo, los salarios, …)
4 Los impuestos que existen (¿son todos necesarios? ¿habría que tener más?)
5 El trabajo y la influencia de los políticos

2 Ahora mira la siguiente lista de posibles acciones para conseguir una sociedad ideal. Discute de nuevo con un(a) compañero/a.

1 ¿Crees que todas estas acciones sin excepción ayudarían a crear una sociedad ideal?
2 ¿Cuál de ellas crees que es más efectiva? Explica tu opinión.
3 ¿Cuál ves como menos efectiva y por qué?

- Trabajar de voluntario en una organización no gubernamental • Manifestaciones en las calles
- Recoger firmas para peticiones • Protestar en las redes sociales
- Hacer campañas en los medios de comunicación y en sitios públicos • Votar

3a Lee el siguiente texto sobre los valores de los jóvenes y encuentra los sinónimos de las siguientes palabras.

¿Qué valores defienden los jóvenes en la actualidad?

La crisis económica de la última década ha dado un vuelco a los valores de los jóvenes y ahora se plantean vivir en una sociedad diferente. Esto es lo que parece indicar un informe publicado por el Centro Reina Sofía de Adolescencia y Juventud.

En comparación con la generación de sus progenitores, los jóvenes de hoy tienen casi todo: amigos por el mundo, idiomas, cultura, formación, viajes, ocio, tecnologías, … En muchos casos, hay jóvenes con muchísima formación (varias carreras, masters, …) y eso no les ha llevado a conseguir ese buscado empleo. Aunque muchos lo hayan intentado por activa y por pasiva, siguen económicamente dependientes de sus padres.

El estudio revela que la sociedad ideal con la que muchos jóvenes de 20–25 años soñaban cuando eran adolescentes se ha convertido en algo cada vez más inalcanzable dentro de sus ideales. Muchos se preguntan cuándo podrán salir del callejón del desempleo y reivindican una vuelta a los valores tradicionales para afrontar su futuro. Mencionan valores como el esfuerzo, la lealtad, la responsabilidad individual, la educación y la honestidad.

"Está claro que se ha producido un cambio enorme en sus valores y es improbable que simplemente haya sido por la influencia de sus padres," afirma el autor del informe. "Mientras entre el 2006–2010 eran más consumistas y los jóvenes mostraban un gran interés por todo lo material (dinero, popularidad, vivir al día, …), ahora hay un retorno a los valores sociales más ejemplares, como la tolerancia, la generosidad y la solidaridad. Para una gran cantidad de ellos la sociedad en la que viven debe mejorar y no se conseguirá sin el compromiso de todos."

◼ Vocabulario

el callejón *alley*
la carrera *degree*
el compromiso *commitment*
un informe *a report*
la lealtad *loyalty*
llevar a *to lead to*
plantearse *to consider*

1 ha cambiado
2 padres
3 estudios
4 inaccesible
5 hacer frente a
6 ha ocurrido
7 asegura
8 logrará

3b Vuelve a leer el texto y haz un resumen en español usando un máximo de 90 palabras. Debes incluir los siguientes puntos y usar tus propias palabras en la medida de lo posible:

- lo que ha hecho cambiar los valores de los jóvenes
- las diferencias entre la generación actual y la de sus padres
- cómo piensan que deben enfrentarse al futuro
- la principal diferencia entre los jóvenes del 2006–2010 y los de ahora.

4a Completa el siguiente texto con las palabras siguientes.

> poder   marca   placer   prioridad   comprar   vez   consumo
> capacidad   modelo   adicciones   piden   quejan

NO ES MÁS RICO QUIEN MÁS TIENE

En la sociedad actual, es común escuchar que hay más jóvenes que sufren problemas de depresión o tienen problemas de ¹_____. Hay además padres que se ²_____ de que tienen niños con actitudes rebeldes cuando no les dan lo que ³_____, y hay familias donde todo conflicto parece solucionarse comprando cosas para ⁴_____ 'vivir en paz'. Es evidente que una sociedad mejor no se consigue solo con un alto nivel de ⁵_____, con cosas materiales. Todos somos consumistas, a todos nos gusta ⁶_____, y nos gusta la sensación de tener las cosas: el último ⁷_____ de móvil, la ropa de ⁸_____, una casa grande … No obstante, esa no es la sociedad que tiene más felicidad. Tal ⁹_____ adquirir y gastar nos da un cierto ¹⁰_____ en ese momento, pero después se olvida. Construir una sociedad donde la ¹¹_____ no sea el dinero es clave. Lo que hay que instilar en nuestros jóvenes es la ¹²_____ de sacrificio y esfuerzo, de respeto por los demás y de tolerancia.

4b Piensa en lo que para ti significa ser rico. Prepara un blog sobre si la riqueza consiste en tener dinero para todo o si consiste en algo más. Considera factores como la familia, los amigos, los estudios, la seguridad, la salud, el empleo, etc. Escribe al menos 250–300 palabras. Luego comparte tus opiniones con un(a) compañero/a.

5 〰 Escucha esta noticia sobre un debate de radio entre varios jóvenes y responde a las siguientes preguntas.

1 ¿Cuál fue el tema del debate en la radio?
2 ¿Qué edad tenían los 13 participantes?
3 ¿Cuáles fueron los tres primeros temas que discutieron?
4 ¿A qué se refiere la cifra 69%?
5 ¿Qué dijo la mayoría de los participantes sobre los inmigrantes? (menciona dos detalles)
6 ¿Qué aspecto de la inmigración preocupa a cuatro de los jóvenes?
7 Según todos los jóvenes en el debate, ¿qué dos cosas son más importantes que el éxito social y ser rico?

6 Traduce las siguientes frases al español.

1 It is likely they will not have published this report by next spring.
2 The government might have found the answer to reduce unemployment.
3 Call me as soon as you have spoken to your colleagues about our plans.
4 Young people don't think the authorities have done as much as they should.
5 They are sorry the local politicians have never valued their honesty and effort.
6 You may have described the ideal society, but I'm not sure they have heard you.

▣ Gramática

The perfect subjunctive

The perfect subjunctive is formed with the present tense of **haber** in the subjunctive (haya, hayas, haya, hayamos, hayáis, hayan) + the past participle.

The perfect subjunctive is used in the same grammatical contexts as the present subjunctive.

- After verbal expressions that indicate probability, advice, emotions, wishes, doubt, etc.

  No creen que los valores sociales hayan cambiado tanto.

- After conjunctions that imply intention that something should happen, such as *para que, a fin de que* etc. and other structures such as *a menos que, a condición de que, siempre que*

  No hemos hecho nada para que hayas cambiado tu opinión sobre nosotros.

- After *cuando, hasta que, tan pronto como* when you are referring to the future

  Te llamaré al móvil cuando hayamos visto el programa.

- After *tal vez/quizás* (may/might)

  Quizás/Tal vez hayan encontrado su comunidad ideal.

See page 155.

▣ Vocabulario

ambos/as *both*
un delito *a crime*
los radioyentes *radio listeners*

1 Analiza los siguientes puntos con un(a) compañero/a.

- ¿Crees que los jóvenes de hoy son positivos sobre su futuro?
- ¿Qué cosas piensas que la juventud cambiaría sobre la sociedad actual?
- ¿Qué beneficios tiene para un joven hacer trabajo voluntario?

2a Lee el siguiente texto sobre el voluntariado juvenil en Colombia y encuentra el equivalente en español a las siguientes palabras o expresiones.

1 recognise	**5** orphan
2 other people	**6** the bottom
3 disabled	**7** burnt areas
4 to raise	**8** injured

El voluntariado juvenil en Colombia

El voluntariado juvenil es un programa para jóvenes de entre 14 y 28 años, que ofrecen su tiempo libre para ayudar a la comunidad, sin que se les pague un sueldo.

Colombia cuenta con una legislación que reconoce, promueve y regula la acción voluntaria de los ciudadanos y ciudadanas colombianos. El voluntariado tiene muchos beneficios, no solo para el joven voluntario sino también para la comunidad a la que ayuda.

Estas son algunas de las actividades que pueden hacer los voluntarios:

- Cuidar a los demás (por ejemplo, ancianos, gente discapacitada, menores, …)
- Recaudar fondos para los menos privilegiados
- Leerles cuentos a niños y niñas huérfanos
- Trabajar en una organización protectora de animales
- Hacer limpiezas comunitarias de espacios públicos, del fondo del océano, de los bosques, de las playas, …
- Plantar árboles y así ayudar a reconstruir zonas quemadas o dañadas por desastres naturales
- Ayudar en una campaña política
- Recaudar fondos para grupos y organizaciones que luchan para combatir enfermedades, reducir la pobreza, ayudar a los enfermos, heridos, etc.

Vocabulario

acudir *to go/to attend*
creciente *growing*
dar la vuelta *to go round*
exigir *to demand*
utilidad *usefulness*

El movimiento #YoSoy132

2b Considera todas las actividades mencionadas en el texto y elige tres que te gustaría realizar para ayudar a tu comunidad. Discute tu decisión con un(a) compañero/a.

3 Escucha esta noticia sobre cómo luchan algunos jóvenes por su sociedad ideal fuera y dentro de las redes sociales. Decide si las siguientes afirmaciones son Verdaderas (V), Falsas (F) o No mencionadas (N).

1 El movimiento #YoSoy132 nació en México para forzar los cambios en la sociedad.
2 En Chile el movimiento tuvo mayor repercusión que en México.
3 En la primavera de 2012 muchos alumnos universitarios se enfrentaron al candidato presidencial.
4 Reclamaban que los medios de comunicación tuvieran igual libertad de expresión.
5 Según ellos, el número de femicidios se había duplicado.
6 Protestaban también contra la alta tasa de paro en la sociedad.
7 Los estudiantes aseguraron no representar a ningún partido político.
8 Hubo un total de 132 estudiantes en la protesta.

4a Lee este texto y decide cuáles son las cuatro afirmaciones correctas.

La generación *nini* empieza a convivir con una nueva generación *sisi*

El término nini es un concepto que proviene de la frase 'ni estudian ni trabajan'. En América Latina la cifra de ninis asciende a 20 millones de personas, según un informe. El psicólogo que lideró el informe indicó que los ninis suelen tener problemas emocionales y de comportamiento. Sufren angustia, depresión y problemas para adaptarse a diferentes entornos. Sugirió que los gobiernos y las sociedades del mundo hispánico deben hacer más para ayudar a esta generación.

En España, por otro lado, un país que ha visto un aumento inquietante también en la cifra de ninis, se están empezando a ver brotes esperanzadores para los ciudadanos del mañana. Algunos medios mencionan a la nueva generación sisi (sí estudia y sí trabaja). Son jóvenes que acuden a clase por la mañana y luego trabajan por la tarde o noche para tener un sueldo y llegar a fin de mes. Los ingresos les ayudan a pagar las matrículas de sus carreras y a dejar de depender de sus padres. Son cada vez más jóvenes los que consiguen trabajar al menos media jornada.

Una estudiante de Valencia forma parte de esta generación y dice: "La tarea de encontrar un trabajo compatible con el horario de estudiante no fue difícil. Hay gente que se acomoda y vive de sus padres, pero la verdad es que hay bastante trabajo de media jornada, de unas pocas horas. Si queremos una sociedad donde los jóvenes sean más independientes de sus padres y tengan mayores posibilidades de tener una vida más estable después de esta crisis, hay que luchar y sacrificarse ahora."

1 En Latinoamérica un informe reveló que la cantidad de ninis sigue en ascenso.
2 Un psicólogo dijo que muchos ninis tienen problemas de conducta y dificultades con lo que les rodea.
3 Muchos ninis se sienten angustiados por su comportamiento.
4 El psicólogo que hizo el informe pidió más medidas por parte de los gobiernos.
5 En España, la cantidad de ninis ha incrementado de la misma forma que en América Latina.
6 Los ninis en España dan mucha esperanza a los ciudadanos del mañana.
7 Algunos medios dicen que la próxima generación solo está compuesta por sisis.
8 Sus sueldos les permiten pagar a sus padres.
9 A una estudiante valenciana le resultó fácil encontrar empleo.
10 La estudiante dice que los trabajos de media jornada no son compatibles con la crisis.

4b Traduce el primer párrafo del texto al inglés.

5 Haz una presentación de dos minutos sobre la situación de los jóvenes en el mundo hispano. Incluye lo que les preocupa, lo que hacen para ayudar a la sociedad y cómo luchan para conseguir un futuro mejor para ellos. Utiliza Internet para buscar más información y estadísticas. Utiliza algunas de las expresiones claves en tu presentación.

▮ Vocabulario

acomodarse *to get comfortable*
la angustia *anxiety*
ascender *to amount to*
brote esperanzador *encouraging sign*
entorno *surrounding*
inquietante *worrying*
la matrícula *enrolment fee*

▣ Estrategias

Expressing an opinion or evaluation

There are many ways of expressing your opinion in Spanish. You can use a variety of verbs and expressions to indicate your opinions, for example, *a mi modo de ver, a mi parecer, me preocupa que, me sorprende que, me inquieta que, no me cabe duda que.*

On the other hand, you can evaluate a comment or something you are discussing by using certain adjectives in your statements:

Es intolerable que … Es vergonzoso que … Es una lástima que … Es lamentable que …

All of these will require the subjunctive.

You can also use expressions such as *Es inútil decir que … Está claro que … Es prometedor ver que … Es esperanzador darnos cuenta de que.*

▮ Expresiones claves

construir un bien común
estar dispuesto a
no solo … sino también
dar la vuelta al mundo
a principios de
llegar a fin de mes
a media jornada

¡Demuestra lo que has aprendido!

1 Estas palabras pertenecen al tema de "los jóvenes de hoy, ciudadanos del mañana." Emparéjalas con su definición.

1	emanciparse	**a**	anti-social
2	involucrarse	**b**	congregarse
3	trabajo	**c**	desempleado
4	movilizarse	**d**	alguien que representa a la gente
5	desilusionado	**e**	enfadarse
6	en paro	**f**	negar
7	concienciarse	**g**	decepcionado
8	rechazar	**h**	independizarse
9	político	**i**	enfrentarse
10	educación	**j**	empleo
11	incívico	**k**	desinterés
12	luchar	**l**	sensibilizarse
13	indignarse	**m**	unirse
14	pasotismo	**n**	enseñanza

2a Completa las frases, escogiendo la palabra más apropiada.

1 Según las estadísticas, el número de jóvenes en paro se _____ en 45.600 personas.

2 Los adolescentes españoles _____ cada vez más de la apatía hacia la política.

3 A pesar de que la economía mejora, la recuperación económica no está _____ a los jóvenes.

4 La juventud actual expresa su inconformismo _____ el llamado pasotismo.

5 Crear empleos para los jóvenes es el mayor _____ para muchos gobiernos de países desarrollados.

6 Los jóvenes argentinos no sienten que la economía _____ mejorado.

> mediante   haya   redujo   llegando
> desafío   padecen

2b Traduce las frases de la actividad 2a al inglés.

3 ¿Cuánto has aprendido? Elige la respuesta correcta.

1 Los 'ninis' son jóvenes que…
  a ni estudian ni trabajan.
  b ni estudian ni hacen tareas domésticas.
  c ni trabajan y ni pagan impuestos.

2 La ley para reducir la edad de votar a los dieciséis años en España fue aprobada en…
  a 2014.
  b 2015.
  c 2016.

3 La movilización estudiantil en Chile fue conocida como "la revolución de los pingüinos" debido…
  a al hecho de que empezó cerca de un parque zoológico.
  b al tradicional uniforme utilizado por los estudiantes.
  c a la mascota de uno de los manifestantes.

4 El movimiento #YoSoy132 fue un movimiento ciudadano de…
  a Argentina.
  b Colombia.
  c México.

4 Empareja las dos partes de las frases.

1 La principal petición de los estudiantes era que el Estado…

2 En la actualidad, solo el 25% del sistema educativo chileno…

3 La gratuidad educativa chilena solo está…

4 Los chilenos que no tienen los fondos para costear la universidad…

5 Los jóvenes que protagonizan estas marchas son de una generación que…

6 Los estudiantes continuarán llevando…

a garantizada en el nivel básico.
b sus peticiones a las calles de Chile.
c no vivió la dictadura.
d deben pedir créditos.
e brindara una educación pública gratuita.
f está financiado por el Estado.

¡Haz la prueba!

1a **Lee este texto y busca palabras o frases que tengan el mismo significado.**

LA GENERACIÓN MILLENNIAL

Comprar una vivienda, un coche, un mueble o irte de vacaciones, no es una decisión que tomas solo mirando al bolsillo. También pesa el futuro, saber si podrás mantener el empleo o si la economía de tu país se irá al garete.

El informe realizado por una revista española, se enfoca en tres cuestiones fundamentales. La primera, que la ciudadanía empieza a percibir ciertos signos de recuperación que animan al consumo; la segunda, que un porcentaje todavía importante de ciudadanos no está para dispendios y aún controlan al máximo los gastos. La tercera conclusión deriva de las anteriores: la crisis ha dejado una profunda cicatriz psicológica en el consumidor español.

Pero quienes más están sufriendo los efectos de la crisis son los consumidores de 18 a 24 años, pertenecientes a la generación millennial. El 51% de ellos tiene que vigilar de cerca sus gastos diarios, frente al 31,5% de los que tienen más de 64 años. Solo el 26,6% de los adultos más jóvenes puede permitirse comprar ropa y complementos aunque no los necesiten, frente al 39,7% de la población de edad más avanzada. También hay diferencias en algo tan básico como ir al dentista y, apenas el 43,7% de jóvenes de esa edad se ha ido de vacaciones este año.

1	una casa	**7**	empujan
2	conservar	**8**	despilfarros
3	fallará	**9**	marca
4	ejecutado	**10**	cotidianos
5	sociedad	**11**	comparado
6	notar	**12**	tan solo

[12 marks]

1b **Lee de nuevo el texto y elige la respuesta correcta.**

1 Cuando haces alguna adquisición, se recomienda pensar en…
- **a** lo que ha pasado.
- **b** lo que pasó.
- **c** lo que podrá pasar.

2 El reportaje menciona que es importante que los españoles…
- **a** tengan escasez de recursos.
- **b** compren más marcas blancas.
- **c** vean una mejora económica.

3 Según el informe muchos españoles…
- **a** sienten incertidumbre.
- **b** sienten confianza.
- **c** sienten confusión.

4 Los más mayores están en…
- **a** peor situación que los de 18–24 años.
- **b** mejor situación que los de 18–24 años.
- **c** similar situación que los de 18–24 años.

5 Hoy en día, muchos jóvenes no pueden permitirse el lujo de comprar…
- **a** prendas.
- **b** alimentos básicos.
- **c** diarios.

[5 marks]

2 **Traduce este texto al español.**

Thousands of students have protested in the Venezuelan capital, Caracas, and other cities against government plans to reform the university system. On the whole, the demonstrations were mainly peaceful but police fired tear gas and used water cannon after some people threw stones, officials said.

Students say the proposed reforms will lead to privatisation of the public universities but the government says the changes are needed as they will bring more funding into the sector.

Some 30,000 people marched through the capital and most passed off without major incident, but in Maracaibo a 19-year-old died when explosives he was carrying went off, police said. The government says reform is needed to bring more resources into the system whereas students say the moves will introduce more discrimination into higher education.

[10 marks]

3a 〜 Escucha a estas tres personas hablar de los 'ninis'. Escribe un párrafo en español resumiendo lo que has entendido. No debes usar más de 90 palabras y debes incluir los siguientes puntos en tu resumen:

- las opiniones de Elena [3]
- las opiniones de Marco [2]
- la experiencia de Paula. [2]

Hay cinco puntos adicionales por la calidad de tu español escrito. En la medida de lo posible, debes utilizar tus propias palabras.

[12 marks]

3b 〜 **Escucha a las tres personas de nuevo y contesta las preguntas.**

1 ¿Quiénes piensa Elena que tienen la culpa de la actitud de la generación nini?
2 ¿Por qué cree Elena que los jóvenes piensan que no merece la pena votar?
3 ¿Qué dos cosas dice Elena que deben hacer los jóvenes para mejorar su futuro?
4 ¿Qué porcentaje de menores de 34 años menciona Marco para citar el número de los que ni estudian ni trabajan?
5 ¿Cómo dice Marco que recibirán a los jóvenes españoles que van a otros países a trabajar?
6 ¿Cómo se siente Paula?
7 ¿Quién le ofrece los cursos a Paula?
8 ¿Por qué dice Paula que las empresas no la contratan?

[8 marks]

4 🖴 **Traduce este texto al inglés.**

Sin ningunas oportunidades

Miles de jóvenes han decidido marcharse de España ante la falta de oportunidades que hay en el país e inspirados por el sueño de encontrar fuera un trabajo con el que puedan ganarse la vida. Por eso, Juventud Sin Futuro ha decidido subir a su página web historias de emigrantes, en las que cuentan el motivo por el que se vieron obligados a abandonar su país y recalar en otro.

Entre estos testimonios está el de Eduardo que, desde Londres, relata cómo en la cafetería en la que trabaja "nunca han tenido un ayudante de cocina con semejante currículo". También está Aitor, de 27 años, que cuenta que ha decidido irse a Pyongyang a enseñar castellano.

[10 marks]

📘 Consejo

Summarising a listening passage

When writing a summary based on a listening extract, it is important to look at the bullet points carefully first and make sure you know what key information they are asking you for.

- Listen firstly for gist, making very brief notes that cover the bullet points in the question. Make sure that you are aware of how many details each bullet point is asking you for.

- Then listen a second time for more detail.

- If possible, listen for a third time to focus on any missed information. At this stage it is recommended that you also make sense of the detail you already have down.

As the summary has an additional five marks for your use of Spanish, it is important that you don't transcribe everything you hear but once you have made sense of the text, try to find synonyms of words and phrases to access the additional marks.

5 📧 **Lee este artículo sobre la Noche de los Lápices. Selecciona las cuatro frases correctas.**

En 1976, tuvo lugar la Noche de los Lápices, en la que diez estudiantes de escuela secundaria de la ciudad argentina de La Plata, fueron secuestrados y asesinados.

Este suceso fue uno de los más conocidos entre los actos de represión hechos por la dictadura argentina durante esta época, ya que los desaparecidos fueron torturados antes de ser asesinados. Las víctimas fueron estudiantes de la Unión de Estudiantes Secundarios, rama estudiantil del peronismo revolucionario, un grupo en contra del régimen. Esta agrupación había reclamado, ante el Ministerio de Obras Públicas, el otorgamiento del billete de autobús con descuento estudiantil.

Uno de los sobrevivientes, Pablo Díaz, afirmó que lo que habían conseguido se les fue luego denegado con la intención de detectar, mediante un trabajo de inteligencia, quiénes eran los líderes de cada escuela e ir a buscarlos.

Para recordar a las víctimas, en 2013 se colocó una placa en la Plaza Vera de La Plata y en 2016, se inauguró el mural "La Noche de los Lápices". Este mural fue realizado colectivamente por alumnos y profesores de la ciudad.

1 La Noche de los Lápices fue un movimiento estudiantil.
2 Durante este suceso algunos estudiantes fueron secuestrados.
3 Los estudiantes querían descuentos en el precio del transporte público.
4 Los estudiantes eran miembros de un grupo peronista.
5 Los motivos de la Noche de los Lápices eran políticos.
6 Se conmemora el evento con una fiesta en la Plaza Vera.
7 Se hizo una pintura para recordar el acontecimiento.
8 Todos participaron en la creación del mural en La Plata.

[4 marks]

6 💬 **Utilizando la información que has aprendido y las fotos, discute lo siguiente con tu compañero/a.**

- ¿Por qué crees que algunos jóvenes están dispuestos a manifestarse por sus creencias y otros no?
- ¿Crees que los estudiantes deberían concentrarse en sus estudios y no perder el tiempo haciendo manifestaciones?
- ¿Por qué te manifestarías tú? ¿Qué asuntos son importantes para ti?

7 ✏️ **"La juventud más preparada de la historia vivirá peor que sus padres". ¿Estás de acuerdo con esta afirmación? ¿Por qué (no)? Escribe unas 300 palabras en español explicando tu punto de vista. Da ejemplos para apoyar tus ideas.**

	acudir/ir a las urnas	to go to the polls
	ajeno	somebody else's/foreign
	apolítico	apolitical
	apostar por un partido	to back a party
la	beca	grant
la	ciudadanía	citizenship/the citizens
los	comicios	elections
	comprometido	committed
las	concentraciones	demonstrations, protests
la	conciencia cívica	civic awareness
la	conformidad	approval
el	consentimiento	consent
la	convicción	certainty
	cumplir	to fulfil
el	defensor	defender
la	desconfianza	mistrust, distrust
	deseable	desirable
	desear	to wish, desire
	desencantado	disenchanted, disillusioned
	desesperado	desperate
las	desgracias	ills, misfortunes
	desilusionado	disappointed/disillusioned
el	desinterés	lack of interest, indifference
el	diputado	Member of Parliament
el	electorado	electorate
	empeorar	to worsen
	fortalecer	to strengthen
un	granuja	rogue
	hacer campaña	to campaign
	indignado	angry
	individual	individual (adjective)
un	individuo	an individual
la	inquietud	concern, worry
	involucrarse	to get involved
la	jornada laboral	working day
	lograr	to achieve
	manifestar	to express/to state
	mentir	to lie
el	militante	activist
	militar en un partido	to be a member of/to be active in a party
	movilizarse	to demonstrate, to protest
la	ola	wave
el	partidario	supporter
la	pasividad	apathy, indifference
	pasota	apathetic
	permitirse	to afford
la	postura	stance
la	precariedad laboral	job insecurity
la	propuesta	proposal
	reclamar	to claim/to demand
	reivindicar	to reclaim
el/la	representante	representative
el	sindicato	trade union
	solidario	supportive/caring
	soportar	to put up with
	tachar a alguien	to brand someone
el/la	votante	voter

	a largo plazo	in the long term
	apuntarse	to sign up
una	ayuda	help
	ayudar	to help
	buscar	to look for
	coger	to take
	combatir	to fight
	conseguir	to get
un	contrato	contract
	cotizar	to pay contributions
	dar de alta	to register
el	desempleo	unemployment
los	empresarios	employers
	en efectivo	in cash
el	empleo	job
	encontrar	to find
	estar en paro	to be unemployed
	estar harto/a	to be fed up
	exigir	to demand
la	experiencia	experience
la	falta de	lack of
la	formación	training
la	generación perdida	lost generation
el	INEM	Job Centre
el	ingreso	income
la	juventud	youth
	lanzar	to launch
	manifestarse	to demonstrate
	marcharse	to leave
	mejorar	to improve
el	mercado laboral	the labour market
	mostrar	to show
la	orientación	guidance

el	paro juvenil	*youth unemployment*
las	prácticas laborales	*work experience*
	pretender	*to claim*
un	puesto	*position/post*
	realizar	*to carry out*
	resolver	*to solve*
la	seguridad	*security*
el	subsidio del paro	*unemployment benefit*
	suponer	*to represent/to make up*
la	tasa	*rate*
	trabajar	*to work*

4.3 | Su sociedad ideal

	adquirir	*to acquire*
	afrontar	*to face, to confront*
	alcanzar	*to reach*
la	angustia	*anxiety/anguish*
el	brote	*outbreak/bud*
el	callejón	*alley*
la	carrera	*degree/career*
	colaborar	*to collaborate*
el	colectivo	*group*
el	compromiso	*commitment*
	consumista	*consumer*
	dar un vuelco	*to turn around*
	deber	*to owe*
	egoísta	*selfish*
	enriquecer	*to enrich*
el	esfuerzo	*effort*
la	esperanza	*hope*
	estar dispuesto a	*to be prepared to*
	estar esperanzado	*to be hopeful (someone)*
el	éxito	*success*
el	femicidio	*murder of a woman*
la	firma	*signature*
los	fondos	*funds*
la	formación	*training*
	hacer frente a	*to face, to confront*
	huérfano	*orphan*
el	impuesto	*tax*
	inalcanzable	*unattainable, unachievable*
los	ingresos	*income*
	inquietante	*worrying*
	instilar	*to instil*
	lamentable	*unfortunate/terrible*
la	libertad de expresión	*freedom of speech*
la	licenciatura	*university degree*

la	matrícula	*enrolment fee*
la	naturaleza	*nature*
el	ocio	*leisure*
	permisivo	*permissive/indulgent*
la	petición	*request*
el	placer	*pleasure*
	plantearse	*to consider*
	producirse	*to happen*
el	progenitor	*parent*
	prometedor	*promising*
	quejarse	*to complain*
el/la	radioyente	*radio listener*
	recaudar	*to raise money*
	recoger	*to collect/to gather up*
	reforzar	*to reinforce*
	ser esperanzador	*to be hopeful (of something)*
la	solidaridad	*solidarity/support*
	solidario	*supportive/caring*
	soñar con	*to dream of/about*
la	subida	*rise, increase*
el	sueldo	*salary*
el	sueño	*dream*
la	tasa universitaria	*university fee*
el	trato	*treatment*
el	voluntariado	*voluntary work*

By the end of this section you will be able to:

		Language	Grammar	Skills
5.1	**La dictadura de Franco**	Understand the impact of the civil war Discuss life under Franco's dictatorship	Revise the preterite tense	Improve your skills in speaking and writing about a historical personality
5.2	**La evolución de la monarquía en España**	Describe and discuss the changes from monarchy and republic to dictatorship Describe the transition from dictatorship to monarchy	Form and use the imperfect subjunctive	Recognise and use ordinal numbers
5.3	**Dictadores latinoamericanos**	Discuss dictatorships in Latin America, particularly in Panama, Chile and Argentina	Use a sequence of tenses	Read for gist for comprehension

Durante unos cuarenta años del siglo veinte, España se encontró separada del resto de Europa políticamente e ideológicamente después de la Guerra Civil que terminó con el establecimiento de la dictadura franquista. Poco a poco, durante la década de los 60, la situación empezó a mejorar y gracias al sucesor de Franco, el Rey Juan Carlos, en 1975 la monarquía fue restaurada.

Entretanto, al otro lado del mundo, en Latinoamérica, las dictaduras predominaron bajo el régimen autocrático de militares despiadados. Allí, durante los años 70 y 80 miles de opositores de aquellos regímenes 'desaparecieron' – es decir, fueron secuestrados y perecieron.

1a **Mira el mapa de Latinoamérica y empareja el país con el número correspondiente.**

Brasil	Venezuela
Panamá	Ecuador
Argentina	Colombia
Chile	Bolivia
Uruguay	Perú
Paraguay	México

1b Con un(a) compañero/a elige un país hispanohablante, e investiga su política de los últimos 50 años. Debes incluir:

- La evolución del sistema político hasta nuestros días, ¿ha sido un sistema democrático o una dictadura?
- ¿Quiénes han sido los personajes claves durante ese tiempo, tanto del gobierno como de la sociedad en general?

2 Trabaja solo/a o con un(a) compañero/a. Escoge una de las tres personas mencionadas e investiga su parte en la guerra, y la obra que creó como consecuencia. Da una presentación corta al grupo.

La Guerra Civil española despertó la solidaridad de muchos artistas e intelectuales internacionales que lucharon por el bando republicano en la Guerra Civil como miembros del 'International Brigade'.

Entre ellos figuran George Orwell, Pablo Picasso y Ernest Hemingway. Los tres crearon obras inolvidables, cuya inspiración vino de lo que habían experimentado en España o de lo que habían aprendido de los sucesos de allí.

Soldados republicanos y periodistas durante la Guerra Civil. Se puede ver a Hemingway con gafas al fondo de la foto.

3 Empareja las dos partes de las siguientes frases. Busca más información por internet sobre la familia real si se necesita.

1 Juan Carlos nació en Roma…
2 Visitó España por primera…
3 Era el nieto del Rey Alfonso XIII que…
4 Al morir Franco, Juan Carlos…
5 Reinó hasta su…
6 Juan Carlos se casó con Sofía en 1962…

a abdicación en 2014.
b fue exiliado en 1931.
c y tuvieron tres hijos.
d el cinco de enero de 1938.
e fue declarado rey.
f vez a la edad de nueve años.

Un muro con el dibujo 'Guernica' de
Pablo Picasso

1 Con un(a) compañero/a, hablad de lo que ya sabéis sobre la Guerra Civil y la vida en España durante la dictadura franquista. Tomad notas y luego compartid vuestras ideas con la clase.

2 Lee esta introducción al tema y escribe un resumen del texto de no más de 90 palabras. Debes utilizar tus propias palabras. Incluye los siguientes puntos:

- cómo y cuándo estalló la guerra
- las distintas partes del conflicto
- el precio que pagaron los españoles.

La Guerra Civil

La Guerra Civil española estalló en julio de 1936 tras un golpe de estado militar contra el democráticamente elegido gobierno de la Segunda República, y que fue llevado a cabo por un grupo de generales del ejército bajo el liderazgo del General Francisco Franco Bahamonde.

Las dos partes del conflicto eran el bando republicano y el bando sublevado, o nacionalista. Los republicanos eran los partidarios del gobierno legítimo junto con el Frente Popular, formado por partidos de la izquierda y apoyados por el movimiento obrero y los sindicatos. El bando sublevado tenía el apoyo de la derecha conservadora, de la Iglesia y del partido fascista, la Falange Española.

Como resultado del estallido de la guerra en España hubo repercusiones internacionales. Aunque las principales potencias europeas incluidas el Reino Unido, Francia, Alemania y la URSS (la Unión de Repúblicas Socialistas Soviéticas) firmaron un acuerdo de no intervención en la guerra, Alemania e Italia suministraron armas a los sublevados. Los republicanos recibieron solo un poco de ayuda de la URSS.

La guerra feroz y sangrienta duró tres años y durante aquel periodo murieron más de 500.000 españoles. La victoria del General Franco en abril de 1939 marcó el comienzo de una dictadura que perduró hasta su muerte en 1975.

Vocabulario

un golpe militar *a military coup*
los partidarios *supporters*
las potencias *powers*
sangriento *bloody*
los sindicatos *trade unions*
sublevado *insurgent*
suministrar *to provide*

3a Lee este fragmento de un poema de Antonio Machado lamentando la muerte del poeta Federico García Lorca.

El Crimen fue en Granada – Antonio Machado

I

El crimen

Se le vio, caminando entre fusiles,
por una calle larga,
salir al campo frío,
aún con estrellas de la madrugada.
Mataron a Federico
cuando la luz asomaba.

El pelotón de verdugos
no osó mirarle la cara.
Todos cerraron los ojos;
rezaron: ¡ni Dios te salva!
Muerto cayó Federico
—sangre en la frente y plomo en las entrañas—
... Que fue en Granada el crimen
sabed —¡pobre Granada!—, en su Granada.

3b Busca en la primera parte del poema las palabras cuyas definiciones están abajo.

1 Las horas que siguen a la medianoche
2 Verbo que significa empezar a mostrarse
3 Un equipo
4 Personas encargadas de ejecutar a los condenados a muerte
5 Verbo que significa atreverse

3c Escucha el poema entero y rellena las palabras que faltan en la segunda estrofa.

Un monumento a Federico García Lorca

II

El poeta y la muerte

Se le vio [1]_____ solo con Ella,
sin [2]_____ a su guadaña.
—Ya el sol en torre y torre, los [3]_____
en yunque— yunque y yunque de las fraguas.
Hablaba Federico,
[4]_____ a la muerte. Ella escuchaba.
«Porque ayer en mi verso, compañera,
sonaba el [5]_____ de tus secas palmas,
y diste el [6]_____ a mi cantar, y el filo
a mi tragedia de tu hoz de [7]_____,
te cantaré la carne que no tienes,
los ojos que te faltan,
tus [8]_____ que el viento sacudía,
los rojos labios donde te [9]_____
Hoy como ayer, [10]_____, muerte mía,
qué bien contigo a solas,
por estos aires de Granada, ¡mi Granada!»

3d Traduce la última parte del poema.

III

Se le vio caminar...
Labrad, amigos,
de piedra y sueño en el Alhambra,
un túmulo al poeta,
sobre una fuente donde llore el agua,
y eternamente diga:
el crimen fue en Granada, ¡en su Granada!

4 Haz una investigación sobre uno de estos personajes y escribe un reportaje de unas 250–300 palabras.

- José Antonio Primo de Rivera (el fundador y líder de la Falange)
- Federico García Lorca
- Antonio Machado

Estrategias

Speaking or writing about a historical personality

When asked to speak or write about a historical personality you need to think about the following:

- The required duration of the speech or word count for a piece of writing.

- What you already know about the subject of your research.

- Doing preliminary research in English may be useful but the majority of your source materials should be in Spanish.

- Hone down the information – what aspects are you going to concentrate on?

Write your essay or prepare your presentation based on your findings but using your own words.

Expresiones claves

Nació en
se involucró en la política
tuvo un papel importante
luchó por el lado republicano/
    nacionalista

Francisco Franco

1a Lee la introducción al extracto y busca en el texto cómo se expresan las siguientes palabras y frases.

1 wintry
2 boarded up
3 bound like wolves
4 the defeated
5 abandoned vehicles
6 immeasurable weariness
7 envying their comfort
8 spits out a few bursts of machine-gun fire
9 contradicted
10 across the countryside

Esta novela trata de la historia de un nacionalista que en la última fase de la Guerra Civil escapó de una muerte segura gracias a la bondad de un soldado republicano.

Al iniciarse la posguerra hubo un éxodo de muchísimos ciudadanos españoles que por motivos políticos, o por temor a represalias por parte del bando vencedor, se vieron forzados a abandonar su país.

Este fragmento de la novela nos da un indicio de cómo era en Barcelona por aquel entonces.

Soldados de Salamina

El autobús recorre en silencio Barcelona, convertida por el terror de la desbandada y el cielo invernizo en una desolación fantasmal de ventanas y balcones cerrados a cal y canto y de grandes avenidas cenicientas en las que reina un desorden campamental apenas cruzado por furtivos transeúntes que triscan como lobos por las aceras desventadas con caras de hambre y de preparar la fuga, protegiéndose contra la adversidad y contra el viento glacial con abrigos de miseria. Al salir de Barcelona y tomar la carretera del exilio, el espectáculo se torna apocalíptico: un alud despavorido de hombres y mujeres y viejos y niños, de militares y civiles mezclados, cargados con ropas, colchones y enseres domésticos, avanzando penosamente con sus andares inconfundibles de derrotados o subidos a los carros y los mulos de la desesperación, abarrota la calzada y las cunetas, sembradas a trechos de cadáveres de animales con las tripas al aire o de vehículos desahuciados. La caravana avanza con interminable lentitud. De vez en cuando se detiene; de vez en cuando, con una mezcla de asombro, de odio y de insondable fatiga, alguien mira fijamente a los ocupantes del autobús, envidioso de su comodidad y su abrigo, ignorante de su destino de fusilados; de vez en cuando alguien los insulta. De vez en cuando, también, un avión nacional sobrevuela la carretera y escupe unas ráfagas de ametralladora o deja caer una bomba, provocando una estampida de pánico entre los fugitivos y un amago de esperanza entre los presos del autobús, que en algún momento llegan a abrigar la ilusión – pronto desmentida por la estricta vigilancia a que les someten los agentes del SIM – de aprovechar el caos de un ataque para huir campo a través.

Javier Cercas (2001)

Vocabulario

abarrotar *to clutter*
un alud *an avalanche*
un amago de esperanza *a faint hope*
la calzada y las cunetas *the road and ditches*
colchones y enseres domésticos *mattresses and household goods*
la desbandada *exodus*
despavorido *terrified*
desventradas *with craters*
sembrados a trechos *strewn with*

1b Lee el texto y contesta las siguientes preguntas.

1 ¿Qué detalles indican en qué estación tiene lugar este episodio?
2 ¿Por qué la gente va cargada con todas sus posesiones? Explica las razones de su viaje.
3 ¿Quiénes viajan en el autocar?
4 ¿Por qué los transeúntes tienen envidia de ellos? ¿Esta envidia está justificada o no?
5 ¿Cómo reaccionan los presos y los fugitivos frente a los ataques aéreos?

1c Traduce al inglés las dos frases del texto desde "La caravana avanza" hasta "alguien los insulta".

2a 〰 Escucha el reportaje sobre la censura durante la dictadura y decide qué seis afirmaciones son correctas.

1 Los escritores que no se quisieron adherir a las reglas de la censura en España se fueron a vivir a otros países más democráticos.
2 Durante la Transición algunos decidieron volver a su país natal.
3 No tenían ningún problema en permitir escenas sensuales en películas españolas.
4 La censura afectó a las películas extranjeras y también a las películas españolas.
5 El divorcio era un tema frecuente en el cine español.
6 Cuando la película "Mogambo" fue doblada no tradujeron el guión al pie de la letra.
7 En la versión original de la película, Grace Kelly era la amante de Clark Gable y la esposa de Donald Sinden.
8 En la versión original de "Casablanca", Humphrey Bogart dijo que había participado en la Primera Guerra Mundial.
9 La Ley de Prensa de 1938 estuvo vigente hasta el fin de la dictadura.
10 El gobierno franquista solía insistir en que ciertos artículos fueran incluidos en la prensa.

Una película con fama internacional, pero que fue censurada en España

2b Corrige las cuatro afirmaciones incorrectas.

2c 〰 Escucha el reportaje de nuevo y haz un resumen de 90 palabras. Debes utilizar tus propias palabras, y debes incluir:

- el tipo de censura que existía
- el caso de la película "Mogambo" o "Casablanca"
- qué hizo el gobierno con La Ley de Prensa.

3 Traduce las frases al español.

1 More than half a million Spaniards perished in the civil war.
2 The Italians and the Germans signed a non-intervention agreement in 1936 but nonetheless they supported Franco's army.
3 The Nationalists assassinated Lorca in a place near to where he was born.
4 Antonio Machado wrote his poem "The Crime Was in Granada" in memory of his friend Federico García Lorca.
5 When the war ended many Republicans were frightened of reprisals and left Spain.
6 During the dictatorship, Franco introduced many strict laws, for example, he prohibited divorce.

4a Investiga con un(a) compañero/a algunos aspectos de la vida bajo la dictadura y luego presenta vuestras conclusiones a la clase. Podréis considerar:

- los derechos de las mujeres
- los derechos de los obreros
- el poder de la Iglesia Católica
- las leyes sobre el aborto, la contracepción, el divorcio, la homosexualidad
- la censura de prensa y la censura cinematográfica.

4b Utiliza lo que has aprendido en tus investigaciones y en las presentaciones para escribir unas 300 palabras sobre este tema:

Describe algunos aspectos de la represión sufrida por los ciudadanos españoles durante la dictadura. En tu opinión ¿cuáles eran peores? Justifica tu respuesta.

Vocabulario

un dramaturgo *a playwright*
exaltar *to praise, to exalt*
ocultar *to hide*

Gramática

The preterite tense

The preterite tense is a simple past tense used for referring to completed actions in the past.

La Guerra Civil española **estalló** *en 1936.*

It is frequently used in conjunction with the imperfect tense which describes ongoing actions in the past.

See pages 149–151.

Expresiones claves

como resultado de
lesionar
en los años de la posguerra
posteriormente
por aquel entonces

A: La evolución de la monarquía en España

El rey de España, Felipe VI, al lado de sus padres Juan Carlos I y la Reina Sofía

1 Trabaja con un(a) compañero/a. Considera las siguientes preguntas.

En esta unidad hay referencia a tres sistemas de gobierno – una república, una dictadura y una monarquía constitucional. Considera:

- ¿Cuáles son las características de cada uno?
- ¿Cuáles son los puntos a favor/en contra de cada uno?
- ¿Para qué sirve una familia real?

Luego compartid vuestras ideas con la clase.

2a Lee este texto que da un breve resumen de la historia de la monarquía contemporánea de España y empareja cada palabra con su definición.

El día de su nacimiento en 1886 Alfonso XIII se convirtió en rey de España puesto que su padre, Alfonso XII, había fallecido cinco meses antes. Hasta que cumplió dieciséis años en 1902, su madre, María Cristina, desempeñó el papel de regente. Su reinado duró hasta abril de 1931 cuando fue declarada la Segunda República y él partió al exilio a Roma, donde falleció diez años más tarde.

Entre 1902 y 1923, el reinado personal de Alfonso fue una monarquía constitucional pero posteriormente dio su apoyo al régimen dictatorial del General Miguel Primo de Rivera, lo que le convirtió en un símbolo de opresión de la clase trabajadora. En 1931, esto condujo a la caída de la monarquía y al establecimiento de la república.

En diciembre de 1931 el gobierno republicano adoptó una nueva constitución que, entre otras cosas, permitió la libertad de expresión, legalizó el divorcio e instauró el sufragio femenino. También el nuevo gobierno otorgó el derecho de autonomía a Cataluña y el País Vasco y llevó a cabo reformas agrarias.

Sin embargo no se cumplieron todas las expectativas de la República; la violencia entre la izquierda y la derecha se intensificó; estallaron huelgas e intentos revolucionarios y por fin en julio de 1936 un grupo de generales dirigidos por el General Franco inició un alzamiento militar que se tradujo en la Guerra Civil. Siguieron cuarenta años de dictadura bajo Franco y durante aquellos años España sufrió aislamiento internacional y represión interna.

Ya viejo, en 1969 Franco nombró al príncipe Juan Carlos, nieto del rey exiliado Alfonso XIII, como sucesor suyo a título de rey, anteponiéndole a su padre Don Juan de Borbón que era el legítimo heredero de Alfonso XIII, y en la creencia que el régimen franquista perviviría. Afortunadamente Franco se había equivocado y a su muerte, en 1975, la monarquía constitucional fue restaurada y así empezó la transición a la democracia.

Vocabulario

anteponer *to put before*
la caída *the fall*
equivocarse *to be wrong*
fallecer *to die*
una huelga *a strike*
pervivir *to survive*
posteriormente *later*
el reinado *the reign*

1 instaurar
2 otorgar
3 la autonomía
4 reformas agrarias
5 estallar
6 un alzamiento

a el derecho a autogobierno
b un movimiento de protesta
c ocurrir de manera repentina y violenta
d establecer una ley
e conceder
f mejoras en asuntos relacionados con la agricultura

2b Contesta las preguntas.

1 Describe el papel de María Cristina y explica por qué fue necesario que lo jugara.
2 ¿Cómo cambió durante su reinado la forma de monarquía encabezada por Alfonso XIII?
3 ¿Qué innovaciones introdujo el gobierno republicano?
4 Describe las circunstancias que condujeron al golpe de estado de 1936.
5 ¿De qué manera imprevista se comportó Juan Carlos al acceder al trono?

2c Traduce al inglés el último párrafo del texto desde "Ya viejo" hasta "a la democracia".

3 **Lee el texto sobre La Ley de la Memoria Histórica y escoge las tres afirmaciones correctas.**

Después de la muerte de Franco en 1975 España avanzó rápida y pacíficamente hacia la democracia, tratando de olvidar los conflictos del pasado y en 1977 los Pactos de la Moncloa garantizaron la impunidad de los antiguos líderes franquistas quienes de otra manera se podrían haber enfrentado a cargos penales. En contraste, en 2007 la controvertida Ley de la Memoria Histórica reavivó aquellos recuerdos a fin de obtener reparación para los que sufrieron persecución o violencia durante la Guerra Civil y los años de la dictadura.

Entre los objetivos del promotor de esa ley, el presidente socialista José Luis Rodríguez Zapatero, figuró la eliminación de los monumentos en honor a Franco y su régimen, y que se encontraban en todo el país. Además la ley otorgó el derecho a excavar fosas comunes para identificar mediante pruebas de ADN a los desaparecidos – las víctimas de la guerra cuyas familias previamente no habían tenido noticias de su paradero.

No obstante, hubo un cambio de gobierno antes de que Zapatero pudiese llevar a cabo todos sus proyectos, entre los cuales destaca su propuesta frustrada de trasladar el cuerpo de Franco de su tumba en el Valle de los Caídos y transformar el valle en un monumento a todas las víctimas de la guerra, no solo las del bando nacionalista.

■ Vocabulario

los cargos penales *criminal charges*
las fosas comunes *mass graves*
la impunidad *impunity*
el paradero *whereabouts*
reavivar *to rekindle*
trasladar *to move, to transfer*

1   Después de la Guerra Civil la gente española no quería recordar los conflictos.
2   El objetivo de la Ley de la Memoria Histórica fue ocultar lo que había pasado en la Guerra Civil.
3   Los partidarios de Franco no tuvieron que enfrentarse a sanciones penales.
4   El Presidente Zapatero estaba a favor de mantener las efigies de Franco.
5   Treinta y dos años después de la muerte de Franco las familias de los que habían perecido en la guerra obtuvieron el derecho de investigar lo que les había pasado a sus antepasados.
6   Zapatero consiguió la retirada del cadáver de Franco del Valle de los Caídos.

4   ⟋⟍ **Escucha un fragmento de la carta escrita el 15 de julio de 1969 en la que el príncipe Juan Carlos comunica a su padre, Don Juan de Borbón, que Franco le había nombrado sucesor a título de rey, y escribe *en la tercera persona* un resumen de unas 90 palabras de lo que dice Juan Carlos a su padre. Debes utilizar tus propias palabras. Incluye:**

- información sobre las noticias que ha recibido
- por qué tiene que aceptar el reto
- sus sentimientos.

5 **Traduce estas frases al español. Para cada una tendrás que incluir un verbo en el imperfecto o pluscuamperfecto del subjuntivo.**

1   It was not surprising that strikes broke out during the Second Republic.
2   If his father had not died, Alfonso XIII would not have become king so soon.
3   After some health problems it was probable that Juan Carlos would abdicate.
4   Did you doubt that it was a good idea to move Franco's remains?

⊞ Gramática

The imperfect subjunctive

There are two possible forms of the imperfect subjunctive. The stem for both forms is the third person plural of the preterite. In the imperfect subjunctive, the options for *comprar* are:

Yo: *comprara* or *comprase*
Tú: *compraras* or *comprases*
Él/Ella: *comprara* or *comprase*
Nosotros: *compráramos* or *comprásemos*
Vosotros: *comprarais* or *compraseis*
Ellos/Ellas: *compraran* or *comprasen*

This can be used for a situation where you'd normally use the imperfect but the mood or phrase that comes before it needs the subjunctive:

*Fue una vergüenza que Franco **causara** la muerte de tantos inocentes.*

See pages 154–155.

■ Expresiones claves

Es dudoso que
Existe la posibilidad de que

Lamento que
Después de que
Con tal que
Quienquiera

B: La evolución de la monarquía en España

1a **Lee la información sobre algunas fechas claves del reinado de Juan Carlos I y decide si las afirmaciones a continuación son Verdaderas (V), Falsas (F), o No mencionadas (N).**

El 22 de noviembre de 1975: Don Juan Carlos fue proclamado rey y expresó su intención de restablecer la democracia.

El 15 de junio de 1977: las primeras elecciones libres en 41 años.

El 6 de diciembre de 1978: La Constitución fue aprobada.

El 3 de abril de 1979: las primeras elecciones municipales.

El 23 de febrero de 1981: un fallido golpe de estado a manos del teniente coronel Antonio Tejero y otros militares. Gracias a la intervención del rey todo salió bien.

El 30 de mayo de 1982: En un referéndum los españoles votaron por la permanencia de España en la OTAN.

El 1 de enero de 1986: España entró en la Comunidad Económica Europea (ahora la Unión Europea).

Julio y agosto de 1992: Los Juegos Olímpicos de Barcelona en que participaron casi diez mil atletas. ¡España ganó trece medallas de oro mientras que en toda su historia olímpica previa solo había logrado cuatro!

El 1 de enero de 2002: Con la entrada en circulación del euro, España se hizo miembro de la zona del euro.

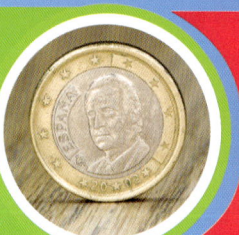

El 11 de marzo de 2004: una serie de cuatro ataques por terroristas islamistas en trenes en los alrededores de Madrid.

El 2 de junio de 2014: El Rey Juan Carlos anunció su abdicación a favor de su hijo Felipe.

1   El intento golpista fallido de 1981 se denomina "El Tejerazo".
2   Los españoles ganaron más medallas de oro en los Juegos Olímpicos de 1992 que en 1988.
3   Los españoles hubieran preferido no ser miembros de OTAN.
4   Las primeras elecciones nacionales y municipales de la Transición tuvieron lugar en el mismo año.
5   España escogió cambiar su moneda nacional en 2002.
6   Los ataques terroristas de 2004 se centraron en la red ferroviaria.

1b **Traduce las siguientes frases al español.**

1   Since the beginning of the dictatorship until 1977, the Communist Party had been prohibited.
2   Many Spanish people remember the 23rd February 1981 when there was an attempt to overthrow the democratic government.
3   Spain became a member of the European Union in 1986 and it entered the Eurozone in 2002.
4   On the other hand, 2004 was a very sad year because of the attacks in Madrid.

2 〜 Escucha esta información sobre la reina Letizia y luego escribe en español un resumen de unas 90 palabras. Utiliza tus propias palabras e incluye:

- detalles de su vida privada antes de casarse con Felipe
- información sobre su vida profesional
- algo sobre su matrimonio con Felipe, y su familia.

3a Lee este texto sobre el apoyo de los españoles a su familia real y empareja el vocabulario con su definición.

La Monarquía ha logrado un respaldo récord en España en los últimos tiempos. En solo un año de reinado de Felipe VI, el aval de los españoles a la forma de Estado establecida por la Constitución ha alcanzado el 61,5%, un porcentaje superior al que gozaba la Corona en los tiempos aún boyantes del Rey Juan Carlos (60%), previos a la crisis generada por su viaje a Botsuana, y mayor aún al dato que se produjo en enero de 2014, en vísperas de la abdicación, cuando la Monarquía suspendió con un apoyo de solo el 49,9%.

Así lo pone de manifiesto una encuesta elaborada para "El Mundo" con motivo del aniversario de la proclamación del Monarca. Claro que éste aún no ha alcanzado el nivel de popularidad que tenía su padre en aquellos primeros meses de 2012, pese a que entonces ya había estallado el caso *Nóos** y La Zarzuela acababa de expulsar de la agenda a Iñaki Urdangarin. Juan Carlos I tenía un 76% de apoyo entre los españoles. *("El Mundo", junio de 2015)*

[* El caso Nóos es un caso de presunta corrupción y fraude que comenzó en 2010 en el que están implicados La Infanta Cristina, hermana de Felipe VI, y su marido Iñaki Urdangarin.]

1	un respaldo	**a**	que se desarrolla de forma favorable
2	el aval	**b**	una residencia real
3	boyante	**c**	apoyo
4	en vísperas de	**d**	la aprobación
5	poner de manifiesto	**e**	antes de
6	La Zarzuela	**f**	dejar en claro

3b Traduce el primer párrafo del texto al inglés desde "La Monarquía" hasta "el 49,9%".

3c Haz una investigación para descubrir a qué se refiere "la crisis generada por su viaje a Botsuana" y escribe un párrafo de unas 80 palabras en español describiendo lo que pasó y cómo reaccionaron los españoles.

4 Trabaja con un(a) compañero/a. Considera la siguiente pregunta:

¿Es necesario tener una monarquía en España hoy en día? Considera los puntos positivos y negativos de tener una monarquía.

🔖 Estrategias

Recognising ordinal numbers

1st *primero*		7th *séptimo*	
2nd *segundo*		8th *octavo*	
3rd *tercero*		9th *noveno*	
4th *cuarto*		10th *décimo*	
5th *quinto*		11th *undécimo*	
6th *sexto*		12th *duodécimo*	

- Ordinal numbers are adjectives and therefore agree with their noun: *Felipe sexto* – Felipe the sixth; *la Segunda Guerra Mundial* – the Second World War.

- *Primero* and *tercero* are shortened to *primer* and *tercer* before a masculine singular noun – *el tercer hombre*; *el primer día*.

- Normally, after 10th, cardinal numbers are used – *el siglo veintiuno* – the 21st century; *Alfonso trece* – Alfonso the thirteenth.

1 Entre los países latinoamericanos hay muchos ejemplos de dictaduras. Con la ayuda de Internet si quieres, empareja los nombres de los siguientes dictadores con sus países.

1 Porfirio Díaz (1884–1911)		**a**	Chile
2 Anastasio Somoza (1950–1956)		**b**	Cuba
3 Fidel Castro (1959–2008)		**c**	México
4 Augusto Pinochet (1973–1990)		**d**	Panamá
5 Manuel Noriega (1983–1989)		**e**	Nicaragua

2a Lee este texto sobre Manuel Noriega y busca las traducciones de las palabras de a continuación (para los verbos (v), da el infinitivo).

El caso de Panamá y Manuel Noriega

El General Manuel Noriega nació en Panamá en 1934. En 1983 estableció una dictadura en la que sumió al país en una grave crisis económica, política y social. Seis años más tarde los Estados Unidos invadieron el país provocando numerosas muertes tanto civiles como militares y causando el desmantelamiento de las fuerzas militares panameñas, el caos económico y social en el país y la posterior rendición y arresto de Noriega.

En 1992, fue juzgado en los Estados Unidos y condenado a una pena de 40 años de reclusión por narcotráfico, blanqueo de dinero y crimen organizado. La pena se rebajó posteriormente a 30 años y luego a 20 años por 'buena conducta'. En 2008, permanecía en una cárcel de Miami cuando Francia solicitó su extradición porque había sido condenado en 2010 por la justicia francesa a siete años de cárcel por blanquear dinero del narcotráfico. Noriega permaneció en la cárcel parisina de La Santé hasta su extradición hacia Panamá el 11 de diciembre de 2011.

Convertido en un creyente en Dios, en junio de 2015 el ex dictador Manuel Noriega sorprendió a Panamá con un mensaje televisado desde su cárcel en el que el último dictador de Centroamérica pidió perdón por sus acciones.

Insistió en que sus palabras eran resultado de conversaciones con su familia y "con la Iglesia" para propiciar "un acto de contrición" en un intento por "cerrar el ciclo" de la era militar en Panamá. Leyendo de sus notas, dijo: "Pido perdón a toda persona que se sienta ofendida, afectada, perjudicada o humillada por mis acciones o las de mis superiores en el cumplimiento de órdenes o las de mis subalternos dentro del estatus de responsabilidad de mi Gobierno civil y militar". Noriega murió en mayo 2017.

Vocabulario

cerrar el ciclo *to bring closure*
el cumplimiento *the fulfilment*
propiciar *to bring about*
el subalterno *the subordinate*

1	plunged	**5**	imprisonment
2	the dismantling	**6**	money laundering
3	Panamanian	**7**	requested/applied for
4	the surrender	**8**	Parisian

2b Escribe un resumen en español de 90 palabras del texto. Debes utilizar tus propias palabras. Menciona:

- cómo sufrió Panamá bajo la dictadura de Noriega
- qué sucedió cuando invadieron los estadounidenses
- el destino de Noriega.

2c Traduce al inglés los dos primeros párrafos del texto, desde "El General" hasta "diciembre de 2011".

3a ∿ Escucha el reportaje sobre la revolución cubana y escribe las fechas de los siguientes sucesos. A veces necesitas el día, el mes y el año, y a veces solo el mes y el año.

1 La fecha del primer intento de Fidel Castro de derribar a Fulgencio Batista
2 La fecha de su llegada a La Habana para el segundo intento
3 La fecha en que fueron establecidas las relaciones con la Unión Soviética
4 La fecha de la ruptura de relaciones entre los EEUU y Cuba
5 La fecha de la Crisis de los Misiles
6 La fecha del establecimiento de relaciones entre EEUU y Cuba

3b ∿ Escucha el reportaje otra vez y contesta las preguntas en español.

1 ¿Quién era Fulgencio Batista?
2 ¿Cuánto tiempo pasó Castro en la cárcel?
3 ¿Adónde fue después de la amnistía?
4 ¿Con quién colaboró?
5 Menciona dos de las reformas que llevó a cabo al hacerse primer ministro.
6 ¿Por qué iniciaron los EEUU el embargo contra Cuba?
7 ¿Por qué fue tan grave la Crisis de los Misiles?
8 ¿Cómo se resolvió la situación?
9 ¿Qué consiguió hacer el Presidente Obama?

4 Traduce las siguientes frases.

1 It is a pity that some countries still have autocratic dictators.
2 It is shameful that so many people have suffered at the hands of those monsters.
3 It was surprising that finally Noriega decided to ask for forgiveness for his actions.
4 We were hoping that democracy would soon be established.

5 Realiza una investigación en más profundidad sobre la dictadura de Manuel Noriega y luego escribe unas 300 palabras incluyendo:

- una breve introducción sobre las circunstancias que llevaron a su dictadura
- como trató a los ciudadanos y tu opinión sobre su comportamiento
- que puso fin a su dictadura y cómo es la situación política actual en Panamá.

6 Con un(a) compañero/a, discute estas preguntas y luego compartid vuestras ideas con la clase:

- ¿Se puede perdonar a un dictador como Noriega? ¿Por qué/por qué no?
- ¿Piensas que algunas veces se puede justificar un régimen dictatorial?
- ¿Conoces ejemplos actuales de dictaduras?
- ¿Qué papel tienen los medios de comunicación bajo una dictadura?

Fidel Castro, que llegó al poder en la revolución cubana de 1959

📖 Gramática

Sequence of tenses

This simply means that the tense of the verb in the main clause determines the tense of the verb in the subordinate clause. That is, the tenses of the two clauses follow a specific sequence.

Tense in main clause → + *que* → Subordinate clause
present → *que* → present subjunctive
(sometimes) present → *que* → perfect subjunctive
preterite → *que* → imperfect subjunctive
imperfect → *que* → imperfect subjunctive
future → *que* → present
conditional → *que* → imperfect

■ Expresiones claves

Se puede perdonar/no se puede perdonar
la gente puede cambiar
el efecto en la sociedad
ejercer control sobre la población
cometer un delito

Vocabulario

arresto domiciliario *house arrest*
los cargos *legal charges*
denominar *to denominate*
el golpe de estado *coup d'etat*
extraditar *extradite*
quebrantamiento *breaking/ violation*

1 〜 Escucha el reportaje sobre el dictador chileno, Augusto Pinochet, y decide si las afirmaciones son Verdaderas (V), Falsas (F) o No mencionadas (N).

1 El alzamiento fue dirigido por militares chilenos.
2 El gobierno norteamericano apoyó al Presidente Salvador Allende.
3 Después del golpe de estado Allende se exilió.
4 Durante la dictadura de Pinochet había mucha censura de prensa y censura cinematográfica.
5 Muchas personas desaparecieron sin dejar huella a causa de su oposición al régimen dictatorial.
6 Los ferrocarriles chilenos fueron privatizados en 1981.
7 Hubo un referéndum para aprobar la constitución.
8 Pinochet ganó las elecciones de 1981.
9 Pinochet vino al Reino Unido en 1998 por razones de salud.
10 Después fue extraditado a España.

2a Practica los consejos de las Estrategias. Lee el texto rápidamente sin buscar vocabulario. Escribe una frase corta resumiendo su contenido. Después, compara tus respuestas con las de otro estudiantes.

En su libro "Paula", Isabel Allende, la famosa escritora chilena y la sobrina del Presidente Allende, cuenta lo que pasó en Santiago de Chile el fatídico 11 de septiembre de 1973, día del golpe de estado militar. En este fragmento, el Presidente está en su despacho, resistiendo al golpe que acaba de estallar.

Estrategias

Reading for gist

Reading for gist is a skill you have acquired subconsciously in your own language. In another language it isn't as easy and you must accept that you won't understand every word. To answer a comprehension or a similar exercise, focus on what you DO know, using common sense and guesswork to complete the jigsaw. Also:

- Look for cognates.

- Read a sentence that confuses you carefully several times and it will become clearer.

- Try skimming – rapid reading to get the main ideas.

- Try scanning – searching for specific information and ignoring the irrelevant.

Los generales, que no esperaban tanta resistencia, no sabían cómo actuar y no deseaban convertir a Allende en héroe, le ofrecieron un avión para que se fuera con su familia al exilio. "Se equivocaron conmigo, traidores," fue su respuesta. Entonces le anunciaron que comenzaría el bombardeo aéreo. Quedaba muy poco tiempo. El Presidente se dirigió por última vez al pueblo a través de la única emisora de radio que aún no estaba en manos de los militares insurrectos. Su voz era tan pausada y firme, sus palabras tan determinadas, que esa despedida no parece el postrer aliento de un hombre que va a morir, sino el saludo digno de quien entra para siempre en la historia.

Salvador Allende, el Presidente de Chile 1970–1973

Seguro Radio Magallanes será acallada y el metal tranquilo de mi voz no llegará a ustedes. No importa. Lo seguirán oyendo. Siempre estaré junto a ustedes ... Sigan ustedes sabiendo que mucho más temprano que tarde se abrirán las grandes alamedas por donde pasa el hombre libre para construir una sociedad mejor. ¡Viva Chile! ¡Viva el pueblo! ¡Vivan los trabajadores!

2b **Elige las tres frases incorrectas y luego corrígelas.**

1 El golpe de estado contra el líder legítimo de Chile tuvo lugar en la capital.
2 Allende no quiso luchar contra los sublevados.
3 Les sorprendió a los generales la tenacidad del presidente.
4 No querían que consiguiera la admiración del pueblo.
5 Le ofrecieron a Allende una manera de escaparse.
6 Los militares propusieron que Allende hablara al pueblo a través de la radio.
7 Cuando pronunció su discurso habló con voz entrecortada.
8 Quiso que los trabajadores siguieran creyendo en su país.

3a **Lee el texto y busca los sinónimos de las siguientes palabras.**

1 rival
2 pasaron
3 derribado
4 riguroso
5 huella
6 ser relevado

Los desaparecidos de Latinoamérica

Según Amnistía Internacional entre los años 1966 y 1986, durante las dictaduras latinoamericanas, desaparecieron aproximadamente 90.000 personas en Guatemala, México, Perú, Bolivia, Argentina, Chile y Uruguay.

Familiares de los desaparecidos en Chile en una manifestación de 2016

Entre ellas, solo en **Chile** hubo más de 40.000 víctimas de la dictadura de Augusto Pinochet que tomó poder en el golpe de estado de 1973. Durante los primeros años Pinochet persiguió y eliminó sistemáticamente a sus adversarios políticos. No solo era gente del gobierno, sino también cualquier grupo que intentara organizarse contra la dictadura.

Entre los años 1973 y 1976 se produjeron la mayor parte de los asesinatos y desapariciones. La mayoría de los casos sucedieron en la calle. Algunas víctimas fueron violentamente secuestradas y muchas de ellas fueron torturadas para que dieran información sobre sus grupos. Muchas fueron asesinadas después, pero sus familiares no supieron nada de su destino. El gobierno de Pinochet nunca aceptó la existencia de los desaparecidos y con respecto a las violaciones de los derechos humanos dijeron que se trataba de una guerra contra el comunismo y en defensa de la democracia.

En **Argentina** en 1976, el gobierno de Isabel Martínez Perón fue derrocado por un golpe de estado militar. Entre aquel año y 1983 – un periodo bajo gobiernos militares como lo del General Jorge Rafael Videla – hubo una campaña implacable contra todos los que se opusieron a la dictadura. Durante este reinado de terror, más de 30.000 argentinos desaparecieron sin dejar rastro. Estas víctimas que eran principalmente estudiantes, profesores, periodistas e intelectuales fueron sacadas de sus hogares durante la noche y detenidas sin juicio en centros clandestinos de detención donde fueron interrogadas y torturadas. Las familias de aquellas víctimas no supieron nada de lo que les había pasado. No supieron si estaban vivas o muertas ni supieron nada de los centros de detención. Fue solo después de la restauración de la democracia en 1983 cuando los detalles empezaron a salir a la luz.

3b **Escribe cinco frases en español en las que expreses tu reacción al artículo. En cada frase tienes que incluir un verbo en el subjuntivo. Después, compara tus opiniones con las de la clase.**

3c **Haz un resumen de 90 palabras del texto de arriba. Debes utilizar tus propias palabras y debes incluir:**

- los países en donde ocurrió la desaparición de mucha gente
- lo que pasó en Chile en los años 70
- lo que pasó en Argentina y el destino de los desaparecidos en aquel país.

Expresiones claves

Es una vergüenza que
Parece inconcebible que
A mí me parece insoportable
Las cifras atestan que
Simpatizo con/Tengo mucha simpatía por
un régimen bárbaro e inhumano

¡Demuestra lo que has aprendido!

1 Empareja estas palabras de la unidad "Monarquías y dictaduras" con sus sinónimos.

1	un golpe de estado	**a**	después
2	las potencias	**b**	la carretera
3	los sublevados	**c**	un alzamiento
4	el apoyo	**d**	la muerte
5	la calzada	**e**	cometer un error
6	la contienda	**f**	los poderes
7	posteriormente	**g**	sobrevivir
8	el fallecimiento	**h**	la abducción
9	pervivir	**i**	el soporte
10	equivocarse	**j**	incesante
11	trasladar	**k**	los insurgentes
12	derrocar	**l**	el conflicto
13	el secuestro	**m**	hacer caer
14	implacable	**n**	reubicar

2 Completa las frases con el nombre adecuado.

1 La Falange Española fue fundada por _____.

2 La novela "Soldados de Salamina" fue escrita por _____.

3 Después del asesinato de Lorca, _____ le dedicó un poema titulado "El crimen fue en Granada".

4 El Rey _____ abdicó en 2014.

5 El líder de Cuba desde 1959 hasta 2008 se llamaba _____.

6 _____ nació en Panamá en 1934.

7 El General _____ fue responsable de la desaparición de 30.000 argentinos.

8 El General _____, de Chile, vino al Reino Unido por razones de salud.

3 Empareja las dos partes de las frases.

1 Cuando María Cristina dio luz a su hijo Alfonso, …
2 Durante la Segunda República hubo muchas reformas, …
3 El alzamiento militar fue instigado por el General Franco…
4 Franco decidió anteponer al legítimo heredero…
5 Durante las décadas de los 70 y 80 del siglo veinte muchos latinoamericanos…
6 Cuando vino al Reino Unido el dictador chileno recibió…
7 Gracias a las pruebas de ADN muchos argentinos…

a su marido ya había fallecido.
b sufrieron bajo dictadores despiadados.
c y sus contemporáneos en el ejército.
d el apoyo incondicional de la primera ministra.
e de la corona española a favor de Juan Carlos.
f han podido reunirse con sus verdaderas familias.
g como por ejemplo la legalización del divorcio.

4 Completa las frases, escogiendo el verbo más apropiado. ¡Cuidado! Sobran verbos.

1 Fidel Castro _____ todos los recursos cubanos.
2 Los estadounidenses no _____ que Castro se _____ con la URSS.
3 En 1986 Noriega _____ acusado de narcotráfico y blanqueo de dinero.
4 Fue inconcebible que tantas personas _____ bajo los dictadores latinoamericanos.
5 Ojalá que no se _____ tales horrores.

> es   nacionalizó   alinea   fue   alineara   repitan
> desaparecen   quisieron   repiten   nacionalizaba
> desapareciesen   quieren

5 Empareja el año con el suceso.

1	el nacimiento del Rey Felipe VI	**a**	1986
2	los Juegos Olímpicos de Barcelona	**b**	2004
3	la entrada de España en la Unión Europea	**c**	1992
4	las primeras elecciones libres en España en 41 años	**d**	1968
		e	1977
5	los atentados islámicos en Madrid		

¡Haz la prueba!

1 🔲 **Traduce el texto sobre los exiliados españoles al inglés.**

Entre 1936 y 1939, los años en que tuvo lugar la Guerra Civil, y durante la posguerra, miles de republicanos españoles atravesaron la frontera con Francia para huir de la violencia que supuso la contienda y las posteriores represalias una vez acabada esta.

La mayor avalancha de exiliados se produjo tras la pérdida de Barcelona por parte de la República, en febrero de 1939. El éxodo republicano a Francia llegó a un total de 440.000 refugiados.

En la mayoría de los casos, aquellos refugiados españoles tuvieron que soportar unas duras condiciones de vida, que se agravaron con el estallido de la Segunda Guerra Mundial.

[10 marks]

2 🔲 **Traduce esta continuación del tema del texto previo al español.**

The Spanish exiles did not always receive a warm welcome.

In some cases, the refugees were well received but in others they were viewed with hostility and even interned in concentration camps.

Other countries with a large number of Spanish exiles were Mexico, Argentina, Chile and Cuba and the UK, the USA and the Soviet Union.

[10 marks]

3 〜 **Escucha el reportaje sobre el Valle de los Caídos y para cada una de las preguntas, escoge la respuesta adecuada.**

1 El monumento del Valle de los Caídos fue construido para conmemorar a…
   a todas las víctimas de la Guerra Civil.
   b los partidarios de Franco que fallecieron durante la guerra.
   c los soldados republicanos.

2 Se sitúa…
   a al noreste de España.
   b en un sitio montañoso no muy lejos de la capital.
   c a unos cien kilómetros de Madrid.

3 El monumento…
   a causa muchas discusiones.
   b tiene una fuente magnífica.
   c fue construido muy rápidamente.

4 En el interior del monumento…
   a está enterrado el líder de los republicanos.
   b solo están enterrados soldados nacionalistas.
   c hay una basílica subterránea.

5 La Santa Cruz del Valle de los Caídos…
   a está a 150 metros de la basílica.
   b incluye representaciones de varias figuras religiosas importantes.
   c está hecha de mármol.

6 El monumento…
   a está muy bien conservado.
   b ha sido reformado recientemente.
   c ha sido deteriorado por las malas condiciones meteorológicas.

[6 marks]

4 📝 **Escoge uno de los dictadores latinoamericanos que has estudiado y escribe unas 300 palabras sobre su régimen. Puedes incluir:**

- cómo y cuándo empezó su dictadura
- cómo trató a sus opositores
- qué cambios efectuó en su país
- cuándo y cómo terminó su dictadura.

5 📝 **Después de leer el texto, escribe un párrafo de unas 90 palabras en español resumiendo lo que has entendido. Debes utilizar tus propias palabras. Incluye los siguientes puntos:**

- las razones por la evacuación e información sobre los responsables de su organización [2]
- detalles de su viaje, su llegada y sus posteriores destinos [3]
- algunos detalles sobre los evacuados. [2]

Hay cinco puntos adicionales por la calidad de tu español escrito.

[12 marks]

La odisea de los niños vascos en Inglaterra

Unos 35.000 niños españoles fueron evacuados de su país por causa de la Guerra Civil.

En 1937, tras largas negociaciones entre las organizaciones humanitarias y la Oficina de Relaciones Exteriores británicas, finalmente se permitió la entrada en Gran Bretaña de unos 4.000 niños vascos. Así, en mayo de aquel año llegaron a Southampton a bordo del Habana los niños evacuados que escapaban de los horrores de la Guerra Civil. Los menores viajaron acompañados por noventa y cinco maestras, ciento veinte auxiliares y quince sacerdotes, además de dos doctores y varias enfermeras.

Tanto en el muelle, a donde arribó el Habana, como después en tierra, los refugiados quedaron sorprendidos por la calurosa acogida que recibieron de los británicos. Numerosos representantes de las instituciones humanitarias y nombres famosos les dieron la bienvenida, pero lo que más les impresionó a los recién llegados fue la actuación del público que llenaba las calles, camino del campamento provisional que se llamaba "Basque Children's Camp".

Los evacuados tenían entre 7 y 15 años. Al establecerse una diferenciación entre los sexos, se observó que el número de niñas era inferior (1.705) al de los niños (2.156). Quinientos viajaban solos, sin la compañía de ningún hermano. Los demás formaban parte de agrupaciones de dos, tres y más hermanos.

Desde los primeros días de su estancia en el campamento de Stoneham, grupos de niños fueron saliendo de allí, de forma gradual, y fueron distribuidos por las diferentes colonias que ya estaban acondicionadas para la acogida. Las casas-residencia estaban repartidas por todo el Reino Unido, desde Escocia hasta el sur de Inglaterra. Al parecer, se organizaron más de un centenar de colonias.

📘 Consejo

Summarising a factual text

- When summarising a factual text, the important thing is to demonstrate that you have understood the text, and to express this as far as possible in your own words.

- Read the question and establish from the bullet points what you must include.

- Read the text carefully so that you understand it fully.

- Highlight the points in the text relating to the bullet points.

- Note the number of marks allocated to each bullet point.

- Write about one bullet point at a time and try to find synonyms and alternative ways of expressing the points in the text.

- Be aware of the 90-word limit. Don't write about everything in the text; stick to what you are asked for.

6 💬 **Lee este texto y complétalo, escogiendo palabras de la lista. ¡Cuidado! Sobran palabras.**

adecuadas	estaban
hogares	insatisfecha
disturbios	elegidos
incultura	lleva
atraso	malas
impedían	enfrenta
repartieron	

"Todas las guerras son [1]_____, pero una guerra civil es la peor de todas, pues [2]_____ al amigo con el amigo, al vecino con el vecino, al hermano contra el hermano. Hace casi ochenta años, entre 1936 y 1939, en tiempos de nuestros abuelos y bisabuelos, una espantosa guerra civil tuvo lugar en España. Causó miles de muertos, destruyó [3]_____, arruinó el país y llevó a mucha gente al exilio.

¿Por qué estalló?

Desde hacía cinco años, después de la marcha al exilio del rey Alfonso XIII, había en España una república democrática, con representantes [4]_____ por el pueblo. Sin embargo, el país venía de siglos de [5]_____ social y económico, y eso le impedía conseguir la estabilidad. Había mucha pobreza, [6]_____ y desigualdades sociales, con clases dirigentes acomodadas y grandes masas necesitadas, y buena parte de los españoles se mostraba [7]_____ con aquel estado de cosas. La tierra no era de quien la trabajaba, y las condiciones laborales en las fábricas eran a menudo injustas. Eso daba lugar a [8]_____ y algaradas que alteraban el orden público e [9]_____ la estabilidad política necesaria para aplicar las reformas [10]_____. Unos querían dar más poder al pueblo, y otros limitarlo."

[10 marks]

Arturo Pérez-Reverte
La Guerra Civil contada a los jóvenes
Alfaguara, 2015

7 ✏️ **Escribe unas 300 palabras sobre:**

¿Cómo cambió España durante el reinado de Juan Carlos? Utiliza las imágenes para ayudarte.

8 💬 **Tres reyes de España. Utiliza tus conocimientos sobre la monarquía en España y luego discute las siguientes preguntas con un(a) compañero/a o tu profesor.**

Alfonso XIII — Juan Carlos I — Felipe VI

- ¿Por qué abdicó el Rey Alfonso XIII en 1931? ¿Qué tipo de gobierno siguió a su abdicación y cuánto tiempo duró?
- ¿Cuándo fue restaurada la monarquía y quién escogió a Juan Carlos como rey? En tu opinión, ¿fue un buen rey?
- Describe la monarquía española actual.

5.1   La dictadura de Franco

el	abrigo	*shelter*
la	acera	*pavement*
el	acontecimiento	*event*
el	acuerdo	*agreement*
el	apodo	*nickname*
	aprovechar	*to take advantage of*
	asomar	*to show*
el	bisabuelo	*great grandfather*
el	cadáver	*corpse*
el	carro	*cart*
	ceniciento	*ashen*
la	comodidad	*comfort*
	crecer	*to grow (up)*
el	doblaje	*dubbing*
	doblar	*to dub*
el	dramaturgo	*dramatist*
el	ejército	*army*
las	entrañas	*guts*
	entregar	*to hand over*
	estallar	*to break out*
	evitar	*to avoid*
	fantasmal	*ghostly*
	firmar	*to sign*
el	fragmento	*extract*
la	fragua	*forge*
el	frente	*(war) front*
la	fuga	*flight*
el	fusil	*gun*
la	hoz	*scythe*
	huir	*to flee*
	labrar	*to work*
	lejano	*distant*
el	liderazgo	*leadership*
	llevar a cabo	*to carry out*
	luchar por	*to fight for*
la	madrugada	*early hours*
	natal	*of birth*
	obrero	*working-class*
el	pelotón	*squad*
	penosamente	*sadly*
el	plomo	*lead*
el	preso	*prisoner*
	protagonizar	*to star in*
	recorrer	*to travel (through)*
	registrar	*to examine/search*
	regresar	*to return*
	rezar	*to pray*

	sacudir	*to shake/disturb*
el	sindicato	*trade union*
	sobrevolar	*to fly over*
	suministrar	*to provide*
la	temporada	*season*
el	transeúnte	*passer-by*
el	túmulo	*burial mound*
el	verdugo	*executioner*
el	yunque	*anvil*

5.2   La evolución de la monarquía en España

	ADN	*DNA*
	agrario	*agrarian*
el	aislamiento	*isolation*
el	alzamiento	*uprising*
	anteponer	*to put before*
la	autonomía	*self-rule*
el	aval	*endorsement*
	boyante	*buoyant*
la	caída	*fall*
el	cargo penal	*criminal charge*
	controvertido	*controversial*
	desempeñar un papel	*to play a part*
	destacar	*to stand out*
la	efigie	*effigy*
	elaborar	*to draw up*
	encabezar	*to lead/to head*
	enfrentar	*to face*
	equivocarse	*to be wrong*
la	expectativa	*expectation*
	fallecer	*to die*
	fallido	*failed*
la	fosa	*grave*
	hacerse	*to become*
el	heredero	*heir/successor*
en	honor a	*in honour of*
la	huelga	*strike*
	improvisto	*unexpected*
	instaurar	*to establish*
el	intento	*attempt*
	lograr	*to manage/to succeed*
	mediante	*by means of*
la	moneda	*currency*
	otorgar	*to grant*
	pacíficamente	*peacefully*
el	paradero	*location*
	perecer	*to perish*

la permanencia	*permanence/remaining*	
pervivir	*to survive*	
el plebeyo	*commoner*	
poner de manifiesto	*to bring to light*	
puesto que	*as*	
reavivar	*to revive*	
el régimen	*regime*	
el reinado	*reign*	
restablecer	*to reestablish*	
restaurar	*to restore*	
retirar	*to withdraw*	
el sufragio femenino	*women's suffrage*	
el teniente	*lieutenant*	
trasladar	*to move*	
en vísperas de	*on the eve of*	

5.3 Dictadores latinoamericanos

el acto de contrición	*act of contrition*
la alameda	*avenue*
el aliento	*breath*
arder	*to burn*
avasallar	*to overrun*
blanquear	*to launder*
el cañon	*the barrel (of gun)*
la cárcel	*prison*
la censura	*censorship*
conceder	*to concede*
condenar	*to condemn*
la conducta	*behaviour*
el cumplimiento	*fulfilment*
derribar	*to overthrow*
el derrocamiento	*overthrow (n)*
desembocar	*to break out*
el desmantelamiento	*dismantling*
desmantelar	*to dismantle*
el destino	*fate*
la emisora	*station (radio)*
entrecortado	*faltering*
esconderse	*to hide*
extraditar	*to extradite*
fallar	*to fail*
fatídico	*fateful*
los ferrocarriles	*railways*
la hacienda	*farm/estate*
implacable	*relentless*
iniciar	*to initiate*
irrumpir	*to barge in*

el opositor	*opponent*
la pena	*penalty, sentence*
el perjuicio	*damage*
perseguir	*to pursue*
posterior	*subsequent*
postrer	*last*
prenderse fuego	*to catch fire*
propiciar	*to bring about*
provocar	*to cause*
rebajarse	*to be lowered*
la reclusión	*imprisonment*
el recurso	*resource*
la rendición	*surrender*
el reo	*prisoner*
represivo	*repressive*
la ruptura	*break*
el sacerdote	*priest*
salir a la luz	*to come to light*
secuestrar	*to kidnap*
sin juicio	*without trial*
solicitar	*to ask for*
el subalterno	*subordinate*
suceder	*to happen*
sumir	*to plunge*
tanto … como	*as much/many … as*
el traidor	*traitor*
la violación	*violation*

6 Los movimientos populares

By the end of this section you will be able to:

	Language		Grammar	Skills
6.1	**La efectividad de las manifestaciones y las huelgas**	Consider and discuss how effective protests and strikes are	Use *if* clauses + pluperfect subjunctive	Develop and use a wider vocabulary
6.2	**El poder de los sindicatos**	Describe and discuss the power of trade unions	Use *if* clauses + imperfect subjunctive	Vary sentence structure to enhance speaking
6.3	**Ejemplos de protestas sociales**	Consider and discuss the 15-M Movement in Spain and the Mothers of the Plaza de Mayo in Argentina	Use the passive voice	Infer meaning from listening and reading

Tener el derecho a protestar es algo fundamental en una sociedad moderna, avanzada y democrática. En muchos países hispanohablantes, la crisis económica, las medidas de austeridad y los recortes en servicios sociales básicos han motivado que miles de personas salgan a protestar a la calle en los últimos años. Por eso, es un tema muy relevante hoy en día. Además, en algunos países hispanohablantes todavía queda mucho por hacer para que sus sociedades sean más justas y responsables. Tristemente, algunos gobiernos asfixian las protestas pacíficas. Las multas, los malos tratos, el uso excesivo de la fuerza y la impunidad policial ante los abusos están afectando el derecho a la libertad de expresión y reunión.

1 Sin usar un diccionario, ¿cuántas de estas palabras que están a la derecha reconoces? Compara tu respuesta con las de un(a) compañero/a.

2 Utilizando la imagen, explica a tu compañero/a lo que significan las estadísticas.

manifestantes **manifestar**
levantamiento protestar
huelga trabajadores
desobediencia movimiento
sindicato

¿Has participado en alguna manifestación en los últimos doce meses?

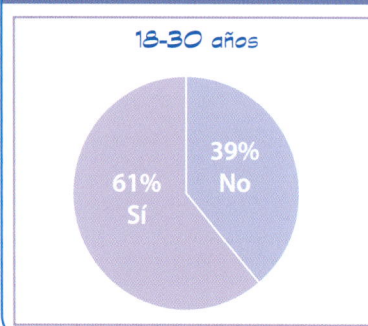
18-30 años
61% Sí
39% No

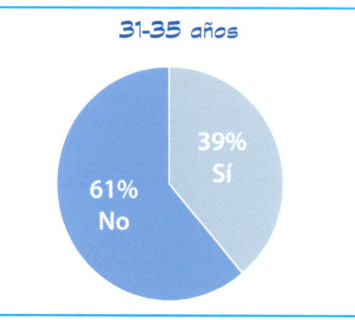
31-35 años
61% No
39% Sí

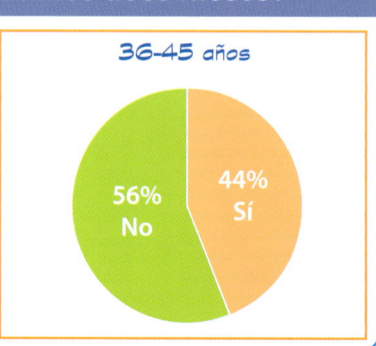
36-45 años
56% No
44% Sí

3 Lee la información en "¿Lo sabías?" y decide si las frases son Verdaderas (V), Falsas (F) o No mencionadas (N).

1 Los jóvenes son más apáticos en política que otros grupos de edad.
2 La participación de jóvenes en manifestaciones es algo que ocurre en toda Europa.
3 La sociedad española es una de las sociedades con más activismo.
4 La mayoría de los españoles no son miembros de un sindicato.
5 Los trabajadores guatemaltecos no tienen los mismos derechos que los de otros países avanzados.
6 Uruguay es uno de los peores países del mundo para los trabajadores.
7 En Argentina hay de media una manifestación cada 19 semanas.

4a Empareja el nombre del sindicato con el país hispánico donde existe. Busca por Internet para ayudarte.

1 Unión Sindical Obrera (USO)
2 Confederación de Trabajadores (CTM)
3 Confederación de Unificación Sindical (CUS)
4 Sindicato Único Nacional de la Construcción y Anexos (SUNCA)

a México   b Nicaragua   c Uruguay   d España

4b Navega por Internet, elige un sindicato y haz un pequeño resumen de sus objetivos.

5 Mira esta viñeta y contesta las preguntas.

- Traduce la viñeta.
- ¿Crees que es graciosa? ¿Por qué (no)?
- ¿Crees que la viñeta ofrece una representación verdadera de la apatía política?

El típico español manifestándose

"Debería tomar las calles para manifestar contra la pérdida de derechos y la austeridad, pero es que hoy echan un importantísimo partido entre el Jaén y el Marbella"

A: La efectividad de las manifestaciones y las huelgas

1 Con tu compañero/a, compara las diferentes imágenes de las manifestaciones sugeridas por las dos fotos de abajo.

- ¿Crees que es importante protestar?
- ¿Qué piensas de las manifestaciones violentas?
- ¿Has participado o te gustaría participar en una manifestación?

2 Lee el texto. Solo tres de las siguientes afirmaciones son correctas. Decide cuáles son.

1.100 maneras de protestar en España

Una parte de España protesta todos los días y el 91% de los españoles piensa que hay motivo para ello, según las encuestas. Cuando hace un año los sindicatos trataron de canalizar parte de la indignación general y promover una cumbre social, se encontraron con una dificultad extraordinaria: había más de 150 organizaciones de las que colgaban un número superior a los 950 grupos, asociaciones o plataformas. Unas admitían jerarquías, otras eran asamblearias, pero se comunicaban entre sí, eran transversales, herencia indudable del 15-M ya casi disuelto. Y la cifra ha seguido creciendo. Los análisis de la policía concluyen que el riesgo de violencia es bajo a pesar de la participación de elementos independentistas en Galicia, de grupos antisistema en Cataluña y antiguos 'comunistas' en otras regiones. Si este panorama es el preámbulo de un estallido social dependerá, a juicio de los expertos, de que la respuesta del gobierno no provoque más decepciones.

1 Pocos españoles piensan que hay motivos para protestar.

2 Resultó difícil para los sindicatos coordinar a todas las organizaciones.

3 El número de grupos, asociaciones o plataformas sigue aumentando.

4 La policía insiste en que se corre un gran riesgo de comportamiento violento.

5 Es importante que el gobierno se esfuerce en promover una sociedad estable.

6 El gobierno ya ha decepcionado a los españoles según los expertos.

3 〜 Escucha este reportaje sobre las protestas de un barrio sevillano y contesta las preguntas.

1 ¿Por qué estaban descontentos los vecinos sevillanos?

2 ¿Por qué decidieron actuar?

3 ¿Qué había por todas partes en el barrio?

4 ¿Qué hicieron hace dos semanas? Menciona dos cosas.

5 ¿Qué han hecho con las imágenes?

6 ¿En qué insisten los vecinos?

Vocabulario

arruinar *to ruin, to destroy*
estar harto *to be fed up*
una jeringuilla *a syringe*
llevar a cabo *to bring about*

4a Lee el texto y decide si las frases son Verdaderas (V), Falsas (F) o No mencionadas (N).

Huelga nacional en Argentina

El gobierno del nuevo presidente de Argentina, Mauricio Macri, se enfrenta a la primera huelga nacional. El paro, lanzado por la Asociación de Trabajadores del Estado (ATE), se centra en el rechazo a los despidos masivos de trabajadores estatales, pero también exige mejoras salariales y de las condiciones de trabajo. Bajo el nuevo gobierno, que llegó al poder en diciembre de 2015, los recortes de personal ya han afectado a miles de personas, la mayoría de las cuales trabajaba en instituciones estatales. La ATE ha denunciado que en los últimos dos meses más de 20.000 personas han sido despedidas "en todas las modalidades de contratación existentes en los tres niveles del Estado, a lo que se suman jubilaciones compulsivas", informa "Terra". Los despidos son resultado de la nueva política del gobierno de Mauricio Macri, que comenzó a revisar los contratos de la administración pública alegando que algunas personas cobran sueldo pero no realizan ninguna tarea: los llamados 'ñoquis'. Los trabajadores por su parte, afirman que los 'ñoquis' no existen y si un empleado no cumple con su trabajo, se determinaría con un "mínimo control", informa "La Tercera". Los trabajadores rechazan los despidos y exigen sus "inmediatas reincorporaciones". Los manifestantes también se oponen al nuevo Protocolo de Actuación de las Fuerzas de Seguridad del Estado sobre manifestaciones públicas, anunciado por el gobierno, que contempla en algunas situaciones la desconcentración a través del uso de la fuerza policial. Los trabajadores denuncian que este protocolo pretende 'regular' y 'criminalizar' la protesta.

La huelga en la Plaza de Mayo, Buenos Aires

1 El nuevo presidente de Argentina volvió a experimentar otra huelga nacional.
2 Los manifestantes exigieron que los sueldos aumentaran.
3 El gobierno forzó a muchos trabajadores a jubilarse.
4 Los trabajadores rechazaron que existieran los ñoquis.
5 Los ñoquis cobran sueldo cuando trabajan a tiempo parcial.
6 El gobierno no quiere reducir el poder de los manifestantes.

4b Traduce las tres primeras frases del texto desde "El gobierno" a "instituciones estatales".

5 Completa las frases con la forma adecuada de los verbos entre paréntesis.

1 Si el nuevo presidente no _____ (despedir) a tantos trabajadores, la huelga no _____ (ocurrir).
2 Si los residentes de Sevilla no _____ (protestar), la situación _____ (empeorar).
3 Si sus sueldos _____ (ser) más altos, los argentinos no _____ (quejarse).
4 Si los gobiernos _____ (hacer caso) a las exigencias de sus ciudadanos, la manifestación no _____ (tener lugar).

6 Haz una presentación de dos minutos sobre la efectividad de las manifestaciones y las huelgas. Utiliza la información y ejemplos de estas páginas y busca por Internet más ejemplos si es necesario.

🔲 Gramática

If clauses + pluperfect subjunctive

If clauses + pluperfect subjunctive are used to indicate situations that are contrary to events in the past. The sentence describes a past possibility that **did not** happen.

These clauses have two parts: the condition, or **si** clause, and the main or result clause which indicates what would have happened if the condition of the *si* clause had been possible. The second clause is in the conditional perfect.

Si no hubiera asistido a la manifestación, no me habrían detenido.
If I hadn't gone to the demo they wouldn't have arrested me (but I **did** go to the demo so I **did** get arrested.)

Si hubiéramos visto a nuestro vecino, habría sabido que habíamos venido.
If we had seen our neighbour, he would have known we had come.

See page 155.

■ Expresiones claves

destacar el problema
la publicidad en la prensa
una manifestación pacifista/violenta
rechazar la propuesta del gobierno
abierto al diálogo
llevar a cabo negociaciones

1 Lee el artículo y haz un resumen de no más de 90 palabras usando tus propias palabras. Incluye:

- qué han hecho algunas personas a medianoche
- por qué protestaban
- qué hizo la policía
- qué ha hecho Greenpeace.

Decenas de personas reciben a la 'ley mordaza' con una protesta silenciosa cerca del Congreso

Decenas de personas han recibido a medianoche la entrada en vigor de la Ley de Seguridad Ciudadana, conocida popularmente como 'ley mordaza', con una protesta silenciosa en las proximidades del Congreso de los Diputados. Los congregados, en menor número que en la protesta llevada a cabo horas antes entre la Plaza de Neptuno y la Puerta del Sol, han vuelto a simbolizar su denuncia contra las restricciones que conlleva la ley poniendo mordazas en sus bocas. Con gran parte de los participantes sentados en señal de protesta, el silencio ha sido uno de los protagonistas del acto, solo roto con aplausos y consignas como "que no, que no tenemos miedo" o llamamientos a la desobediencia. El acto de rechazo se ha dado por concluido sin incidentes relevantes pocos minutos después. De manera simbólica, muchos de los participantes han dejado sus mordazas atadas en las vallas colocadas por la Policía Nacional impidiendo el acceso a la zona más cercana al Congreso.

Varios furgones policiales ha rodeado la sede de la Cámara Baja de manera preventiva durante la concentración silenciosa, mientras los agentes vigilaban el desarrollo del acto.

Un acto de protesta que se ha inundado de personas con mordazas tapándose sus bocas como símbolo de la pérdida de libertades que entienden que supone esta ley. Protagonismo especial ha tenido la iniciativa de Greenpeace que ha querido ilustrar el rechazo a esta norma con una figura de un león de grandes proporciones a imitación de los dos que presiden la fachada de entrada al Congreso de los Diputados con una mordaza en su boca.

2 Escucha lo que dicen unos españoles sobre la 'ley mordaza' y anota quiénes están a favor y quiénes en contra de la ley.

3 Traduce al español.

> A woman from Alicante was fined 800 euros because she took a photo of a police car parked illegally in a street and uploaded it to Facebook. The new 'gag law' allows fining the unauthorised use of images of the security forces. The policemen believed that she had attacked their honour and they parked where they could because it was an emergency. Many Spaniards believe that the punishment was too severe. They think taking a photograph of the police or tweeting about a protest is not the same as taking drugs in the streets.

4 Empareja el delito, según la 'ley mordaza', con la descripción (a–e).

Cinco cosas que no puedes hacer por la 'ley mordaza':

1 Fotografiar a policías
2 Consumo de drogas en la vía pública
3 Impedir un desahucio
4 Tuitear sobre una protesta o manifestación venidera
5 Realizar una protesta en una "infraestructura que presta servicios básicos para la comunidad"

a Fumarse un porro en la calle o simplemente llevar encima una sustancia estupefaciente se penará con multas que van desde los 601 euros a los 30.000 euros.
b Las famosas movilizaciones para impedir que los bancos expulsen de sus casas a quien falle en el pago de la hipoteca, y que han llevado a Ada Colau a ser alcaldesa de Barcelona, ahora están perseguidas por la 'ley mordaza'.
c La nueva ley permite que se castigue al mismo nivel a quien organiza una protesta sin permiso que a quien difunde mensajes en las redes sociales sobre esa cita, aunque luego no acuda ni sepa cómo ha acabado la manifestación.
d Los típicos actos de protesta de Greenpeace, que muchas veces incluyen la escalada de una central nuclear y el despliegue de una pancarta.
e La 'ley mordaza' sanciona "el uso no autorizado de imágenes o datos personales o profesionales" de policías.

> ### 🏴 Estrategias
>
> ### Developing and using a wider vocabulary
>
> In order to build up a wider vocabulary, you should try to read Spanish newspapers, focusing on the topics you are studying. Type the title of your topic into the search engine to find the articles. Go through the articles with a highlighter pen and note down new vocabulary in a notebook, categorising the words under different headings. Have this notebook handy when doing written or spoken work and try to use them.

5 Discute en grupo o con un(a) compañero/a los resultados de este sondeo sobre la nueva ley.

* ¿Cuál es la estadística más/menos sorprendente?
* ¿Existen diferencias entre las edades o los votantes de partidos políticos?

6 Mira la viñeta de abajo y discute con un(a) compañero/a.

* ¿Cuál es el objetivo de la viñeta?
* ¿Crees que la 'ley mordaza' es una buena idea? ¿Por qué (no)?
* ¿Cuáles son los peligros de impedir el derecho a protestar?

7 Escribe un reportaje de 300 palabras sobre la 'ley mordaza'. Puedes mencionar:

* lo que es la nueva ley y algunas actividades prohibidas
* lo que piensan los españoles
* tu opinión personal.

> ### ◼ Expresiones claves
>
> entrar en vigor
> forteceler la seguridad
> protestar contra la pérdida de libertades

¿Considera que la ley de seguridad ciudadana está bien como está o cree que debería retirarse completamente?

■ Debería retirarse completamente
■ La ley está bien como está
□ No contesta

*La diferencia hasta 100 corresponde a No contesta / No se sabe

63%   21%   16%

	Votantes potenciales de				Edad		
	PP	PSOE	Pod.	C's	18-34	35-54	55 y más
La ley está bien	54	16	5	21	18	20	23
Debería retirarse	22	69	95	60	71	64	56

ME GUSTARÍA DECIR ALGO

MULTA

@ferranmartin

Estrategias

Improving your speaking

You should aim to use a wide variety of structures in your speaking. You could:

- use linking words to lengthen your sentences, e.g. *por eso, debido a esto*

- use subjunctive clauses to improve your range of language, e.g. *es importante que…*

- use opinion phrases, e.g. *a mi parecer*

- vary your word order by putting the verb before the noun, e.g. *están en paro más de 150.000 personas en Castilla y León*

- use exclamations, e.g. *¡Qué lástima!*

1 Lee la definición de un sindicato y discute con tu compañero/a las siguientes preguntas.

¿Qué es un sindicato?

Según la constitución española un sindicato es una organización que defiende y lucha por los intereses de los trabajadores contra los posibles abusos de la patronal.

- ¿Crees que los sindicatos son importantes para los trabajadores? ¿Por qué (no)
- Cuando trabajes en el futuro, ¿te gustaría afiliarte a un sindicato? ¿Por qué (no)
- ¿Conoces algún sindicato inglés?

2a Lee el texto y busca la traducción de las siguientes frases o palabras.

Los ocho de Airbus: "Quieren criminalizar a los trabajadores"

José, Raúl, Tomás, Enrique, Rodolfo, Edgar, Armando, Jerónimo. Son ocho trabajadores de la empresa Airbus, hasta ahora anónimos, pero involucrados en el que ya es el caso judicial de más relevancia para los sindicatos desde el proceso contra la cúpula de CCOO en 1972.

La Fiscalía pide ocho años de cárcel para cada uno de ellos por participar en un piquete durante la huelga general del 29 de septiembre de 2010 en el que se produjeron altercados. Es la mayor pena que se ha solicitado nunca en España por hechos similares desde que llegó la democracia. Los sindicatos ven detrás de este caso un intento de amedrentar a la clase trabajadora, desinflar las movilizaciones y criminalizar a los sindicatos.

Si por algo se caracteriza Airbus es por su paz social: en la empresa no recuerdan una huelga en años. Sin embargo, en los paros generales la movilización es intensa. Eran las primeras horas de la huelga del 29S de 2010 contra la reforma laboral del presidente José Luis Rodríguez Zapatero cuando, como en otras ocasiones, varios centenares de trabajadores y de personas llegadas de otros puntos del polígono industrial de Getafe se concentraron frente a la factoría de Airbus. Fue en la concentración de la puerta sur, donde se produjeron los altercados por los que ahora se pide ocho años de cárcel para los ocho trabajadores.

1	involved	**5**	arguments
2	leadership	**6**	to intimidate
3	Public prosecutor	**7**	peace
4	a picket	**8**	industrial zone/area

2b Lee el artículo otra vez y decide si las frases son Verdaderas (V), Falsas (F) o No mencionadas (N).

1 Desde al comienzo, el público supo los nombres de los ocho trabajadores.
2 El caso es uno de los más significativos de las últimas décadas.
3 El grupo ya ha pasado ocho años en una cárcel española.
4 Los sindicatos jugaron un papel esencial en el caso de los ocho trabajadores.
5 La empresa Airbus compensará a los ocho de Airbus.
6 Hubo disturbios en la concentración de la puerta de la factoría de Airbus.
7 Hubo muchos heridos durante los altercados en la factoría de Airbus.

3 Traduce al inglés.

> Los sindicatos son importantes en España desde hace casi un siglo ya que nacieron en plena era industrial para proteger los derechos de los empleados de las grandes fábricas. Los sindicatos más importantes de España son los encargados de llevar a cabo la negociación colectiva que vele por el bienestar de los trabajadores. Aspectos como el salario o las condiciones laborales son discutidos con sus afiliados para saber cuál es la opinión de la mayoría y así negociar con más fuerza.

4 〰 Escucha esta entrevista con Paco, el nuevo jefe de un sindicato que habla del poder de los sindicatos. Selecciona las cuatro frases correctas según lo que oyes.

1 Paco ya ha hecho que el poder de los sindicatos crezca.
2 Según él, su meta es apoyar a los delegados y aumentar la afiliación.
3 En Cantabria, actualmente hay más de 200.000 parados.
4 El gobierno debería esforzarse más para crear más trabajos.
5 El poder de los trabajadores crece gracias a los empresarios.
6 La crisis económica sigue empeorando en España.
7 La mayoría de los trabajadores ha salido del umbral de la pobreza.
8 Los trabajadores tienen más derechos gracias a las políticas gubernamentales.
9 Ciertos políticos han sido muy críticos con los sindicatos.
10 Será necesario sensibilizar a los españoles para que sepan cuáles son objetivos de los sindicatos.

> ### ■ Vocabulario
>
> **cubrir** to cover
> **descompensar** to unbalance
> **potenciar** to strengthen
> **el umbral** the threshold

5 Utiliza Internet para emparejar el sindicato con su descripción.

1 CGT **2** UGT **3** CCOO

a Aunque este tipo de asociaciones son totalmente libres e independientes, desde su nacimiento ha estado vinculado al Partido Comunista de España. Se define como un sindicato reivindicativo, de clase, unitario, independiente y participativo que orienta su lucha hacia la construcción de una sociedad socialista democrática.

b Al igual que el anterior, este sindicato también está vinculado desde su nacimiento a un partido político, en este caso el Partido Socialista Obrero Español. En su historia ha sufrido una transformación desde el marxismo hasta una orientación bastante más socialdemócrata.

c Quizás el que esté más a la izquierda ya que nació tras la separación de CNT y AIT, con una clara línea anarcosindicalista. Sus estatutos lo dejan bien claro, abogan por la conquista por parte del trabajador de los medios de producción, distribución y consumo para conseguir una emancipación total.

> ### ■ Vocabulario
>
> **abogar por** to stand up for
> **vinculado** linked to

6 Escribe un artículo de unas 300 palabras sobre los sindicatos en España. Puedes mencionar los siguientes puntos:

* los distintos sindicatos que existen
* el caso de los ocho de Airbus
* los objetivos de Paco, un líder de un sindicato
* tu opinión personal.

> ### ■ Expresiones claves
>
> Primero
> Para empezar
> es importante destacar
> en cuanto a
> de esta manera
> En resumen
> Finalmente

1a Lee las opiniones de estos cuatro jóvenes chilenos sobre los sindicatos chilenos y busca la traducción de las frases o palabras.

1 leaders
2 they agree
3 to bankrupt
4 fight

5 world of work
6 they rub shoulders with
7 they take advantage

¿Qué piensas de los sindicatos?

Los sindicatos son el único mecanismo que tienen los trabajadores para defender sus derechos. A veces los líderes de los sindicatos se ponen de acuerdo y, a menudo hacen huelgas para quebrar las empresas. **Manú**

No cabe duda de la importancia de los sindicatos para los chilenos. Muchos de los derechos que tienen los trabajadores chilenos existen gracias al trabajo, esfuerzo y lucha de los sindicatos. **Sonia**

A mi parecer los sindicatos intentan eliminar la explotación y la opresión sobre los trabajadores. Es más, ayudan a las personas que sufren algún tipo de discriminación o marginación en el ámbito laboral. **Javiera**

Si los dirigentes fueran más honestos, los sindicatos tendrían más importancia. A veces se codean con los patrones importantes y no defienden a los trabajadores sino que se aprovechan de ellos. **Pablo**

Gramática

If clauses + imperfect subjunctive

If clauses + imperfect subjunctive are used to indicate possibilities, things that are contrary to fact in the present. The consequence is therefore deemed to be impossible.

These clauses have two parts: the condition, or **si** clause, and the main or result clause which indicates what would happen if the condition of the **si** clause were possible. The second clause is in the conditional.

Si fuera un trabajador chileno, participaría en una huelga.
Si viniera mi jefe, le diría la verdad.

See pages 154–155.

1b Lee el texto otra vez. Identifica si las opiniones de los cuatro chilenos sobre los sindicatos son positivas (P), negativas (N), o positivas y negativas (P+N).

1c Lee lo que dicen Sonia y Pablo otra vez. ¿Estás de acuerdo con lo que dicen? ¿Por qué? Compara tu opinión con la de un compañero.

2 Traduce estas frases al español.

1 If more young people joined trade unions, they would be more powerful.
2 If you were a Chilean boss, you would be worried about trade unions.
3 If she were a leader of a trade union, she would defend the rights of my workers.
4 If the Chilean government were to ignore these people, there would be riots.
5 If we were suffering, we would want to receive their help.

3 〰〰 Escucha este reportaje sobre la huelga de profesores en Argentina. Escribe un resumen usando un máximo de 90 palabras. Debes incluir los siguientes puntos en tu resumen:

- las razones para la huelga
- si todos los profesores han respaldado la huelga
- qué más piden los profesores.

> ■ **Vocabulario**
>
> **cobrar** *to earn*
> **evitar** *to avoid*
> **investir** *to invest*
> **un sueldo** *salary/wage*

4a Mira las estadísticas sobre lo que piensan los mexicanos de los sindicatos y discútelas con tu compañero/a. Utiliza las expresiones claves para ayudarte.

¿Usted cree que en México existe la libertad dentro de los sindicatos?

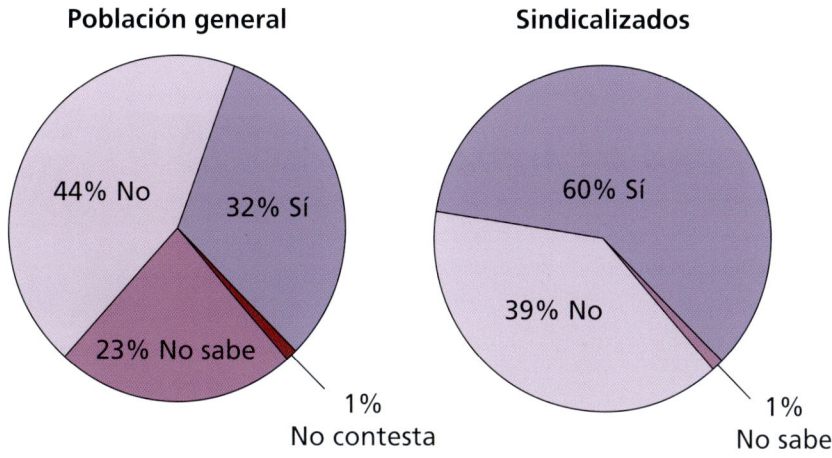

Población general

44% No
32% Sí
23% No sabe
1% No contesta

Sindicalizados

60% Sí
39% No
1% No sabe

- ¿Cuál es la estadística más/menos sorprendente?
- ¿Qué comparación puedes hacer entre los porcentajes de la población general y los de los sindicalizados?
- ¿Te sorprende que la actitud de los mexicanos hacia los sindicatos sea bastante negativa?
- ¿Crees que cambiarán estas estadísticas en el futuro?

> ■ **Expresiones claves**
>
> La estadística muestra…
> En la estadística se puede(n) ver…
> El número de… ha aumentado/ disminuido…
> El porcentaje de… es (significativamente) más alto/ bajo…
> En comparación con… se puede ver/decir que…
> En cuanto a… se nota que…
> Un X por ciento de…
> Se nota fuertes tasas de crecimiento en lo que se refiere a…
> … corresponde/equivale a…

4b Haz un análisis de las estadísticas, usando las conclusiones de la actividad 4a, y escribe un reportaje de 250–300 palabras.

5 Traduce este texto al inglés.

Los mexicanos desconfían de la actuación de los sindicatos como defensores de los intereses de los trabajadores y tienen dudas sobre la libertad existente en la vida de los gremios, pero una buena parte de los sindicalizados considera aún que son democráticos. Los resultados de una Encuesta Nacional indican que el 39% de los entrevistados cree que los sindicatos han servido más para perjudicar que para beneficiar a los trabajadores, opinión negativa que sube a 43% entre los sindicalizados.

6 Haz una presentación de tres minutos sobre los sindicatos en el mundo hispanohablante. Puedes mencionar los siguientes puntos:

- opiniones de los sindicatos en Chile
- la huelga de profesores en Argentina
- la situación en México
- tu opinión personal.

6.3 A: Ejemplos de protestas sociales

1a Antes de leer el artículo, empareja estas palabras españolas con su equivalente en inglés.

1	botín de guerra		**a**	to demand
2	inscritos		**b**	kidnapped
3	desaparecer		**c**	spoils of war
4	legítima		**d**	registered
5	secuestrados		**e**	to disappear
6	desesperación		**f**	legitimate
7	exigir		**g**	hopelessness

1b Lee el artículo y contesta las preguntas en español.

LAS MADRES DE LA PLAZA DE MAYO

Durante la dictadura militar de Argentina de 1976–1983 los niños robados como 'botín de guerra' fueron inscritos como hijos propios por los miembros de las fuerzas de represión, dejados en cualquier lugar, vendidos o abandonados en institutos como seres sin nombre. De esa manera los hicieron desaparecer al anular su identidad, privándolos de vivir con su legítima familia, de todos sus derechos y de su libertad.

La Asociación Civil Madres de Plaza de Mayo es una organización no-gubernamental que tiene como finalidad localizar y restituir a sus legítimas familias todos los niños secuestrados y desaparecidos durante la represión política. Además quiere crear las condiciones para que nunca más se repita tan terrible violación de los derechos de los niños, exigiendo castigo a todos los responsables.

A la 'loca' aventura de la Guerra de las Malvinas, que terminó con un fracaso nacional y la angustia y dolor de miles de familias argentinas, también debemos sumar la desesperación de otras miles de familias que lloraban en silencio a las víctimas de la represión ilegal.

A medida que los asesinatos clandestinos se multiplicaban, un grupo de madres comenzó a rondar por los pasillos oficiales en busca de sus hijos. Dado que no obtenían respuesta, algunas madres, lideradas por Azucena Villaflor, comenzaron a juntarse los jueves en la histórica Plaza de Mayo, en la ciudad de Buenos Aires, para exigir respuestas a los gobernantes.

Desde 1977, las madres de detenidos y desaparecidos, cansadas de reclamar en oficinas y cuarteles por la suerte de sus seres queridos, decidieron protestar todos los jueves alrededor de la pirámide de la Plaza de Mayo. Desfilaban dando vueltas en silencio, con la cabeza cubierta por un pañuelo blanco. Hoy en día, Argentina es un país democrático y las madres se han convertido en las Abuelas de la Plaza de Mayo, pero siguen en su lucha para saber lo que pasó a los hijos.

Vocabulario

legítima *legitimate*
restituir *to return*
sumar *to add*

1 ¿Qué pasó entre 1976 y 1983?
2 ¿Qué pasó a los niños cuando su identidad fue anulada?
3 ¿Qué es la Asociación Civil Madres de Plaza de Mayo?
4 ¿Cuáles son sus objetivos?
5 ¿Cómo se describe la Guerra de las Malvinas?
6 ¿Qué hicieron algunas madres cuando el número de asesinatos incrementó?
7 ¿Qué hizo Azucena Villaflor?
8 ¿Qué llevaban cuando se manifestaban en la plaza?

1c Traduce los dos primeros párrafos del texto desde "Durante" hasta "todos los responsables".

2 Traduce al español este texto. Ojo con el uso del pasivo.

> Many Argentinians have been inspired by the protests of the Mothers of the Plaza de Mayo. Their children were often stolen and kidnapped during the military dictatorship. The human rights of the children were violated and they were tortured and killed by agents of the Argentine government and their bodies were thrown into unmarked graves. Sometimes their mothers were killed by these agents. The Argentine government was condemned by many world leaders and the military has admitted that over 9,000 disappeared, but the Mothers of the Plaza de Mayo have indicated that the number is closer to 30,000.

3 Mira esta foto y discute con un(a) compañero/a.

- ¿Por qué crees que estas personas inspiran?
- ¿Qué piensas de lo que ocurrió en Argentina?
- ¿Crees que el gobierno argentino debería hacer más para ayudar?

4 〰 Escucha este reportaje sobre Mario Bravo. En la lista (1–7) solo hay cuatro frases correctas. Escribe el número de las frases correctas.

1 Murió la semana pasada la nieta de Mario Bravo.
2 La madre de Mario sigue viviendo en Argentina.
3 Tristemente hay más de quinientas madres desaparecidas en Argentina.
4 Mario todavía no ha tenido la oportunidad de conocer a su madre.
5 La madre de Mario pasó dos años encarcelada.
6 Las autoridades animaron a la madre a ponerse en contacto con su hijo.
7 El caso ha provocado un aumento en el número de argentinos que buscan a sus padres biológicos.

5 Escribe un reportaje de 300 palabras sobre las Madres de la Plaza de Mayo. Puedes mencionar:

- lo que ocurrió
- la historia de Mario Bravo
- tu opinión personal.

▣ Gramática

Using the passive

Passive expressions tell you what has happened to someone/something who is on the receiving end of an event or action. They are an impersonal way of saying what happened, instead of using an 'active' form.

Use *ser* + past participle, and the past participle must agree with the subject of the sentence.

*Los manifestantes **fueron detenidos** por la policía.*

However, this passive form is very rare in spoken Spanish, and is mainly limited to formal, written language.

There are two very simple ways to avoid it.

- Use the pronoun *se* and the third person of the verb:

  Se cuelgan videos de las manifestaciones.

- Use an active form instead. For example, to say 'she was kidnapped', say: *La secuestraron*.

See page 157.

▇ Vocabulario

un acontecimiento *an event*
animar *to encourage*
el parto *birth*
recuperar *to recover*
relatar *to tell*
sobrevivir *to survive*

▇ Expresiones claves

Los niños fueron secuestrados
Las madres comenzaron a juntarse
una reunión familiar
Parece inconcebible que

1a Lee el texto y pon las ideas en el orden en que aparecen en el texto.

¿Qué es el movimiento 15-M que sacude a España?

Un grupo de ciudadanos decidieron reunirse en la Plaza del Sol (Madrid) hace un año para protestar en contra del sistema establecido, de la corrupción política, de la falsa representación de partidos y en contra de los bancos porque sentían que los habían manipulado.

Ya había habido, dos meses antes, una plataforma llamada Democracia Real Ya, que puede considerarse la precursora de lo que hoy se conoce como Movimiento 15-M y donde se organizaron las primeras acciones que se iban a llevar a cabo: asambleas, reclutamiento de indignados etc.

A partir de ahí nació el movimiento. El 15 de mayo de 2011 despertó a una marea de gente que por fin quería gritar que no estaba conforme con lo que estaba pasando, que llevan sin estarlo mucho tiempo y que la clase política quese los gobierna, no los representa. Así, la mayor marea de gente se concentró en la Puerta del Sol, pero la réplica se extendió en seguida a otras ciudades españolas.

Durante todo este año esas concentraciones han ido acrecentándose de tal forma en las capitales españolas, que las acampadas que se construyeron parecían mini ciudades donde todos hacían de todo. Unos recolectaban firmas para intentar cambiar leyes, otros atendían bares improvisados y otros creaban una pequeña oficina administrativa donde se computaban desempleados, o quejas. Se establecieron de tal manera que, cada día actualizaban la red para dar a conocer el movimiento y se organizaban para hacer asambleas.

Nadie daba un céntimo por este movimiento. Jóvenes que se reunían para acampar y pasarlo bien gritando un puñado de utopías decían unos. Pero lo cierto es que hoy, no son solo jóvenes los que forman parte de este colectivo. No son un partido político, su lema principal es que no haya líderes, que sea algo del pueblo. Es por eso, por la falta de una organización y una estructura, por lo que a veces la buena fama no les ha acompañado.

1 El 15 de mayo de 2011 una multitud de gente se congregó en la Plaza del Sol y en otras ciudades.

2 Al principio muchos jóvenes participaron en el movimiento.

3 Unas pequeñas 'ciudades' fueron construidas con tiendas donde hacían de todo.

4 Se utilizaron las redes sociales para comunicar lo que pasaba en el movimiento.

5 Antes del movimiento 15-M había otro movimiento conocido como Democracia Real Ya.

6 El movimiento no tiene ni un líder ni una estructura definida.

7 Algunos españoles creyeron que los bancos españoles los habían manipulado.

Vocabulario

acrecentar *to increase*
los/las ciudadanos *citizens*
gritar *to shout*
llevar a cabo *to carry out*
la precursora *the precursor*
puñado *handful*
reclutamiento *recruitment*

1b Lee el texto otra vez. Haz un resumen de unas 90 palabras usando tus propias palabras. Incluye:

- lo que provocó la protesta
- qué hacían en las acampadas
- quién participó y su organización y estructura.

2 〜 Escucha este reportaje sobre el 15-M y después lee el siguiente resumen del extracto. Según lo que has oído, rellena los espacios en blanco con la palabra adecuada de la lista. ¡Cuidado! Sobran palabras. Después traduce el texto al inglés.

> corrupción pobreza protesta dinero convertido comida
> ladrón criminales significado eslogan traducción
> alimentos gente vuelto

Un ¹_____ del movimiento se ha ²_____ muy popular entre los manifestantes. Es normal oír "No hay pan pa' tanto chorizo!" en las manifestaciones. El pan y el chorizo son ³_____ tradicionales en España que se comen de merienda. Sin embargo, la palabra "chorizo" tiene otro ⁴_____ ya que puede significar ⁵_____. Por eso, los manifestantes quieren decir que no hay suficiente ⁶_____ en España para todos los ⁷_____ debido a toda la ⁸_____ que existe.

Estrategias

Inferring meaning

To answer listening and reading questions, as well as just understanding what you have heard or read, you may also need to infer meaning from a text or listening passage to find the correct answer. For example, in Activity 3, Question 1 you are asked to decide who thinks there are lots of reasons to protest: the text does not include these exact words so you must deduce the answer.

3 Lee las opiniones de tres jóvenes sobre el 15-M. ¿Quién dice cada frase? Escribe los nombres correctos.

1 Hay un montón de razones para protestar.

2 Estoy muy seguro/a de que alcanzarán sus objetivos.

3 Hay que concienciar más a la gente sobre la política.

4 Quiero que formen un partido político.

"La plaza María Agustina tendría que estar más llena y todos deberíamos apuntarnos. Les apoyo al máximo y estoy segura de que algo positivo van a conseguir. Ojalá sea así." **María**

"Tendríamos que estar todos en las plazas, con los indignados del 15-M, ya que motivos para protestar los hay de sobra. Desde luego, si fundan un partido, mi voto lo van a tener." **Pablo**

"Estoy totalmente de acuerdo con el movimiento de los indignados del 15-M. Hay que profundizar a tope en la democracia, tanto en el terreno económico como en el social." **Sandra**

4 Discute con tu grupo lo que piensas de este sondeo y después discute estas preguntas.

Los lectores, a través de una página web, han contestado a la pregunta:

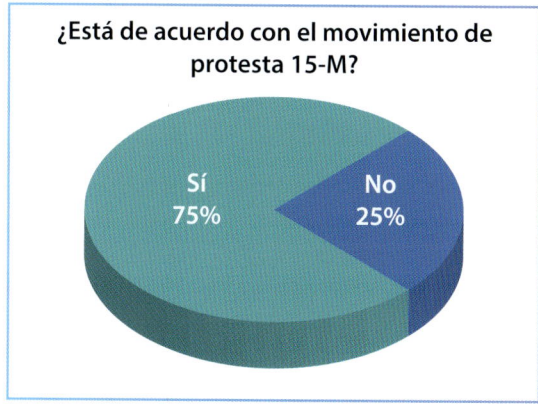

¿Está de acuerdo con el movimiento de protesta 15-M?

Sí 75% No 25%

- ¿Por qué crees que tantos españoles están a favor de la protesta 15-M?
- ¿Crees que tienen razón? ¿Por qué?
- ¿Crees que los ingleses apoyarían a los españoles?
- ¿Te gustaría participar en una protesta contra la corrupción?

¡Demuestra lo que has aprendido!

1 Estas palabras pertenecen a esta unidad sobre "Los movimientos populares". Emparéjalas con su equivalente en inglés.

1	encarcelar	**a**	to prevent
2	vincular	**b**	to punish
3	piquete	**c**	the Falkland Islands
4	quebrar	**d**	a picket
5	patrones	**e**	freedom
6	mordaza	**f**	to link
7	multa	**g**	dictatorship
8	sede	**h**	headquarters
9	impedir	**i**	a fine
10	tuitear	**j**	to bankrupt
11	dictadura	**k**	gag
12	castigar	**l**	bosses
13	libertad	**m**	to encourage
14	las Malvinas	**n**	to imprison
15	animar	**o**	to tweet

2 Empareja las siguientes palabras con sus definiciones.

1	sindicato	**5**	movimiento
2	manifestar	**6**	levantamiento
3	huelga	**7**	desobediencia civil
4	protesta		

a tomar parte en una protesta

b desarrollo y propagación de una tendencia política o social

c un alboroto popular

d interrupción colectiva de la actividad laboral por parte de los trabajadores con el fin de reivindicar ciertas condiciones

e acción y efecto de manifestar

f resistencia pacífica a las exigencias o mandatos del poder establecido

g asociación de trabajadores para la defensa y promoción de sus intereses

3 Completa las frases, escogiendo la palabra más apropiada de la lista. ¡Cuidado! Sobran palabras.

1 Los sindicatos españoles luchan por el _____ de los trabajadores.

2 Ciertos políticos piensan que los sindicatos tienen demasiado _____.

3 Los españoles afirman que hay motivo para _____ debido a la crisis financiera.

4 Muchos votantes consideran que la Ley de Seguridad Ciudadana debería _____ completamente.

5 La nueva ley permite que _____ a alguien que organice una protesta sin permiso.

6 Muchos argentinos han sido _____ por las protestas de las Madres de la Plaza de Mayo.

7 Hay más de 495 nietos _____ en Argentina que nunca fueron encontrados.

> poder   protestar   inspirados   retirarse
> bienestar   desaparecidos   se castigue
> sindicato   miembro   se detiene

4 Empareja el principio de cada frase con el final correcto.

1 CCOO…

2 Los ocho de Airbus…

3 Mauricio Macri…

4 El nombre de la 'ley mordaza'…

5 Las Madres de la Plaza de Mayo…

6 El movimiento 15-M…

a es el nuevo presidente de Argentina y se enfrenta a una huelga nacional que rechaza las actuales condiciones de trabajo.

b son trabajadores que están involucrados en un caso judicial porque participaron en un piquete durante una huelga nacional.

c es una organización que intenta localizar y restituir a sus legítimas familias todos los niños secuestrados durante la dictadura militar de 1976–83.

d fue creado a raíz de la manifestación del 15 de mayo de 2011 con la intención de promocionar una sociedad más democrática.

e fue propuesto por algunos individuos que consideran que la nueva ley limita la libertad.

f es un sindicato español que lucha por la construcción de una sociedad socialista y democrática.

¡Haz la prueba!

1 🔲 Traduce este texto al inglés.

> Dieciséis años después de que las Abuelas de la Plaza de Mayo denunciaran la 'apropiación sistemática' de los nietos desaparecidos durante la dictadura, un tribunal integrado por dos hombres y una mujer les dio ayer la razón. El dictador Jorge Rafael Videla, de 86 años, el hombre que gobernó Argentina desde 1976 a 1981, fue condenado a 50 años de cárcel. Y su sucesor, tras la Guerra de las Malvinas, Reynaldo Bignone, de 84 años, a 20 años de prisión. En total, fueron 11 los acusados, de los cuales quien obtuvo la menor pena fue la única mujer, Inés Susana Colombo, que fue a cinco años.

[10 marks]

2 🖊 Lee el texto de opinión de abajo y escribe un resumen. No debes usar más de 90 palabras y debes incluir los siguientes puntos:

- la situación actual en Venezuela [3]
- qué advierte el periódico "El País" [2]
- lo que dijo Nicolás Maduro. [2]

Hay cinco puntos adicionales por la calidad de tu español escrito. Escribe usando frases completas y, en la medida de lo posible, debes utilizar tus propias palabras.

[12 marks]

🔲 Consejo

Translation into English

- Read the passage more than once to try and get an idea of the meaning. There may be clues in the text to help you work out any words you do not know.

- Break the translation into chunks so it is more manageable.

- Concentrate on the words you do know and make an educated guess for those you don't.

- Think about word order – Spanish often puts the verb before the subject. You may need to switch word order around but this is fine as long as the overall meaning is the same.

- Reread your translation to check that the English reads well. A good translation will be one that looks like it was originally written in English. Sometimes it is better to leave a first draft and come back to it later with fresh eyes.

Venezuela, el país dominado por las protestas, la represión y el desastre económico

Venezuela es ya un país dominado por las protestas, la represión y el desastre económico. Desde hace dos meses vive en una situación de emergencia y, lejos de diluirse, la crisis crece. Los llamamientos al diálogo chocan con la falta de voluntad política.

El gobierno no logra sacar el país adelante y la oposición no concilia posiciones. Los desacuerdos en la estrategia — retirada de las calles o mantener la presión de las protestas — han acabado por provocar problemas en la Mesa de Unidad Nacional.

Es clave el acercamiento entre Nicolás Maduro, el presidente de Venezuela, y sus detractores. Pero, como advierte el diario español "El País", difícilmente la oposición va a sentarse con el gobierno de Maduro cuando sus líderes están siendo encarcelados o acosados judicialmente, y cuando la brutalidad policial, la arbitrariedad y la censura informativa restringe las libertades.

Nicolás Maduro llamó al diálogo en un artículo publicado en el diario "The New York Times", en el que se presentaba como víctima de una conspiración, culpaba a los manifestantes de la violencia y acusaba a los medios de distorsionar la realidad. Más que a la oposición, el texto apelaba al Congreso de EE UU, que estudia la imposición de sanciones a Venezuela. Tampoco parece que sea el mejor camino para dialogar.

3 〰 Escucha el siguiente extracto sobre la huelga de los futbolistas españoles y contesta las preguntas. No es necesario hacer frases completas para todas las respuestas.

1 ¿Qué anunció la Real Federación Española de Fútbol?
2 ¿Cómo van a reaccionar los aficionados?
3 ¿Cuáles son las exigencias del sindicato?
4 Según el reportaje, ¿por qué algunos hinchas están equivocados?
5 ¿Qué pasa en el Reino Unido y Francia?
6 ¿Qué harían, si recibieran más dinero por los derechos de televisión?
7 ¿Quién lo haría?

[7 marks]

4a ✉ Lee el texto y busca las frases o palabras equivalentes a las siguientes.

Cinco años después, el 15-M quiere gobernar

Un lustro después del 15-M, el cambio está sin consumar. Podemos, que nació para convertir aquella indignación ciudadana en acción política, ha desembarcado en las instituciones, pero sin avances sustantivos. En el quinto aniversario del movimiento, el partido de Pablo Iglesias se reinventa con una alianza en la Puerta del Sol con Izquierda Unida, con la que confía en llegar al poder. "Cinco años después, estamos listos para gobernar," proclama Alberto Garzón.

Apenas 700 metros separan el Congreso de los Diputados de la Puerta del Sol de Madrid. Hace cinco años, esa plaza tan próxima al Parlamento estaba abarrotada de ciudadanos que sentían demasiado lejana la sede de la soberanía popular. La plaza fue un espacio de cuyos debates salió la exigencia de regeneración de la vida pública, de la mejora de las condiciones de vida y de la limpieza de las instituciones, manchadas por la corrupción.

Cinco años después, Podemos ya ha entrado en las instituciones como expresión de ese malestar y con la intención de recoger esas demandas y convertirlas en cambio político. Sus resultados en las urnas se han demostrado, sin embargo, insuficientes para alcanzar el poder. El bloqueo político que ha conducido a una nueva cita electoral ha devuelto, además, el hartazgo a la ciudadanía. Según el último barómetro del Centro de Investigaciones Sociológicas (CIS), el descontento de los ciudadanos con la política se ha elevado a niveles incluso mayores a los de antes de las protestas de 2011: el 82% considera que la situación política es mala o muy mala. En mayo de 2011, era quince puntos menor, del 67%.

1 cinco años
2 coalición
3 llena
4 demanda
5 comicios

[5 marks]

4b ✉ Lee el texto otra vez. Solo tres de las siguientes afirmaciones son correctas. Decide cuáles son.

1 El partido político Podemos está gobernando en la España actual.
2 Podemos ha forjado una alianza con el partido político Izquierda Unida.
3 Hace cinco años los ciudadanos se sentían decepcionados con la política de la época.
4 Podemos triunfó en los resultados de las elecciones.
5 No hubo un ganador en las últimas elecciones españolas.
6 Actualmente los ciudadanos están más contentos con la política española.

[3 marks]

5 〰 Escucha este reportaje y luego selecciona la mejor alternativa para completar la frase.

1 Los taxistas que se manifestaron este jueves…
   a eran madrileños.
   b vienen de Madrid.
   c vienen de distintas regiones de España.
2 Los taxistas se han quejado de una normativa que…
   a favorece a los taxistas extranjeros.
   b no es justa para todos los conductores.
   c fue introducida por la empresa Uber.
3 Los conductores piensan que la normativa…
   a baja la calidad de servicio.
   b incrementa los precios para los taxistas.
   c aumenta las posibilidades de competitividad en Madrid.
4 Los sindicatos subrayan que…
   a los sueldos de los taxistas han aumentado.
   b los salarios de los taxistas han disminuido.
   c quieren proteger los sueldos de los viajeros.
5 Más de 2.000 trabajadores del taxi asistieron a la protesta para…
   a apoyar la liberalización del sector.
   b manifestarse contra la liberalización del sector.
   c denunciar el sector del transporte de viajeros.

[5 marks]

6 〜✚ **Escucha este reportaje sobre una protesta en Sevilla y decide si las frases son Verdaderas (V), Falsas (F) o No mencionadas (N).**

1 Casi 12.500 personas asistieron a la protesta de Sevilla.
2 La protesta fue respaldada por muchas asociaciones y partidos políticos.
3 Cuarenta diputados pasaron una hora manifestándose en frente de la Plaza de Toros.
4 Los aficionados a las corridas no estaban enojados con la protesta.
5 La policía evitó que ocurriera un incidente violento.
6 Sigue creciendo el número de manifestantes que participan en la protesta.
7 Los políticos van a intentar introducir una nueva ley para proteger a los animales indefensos.

[7 marks]

7 🗨 **Utilizando la información que has aprendido y las fotos, discute lo siguiente con un compañero.**

- ¿Por qué estas personas están protestando?
- ¿Conoces otro ejemplo de un movimiento popular en el mundo hispánico?
- ¿Por qué crees que (no) es importante protestar?

8 🖺 **Traduce este párrafo al español.**

Three Spanish policemen were attacked by violent protestors in a busy street in Zaragoza.
They were protesting against austerity measures introduced by the Spanish government. If more policemen had not arrived, the three men would have died. Sadly, in the last few years many Spaniards have suffered due to the economic crisis and they believe if the government continues to do nothing then poverty will increase amongst working class families. People are angry and want politicians to pay attention to their problems instead of ignoring them. Five men have been arrested due to the protests and are now in jail.

[10 marks]

9 ✍ **Escribe unas 300 palabras contestando la siguiente pregunta.**

¿Hasta qué punto crees que las manifestaciones son efectivas en los países hispánicos?

6 Vocabulario

6.1 La efectividad de las manifestaciones y las huelgas

el	alcalde	mayor
	alegar	to allege, to claim
	amenazar	to threaten
	atar	to tie
	colgar	to hang
la	cumbre	summit
	decepcionar	to disappoint, to let down
el	delito	crime
	denunciar	to report
el	derecho	right
el	desahucio	eviction
	despedir	to sack
el	despliegue	unfurling
	difundir	to broadcast
el	diputado	MP
	disuelto	come to an end
	escalar	to climb
	esforzarse	to make an effort
	estallido	outbreak
	estar harto de	to be fed up
	estatal	state
	exigir	to demand
la	fuerza	force
	gases lacrimógenos	tear gas
	grabar	to record
la	herencia	inheritance
la	hipoteca	mortgage
la	huelga	strike
	impedir	to prevent
	indignar	to outrage
la	jerarquía	hierarchy
	jubilarse	to retire
la	lacra	scourge
	manifestantes	protestors
	manifestar	to protest
la	mordaza	gag
	multar	to fine
	openerse a	to oppose
la	pancarta	placard/banner
el	paro	unemployment
la	patrulla	patrol
el	peligro	danger
	penarse a	to punish
el	permiso	permission
	pretender	to try
	promover	to promote

	protestar	to protest
	provocar	to cause
el	rechazo	rejection
el	riesgo	risk
la	sede	headquarters
el	sindicato	trade union
el	sueldo	salary
	tapar	to cover
	tuitear	to tweet
	venidero	approaching
la	vergüenza	shame

6.2 El poder de los sindicatos

el	activismo	activism
el	acuerdo	agreement
la	afiliación	membership
	afiliados	members
	afiliarse	to join up
los	altercados	altercations, rows
el	ámbito laboral	field of work
	amedrentar	to intimidate
	apoyar	to support
el	apoyo	support
	aprovecharse de	to take advantage of
	asfixiar	to suffocate
la	austeridad	austerity
el	bienestar	well-being
la	cárcel	prison
	codearse con	to rub shoulders with
	convocar a una huelga	to call a strike
la	cúpula	leadership
	defender	to defend
la	desigualdad	inequality
	desinflar	to crush
	dialogar	to negotiate
los	dirigentes	managers
los	empleados	employees
las	empresas	businesses
	encargarse de	to be in charge of
las	fábricas	factories
	Fiscalía	Public prosecutor
los	gremios	guilds
la	igualdad	equality
la	impunidad	impunity
	injusto	unfair
	involucrado	involved
el	levantamiento	uprising

	luchar	*to fight*
	movilizarse	*to mobilise*
	negociar	*to negotiate*
los	negocios	*businesses*
el	obrero	*worker*
el	piquete	*picket*
la	pobreza	*poverty*
	proteger	*to protect*
	quebrar	*to bankrupt*
el	rasgo	*characteristic*
los	recortes	*cuts*
	respaldar	*to support*
	sindicalizado	*unionised*
el	sindicato	*trade union*
la	tendencia	*trend*
	velar	*to look out for*

6.3 Ejemplos de protestas sociales

la	acampada	*camp*
	acosar	*to hound*
	animar	*to encourage*
	apelar	*to appeal*
	aportar	*to contribute*
	apuntarse	*to join up*
	asistir	*to attend*
el	botín de guerra	*spoils of war*
la	búsqueda	*search*
el	castellano	*Spanish*
	castigar	*to punish*
	clandestino	*illegal*
la	clave	*key*
	computarse	*to calculate*
	concienciar	*to make aware*
	condenar	*to sentence*
	corromper	*to corrupt*
	culpar	*to blame*
la	defensa	*defence*
los	desacuerdos	*disagreements*
	desaparecer	*to disappear*
el	desarrollo	*development*
los	desempleados	*unemployed people*
la	desesperación	*hopelessness*
	desfilar	*to march*
la	desobediencia	*disobedience*
los	detractores	*detractors*
la	dictadura	*dictatorship*
	distorsionar	*to twist*

	encarcelar	*to imprison*
la	fama	*reputation*
las	firmas	*signatures*
	fundar	*to establish*
	hacerse	
	el desentendido	*to play dumb*
	indignados	*outraged people*
	inscriptos	*enrolled*
las	Islas Malvinas	*Falkland Islands*
el	ladrón	*thief*
la	legitimidad	*legitimacy*
el	lema	*slogan*
el	líder	*leader*
los	llamamientos	*calls*
la	marea de gente	*wave of people*
	matar	*to kill*
el/la	nieto/a	*grandson/granddaughter*
el	pañuelo	*handkerchief*
el	poder	*power*
las	quejas	*complaints*
	reclamar	*to demand*
	recolectar	*to collect*
la	réplica	*copy*
	reunirse	*to meet*
	secuestrar	*to kidnap*
la	señal	*signal*
	sustraer	*to extract*

1 │ Dosier de cine: *El Laberinto del Fauno*

1 Discute con tu compañero/a tu opinión sobre la película. Utiliza las expresiones claves para ayudarte.

Discute:
- lo que pensaste del argumento
- lo que opinas de los personajes
- lo que pensaste de otros elementos de la película
- por qué recomendarías la película.

2 Éstas son técnicas que ya debes conocer. Completa los huecos con las letras que faltan. Traduce las palabras al inglés. Intenta añadir más técnicas a la lista.

1 el v_st_a_io
2 la _ti_e_ía
3 la _an_a so_o_a
4 los p_an_s
5 el ma_uil_a_e

6 los _fe_to_ e_pe_ia_es
7 el s_ni_o
8 el _onta_e
9 los _nc_ad_es

3 Mira una escena de "El Laberinto del Fauno" y escribe 300 palabras donde analices la escena. Menciona las técnicas de la actividad 2 para formar tu respuesta.

4 Empareja los temas 1–8 con los acontecimientos que los ilustran (a–h) en la obra. ¡Cuidado! Algunos de los ejemplos ilustran más de un tema.

Temas
1 los cuentos de hada
2 la familia
3 la obediencia/la desobediencia
4 la rebelión
5 el machismo
6 la Guerra Civil española y el periodo de posguerra
7 la imaginación
8 la religión

a El Doctor Ferreiro se niega a hacer lo que quiere el Capitán Vidal.
b Al principio, la película comienza con las palabras: "Cuentan que hace mucho, mucho tiempo… en el reino subterráneo… donde no existen la mentira ni el dolor… vivía una princesa".
c La vida de Carmen no significa nada para el capitán, solo le preocupa su hijo para poder continuar su estirpe.
d El Capitán fuma el mejor tabaco y come la mejor comida mientras que existe el racionamiento para los habitantes del pueblo.
e El Capitán Vidal se encamina a las montañas para atacar a los rebeldes que se llaman 'maquis' y que forman parte de la resistencia republicana.
f El Fauno promete a Ofelia que puede ir a su reino y reunirse con su padre, si completa tres tareas para él.
g El sacerdote que cena con el Capitán no cuestiona los motivos de crueldad del Capitán y piensa que Dios apoya a los nacionalistas.
h Mercedes ayuda a su hermano en el bosque, Carmen intenta proteger a Ofelia y Ofelia lo hace también cuando intenta proteger a su hermanito.

■ Expresiones claves

Me hizo llorar cuando…
Encontré la escena con… muy conmovedora
Merece la pena ver…
Este/a actor/actriz hace muy bien el papel de…
La cinematografía es uno de los elementos más atractivos
Me hizo pensar en…/hace falta destacar…
Es una de los mejores películas…
Es una película muy emocionante porque…
Las escenas inolvidables son…

⚑ Estrategias

Answering an essay – a quick five-point reminder

1 Before you start
- Think carefully about the question set and establish exactly what it is asking.

2 Plan
- Plan your essay carefully using bullet points. Ensure you have an introduction, main body and conclusion.

3 Make the relevant points
- Take each of your bullet points and explain your point coherently. Think carefully about your use of language, grammar and your accuracy.

4 Evidence
- Make sure each point you make is backed up by an example.

5 Check
- Leave time to reread your essay and check that you have written about 300 words.

5 Mira estos planos de la película. Escribe qué tipo de planos son y el impacto que tienen en la audiencia.

6 Utiliza Internet y busca información sobre el ambiente cultural, social e histórico de la película. Haz una presentación de tres minutos para tu clase. Debes incluir información sobre:

- la Guerra Civil española y el periodo de posguerra
- el machismo
- las mujeres.

7 Esta es una sección de una entrevista con Guillermo del Toro sobre la película. Traduce su respuesta al inglés.

En "El Laberinto del Fauno" muestra un mundo de fantasía entremezclado con otro de una crueldad extrema como es el de la Guerra Civil.

Creo que me interesaba mucho presentar la idea de que aquellos que vivimos un mundo imaginario tenemos a la vez la gran responsabilidad de mantener esa imaginación y libertad vivas. El mundo espiritual o el mundo imaginario nos dan una libertad que contrasta con los preceptos de las instituciones que quieren que obedezcas porque sí. Pensé que la forma de fabular una idea como ésta era un cuento de hadas, un cuento profundamente perturbador y para adultos y de ahí es de donde surge esta película. Nunca he podido vivir la realidad separada de la fantasía porque ésta me permite soportar la infinidad de cosas infames que ocurren a diario.

8 Escribe unas 300 palabras contestando la siguiente pregunta: "Analiza las técnicas que utiliza Guillermo del Toro para explorar el mundo fantástico de Ofelia."

Puedes mencionar los siguientes puntos:

- el montaje y la yuxtaposición de las distintas escenas
- los efectos especiales del Fauno
- los cuentos de hadas
- el maquillaje del sapo y del fauno.

Vocabulario

gran plano *general long shot*
plano americano *three-quarter shot*
plano detalle *extreme close-up*
plano entero *whole shot*
plano general *wide shot*
plano medio *medium shot*
plano medio corto *medium close shot*
plano medio largo *medium long shot*
primer plano *foreground shot*
primerísimo *close-up*

2 Dosier de literatura: *Como agua para chocolate*

1 **Para empezar, comparte con un(a) compañero/a o con la clase tu opinión sobre la obra. Explica por qué te gustó o no te gustó. ¿Cuáles son los aspectos de la obra que te han impactado más, desde un punto de vista positivo y/o negativo?**

2a **Lee el texto y luego busca las palabras cuyas definiciones están abajo.**

El trasfondo de "Como agua para chocolate" es la Revolución mexicana, un conflicto que es el acontecimiento político y social más importante del siglo veinte en México.

Desde 1876 el dictador Porfirio Díaz gobernaba México protegiendo a los terratenientes, quienes mantenían en la miseria a millones de campesinos. Además, defendía a los capitalistas extranjeros que controlaban los ferrocarriles, las minas y el petróleo, etcétera. Mientras tanto, los obreros carecían de derechos sociales.

En 1910, Porfirio Díaz se reeligió por séptima vez, y el líder opositor Francisco Madero hizo un llamado a la rebelión nacional. Fue seguido por Emiliano Zapata y Pancho Villa. El movimiento creció y Díaz huyó a Europa en mayo de 1911.

Victorioso, Madero tomó el poder e implantó el sufragio popular y prohibió la reelección. Pero los campesinos exigían reformas económicas, y su líder Emiliano Zapata, apoyado por Pancho Villa, propuso la distribución de tierras entre los trabajadores.

Después de dos años de caos, a fines de 1915 tomó el poder Venustiano Carranza, quien en 1917 promulgó la Constitución de Querétaro, donde se implantaron importantes reformas como: la jornada laboral de ocho horas, la indemnización por accidentes de trabajo, la libertad de creencias, la reforma agraria y la nacionalización del petróleo.

1 el contexto en que la novela se desarrolla	**7** el derecho de elegir democráticamente
2 los propietarios de mucho terreno	**8** las personas que trabajan en el campo
3 la indigencia	**9** pedían con fuerza
4 no tenían	**10** falta total de orden
5 se escapó	**11** ayuda financiera a alguien que ha sufrido un daño
6 impuso	

2b **Busca información sobre uno de los protagonistas de la Revolución mexicana – Pancho Villa o Emiliano Zapata. Compartid la información en la clase.**

3a **Aquí hay una lista de vocabulario que puede ayudarte a analizar varios aspectos de la obra. Cópiala añadiendo la traducción inglesa.**

1 el ambiente	**6** la personificación
2 el/la autor(a)	**7** el/la protagonista
3 la estructura	**8** el surrealismo
4 las metáforas	**9** la trama
5 el/la narrador(a)	**10** el uso efectivo del lenguaje

Pancho Villa

3b **Selecciona cuatro palabras de la lista de arriba y describe cómo se usan en el libro que estudias.**

Por ejemplo: *La narradora de la novela es la hija de Esperanza, la hija de Rosaura y Pedro, que se casó con Alex, el hijo de John Brown.*

4 **Hay muchos símbolos en la novela. Discute con un(a) compañero/a y decidid qué representan los siguientes.**

1 las cebollas	**5** la Revolución mexicana
2 la comida	**6** el rancho
3 la cocina (la habitación)	**7** el fuego
4 la sábana blanca	

5 Otro elemento relevante en esta novela es el realismo mágico. Selecciona tres ejemplos de su uso y escribe un párrafo describiéndolos. Incluye detalles sobre su contexto y explica por qué es eficaz.

6 ¿Conoces bien a los personajes secundarios de la novela? Empareja el nombre con la descripción.

1 Don Pascual
2 Paquita Lobo
3 Juan Alejándrez
4 El Padre Ignacio
5 Katy
6 Alex Brown

a él que reveló a Mamá Elena que Gertrudis trabajó en un burdel
b el padre de la narradora
c cuida del hijo de John Brown
d el padre de Pedro
e se casó con Gertrudis
f una vecina

7 Escoge tres personajes principales y anota cuatro datos de su carácter. Después compara lo que has escrito con la clase y, juntos, compilad una lista detallada de las características de todos los personajes principales.

8 Empezando con estos cuatro temas, y añadiendo otros si quieres, trabaja con un(a) compañero/a y haz un mapa mental en el que crees una lista de ejemplos para cada uno y establezcas vínculos entre ellos.

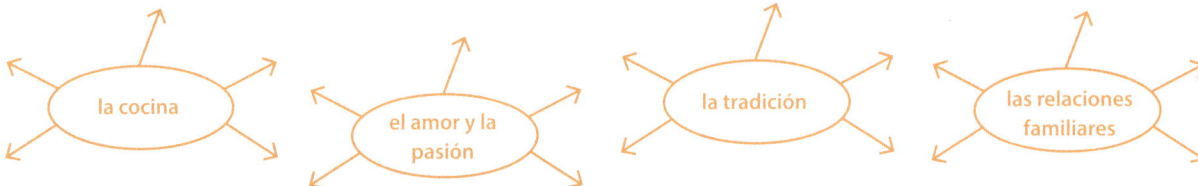

la cocina

el amor y la pasión

la tradición

las relaciones familiares

9 En una entrevista Laura Esquivel contestó la pregunta de a continuación. Lee lo que dijo y luego escribe un resumen de unas 90 palabras, en español, en tercera persona. En la medida de lo posible, utiliza tus propias palabras. Incluye:

- lo que sorprendió a Laura
- las razones de su popularidad en Escandinavia
- el factor en común de qué es popular en otros países.

Pregunta. Tus historias, ¿pueden trascurrir en cualquier lugar, o tiene que ser en México?

Respuesta. La sorpresa inicial fue que uno de los primeros lugares donde "Como agua para chocolate" se convirtió en un boom, fue en los países nórdicos. Creo que esto se debió a que yo ponía a los lectores en contacto con un mundo que de pronto ellos, en el desarrollo y en la modernidad, estaban perdiendo, pero la verdad no sé. Lo que sí te puedo decir es que en Noruega, en Japón, en la Patagonia o dondequiera que voy hay una frase que es recurrente que me dicen: "usted no tiene idea de cómo me acordé de la cocina de mi abuela" y, no tiene nada que ver con México, ni con los ingredientes ni con la receta, ni con nada; es con ese paraíso de la abuela y lo que sucede con esa matriz que es la cocina; es como un espacio sagrado. Es un laboratorio de magia, de alquimia. A los lectores pareciera que no les importa, ni siquiera conocen los platillos o los ingredientes, lo que les importa es la sensación de la relación con ese espacio. Eso es lo que me sigue enseñando "Como agua para chocolate", cosas que de pronto uno no entiende.

10 Escribe unas 300 palabras contestando la siguiente pregunta. Analiza la representación de la sociedad en "Como agua para chocolate". En tu opinión, ¿tiene la novela una relevancia universal?

1a Lee el fragmento sin usar el diccionario.

Las cosas podían haber sucedido de cualquier otra manera y, sin embargo, sucedieron así. Daniel, el Mochuelo, desde el fondo de sus once años, lamentaba el curso de los acontecimientos, aunque lo acatara como una realidad inevitable y fatal. Después de todo, que su padre aspirara a hacer de él algo más que un quesero era un hecho que honraba a su padre. Pero por lo que a él afectaba... Su padre entendía que esto era progresar; Daniel, el Mochuelo, no lo sabía exactamente. El que él estudiase el Bachillerato en la ciudad podía ser, a la larga, efectivamente, un progreso. Ramón, el hijo del boticario, estudiaba ya para abogado en la ciudad, y cuando les visitaba, durante las vacaciones, venía empingorotado como un pavo real y les miraba a todos por encima del hombro; incluso al salir de misa los domingos y fiestas de guardar, se permitía corregir las palabras que don José, el cura, que era un gran santo, pronunciara desde el púlpito. Si esto era progresar, el marcharse a la ciudad a iniciar el Bachillerato, constituía, sin duda, la base de este progreso. Pero a Daniel, el Mochuelo, le bullían muchas dudas en la cabeza a este respecto. Él creía saber cuanto puede saber un hombre. Leía de corrido, escribía para entenderse y conocía y sabía aplicar las cuatro reglas. Bien mirado, pocas cosas más cabían en un cerebro normalmente desarrollado. No obstante, en la ciudad, los estudios de Bachillerato constaban, según decían, de siete años y, después, los estudios superiores, en la Universidad, de otros tantos años, por lo menos. ¿Podría existir algo en el mundo cuyo conocimiento exigiera catorce años de esfuerzo, tres más de los que ahora contaba Daniel? Seguramente, en la ciudad se pierde mucho el tiempo —pensaba el Mochuelo— y, a fin de cuentas, habrá quien, al cabo de catorce años de estudio, no acierte a distinguir un rendajo de un jilguero o una boñiga de un cagajón. La vida era así de rara, absurda y caprichosa. El caso era trabajar y afanarse en las cosas inútiles o poco prácticas.

♥ Miguel Delibes

Miguel Delibes, que nació en Valladolid en 1920, fue uno de los autores más prestigiosos de la segunda mitad del siglo veinte. "El Camino" fue publicado en 1950 y fue un éxito inmediato. Además de una amplia gama de novelas, Delibes escribió también libros de viajes y críticas de cine. Falleció en 2010.

1b Busca en el texto cómo se dicen:

1 could have happened
2 regretted
3 he would put up with it
4 in the long term
5 pharmacist
6 stuck-up
7 peacock
8 were going round in his head
9 a developed brain
10 a jay from a goldfinch
11 a cowpat from a horse dropping
12 to toil

■ Literary language

Tackling an authentic literary text such as this can seem a daunting task, but a calm and logical approach will work wonders! First, read it through a couple of times for gist, focusing on what you do understand, before looking at it more analytically, and looking up words you consider crucial to understanding. You do not need to look up every unfamiliar word – intelligent guesswork will in fact enhance your language-learning skills.

2 Con un(a) compañero/a o en grupo discutid:

- qué sabes de Daniel y de su familia
- en tu opinión, qué le interesa/qué le es importante
- por qué quiere su padre que estudie en la ciudad y si su padre tiene razón
- las opiniones de Daniel sobre la educación
- el significado del apodo de Daniel – "el Mochuelo".

3 Lee el fragmento otra vez y contesta las siguientes preguntas en frases completas.

1 ¿Qué trabajo hace el padre de Daniel, el Mochuelo?
2 ¿Cuál es su aspiración para su hijo?
3 ¿Qué opina Daniel de esa aspiración?
4 Según Daniel, ¿cómo es Ramón, el hijo del boticario y por qué se comporta así?
5 ¿Por qué no cree Daniel que necesite estudiar el bachillerato?
6 ¿Por qué tiene Daniel la impresión de que la gente de la ciudad pierde mucho tiempo?

4 Utiliza el fragmento para ayudarte a traducir las siguientes frases al español.

1 Daniel's father wanted him to study in the city.
2 He was of the opinion that this would help his son to get on in life, like the chemist's son.
3 Daniel understood his father's wish and he knew that he would have to put up with it.
4 Daniel did not believe that it was necessary to spend so many years studying.
5 Daniel was surprised that Ramón criticised Don José the priest, who was a great saint.

5 Busca en el texto todos los ejemplos del imperfecto del subjuntivo. Traduce al inglés las frases en que aparecen y explica las razones de su uso.

6a Ahora que has hecho las actividades anteriores, escribe una frase resumiendo lo que pasa en el fragmento.

6b Compara tu respuesta con las de otros miembros de la clase. ¿Estáis de acuerdo? Si no, con la ayuda de vuestro profesor, tratad de llegar a un acuerdo.

♥ El Camino

"El Camino" es una novela llena de nostalgia, de ternura y de humor.

Para Daniel, el Mochuelo, su vida está en su aldea de Castilla pero su padre quiere que vaya a la ciudad a estudiar el Bachillerato. A lo largo de la noche que precede su partida, Daniel evoca sus correrías con sus amigos y revive las andanzas de los vecinos.

1a Lee el fragmento sin usar el diccionario. Trata de obtener la esencia del contenido sin preocuparte demasiado por las palabras que no conoces.

¡Qué alivio el agua helada sobre mi cuerpo! ¡Qué alivio estar fuera de las miradas de aquellos seres originales! Pensé que allí, el cuarto de baño no se debía utilizar nunca. En el manchado espejo del lavabo —¡qué luces macilentas, verdosas, había en toda la casa!— se reflejaba el bajo techo cargado de telas de arañas, y mi propio cuerpo entre los hilos brillantes del agua, procurando no tocar aquellas paredes sucias, de puntillas sobre la roñosa bañera de porcelana. Parecía una casa de brujas aquel cuarto de baño. Las paredes tiznadas conservaban la huella de manos ganchudas, de gritos de desesperanza. Por todas partes los desconchados abrían sus bocas desdentadas rezumantes de humedad. Sobre el espejo, porque no cabía en otro sitio, habían colocado un bodegón macabro de besugos pálidos y cebollas sobre fondo negro. La locura sonreía en los grifos torcidos. Empecé a ver cosas extrañas como los que están borrachos. Bruscamente cerré la ducha, el cristalino y protector hechizo, y quedé sola entre la suciedad de las cosas. No sé cómo pude llegar a dormir aquella noche. En la habitación que me habían destinado se veía un gran piano con las teclas al descubierto. Numerosas cornucopias —algunas de gran valor— en las paredes. Un escritorio chino, cuadros, muebles abigarrados. Parecía la buhardilla de un palacio abandonado, y era, según supe, el salón de la casa. En el centro, como un túmulo funerario rodeado por dolientes seres —aquella doble fila de sillones destripados—, una cama turca, cubierta por una manta negra, donde yo debía dormir. Sobre el piano habían colocado una vela, porque la gran lámpara del techo no tenía bombillas. Angustias se despidió de mí haciendo en mi frente la señal de la cruz, y la abuela me abrazó con ternura. Sentí palpitar su corazón como un animalillo contra mi pecho. —Si te despiertas asustada, llámame, hija mía —dijo con su vocecilla temblona. Y luego, en un misterioso susurro a mi oído: Yo nunca duermo, hijita, siempre estoy haciendo algo en la casa por las noches. Nunca, nunca duermo.

♥ Carmen Laforet

Carmen Laforet nació en Barcelona en 1921, pero cuando tenía dos años su familia se trasladó a las Islas Canarias. En 1939 a los 18 años, y al terminar la Guerra Civil, decidió volver a Barcelona para estudiar en la universidad. No acabó la carrera y a la edad de 21 se fue a Madrid donde conoció al periodista y crítico literario Manuel Cerezales, quien la animó en su deseo de ser escritora. Con su primera novela, "Nada", en 1944, Carmen ganó el prestigioso Premio Nadal.

Dos años después de este triunfo literario, se casó con Manuel Cerezales, y tuvieron cinco hijos. Falleció en Madrid en 2004.

■ Literary language

You can improve your written and spoken Spanish by studying the techniques employed by the writers of authentic materials such as these, and, of course, your set text.

For example, in this extract look at the vivid descriptions the author has created through her abundant use of adjectives. Look too at her level of detail, the reference to small features which may seem insignificant on their own, but which as a part of the whole, help to create an almost cinematic vision in the mind of the reader.

1b Ahora vuelve a leer el fragmento y esta vez busca el vocabulario esencial en el diccionario. (No será necesario buscar todas las palabras desconocidas porque podrás adivinar algunas fácilmente por su contexto).

2 Escribe una frase resumiendo lo que pasa en el fragmento. Compara tu respuesta con las de otros miembros de la clase. ¿Estáis de acuerdo? Si no, con la ayuda de vuestro profesor, tratad de llegar a un acuerdo.

3 Busca en el texto las siguientes palabras y frases en español.

1 the icy water
2 those unconventional beings
3 the grimy bath
4 the dirty walls
5 a gruesome still-life
6 ill-assorted furniture
7 disembowelled easy chairs
8 a mysterious whisper

4 Busca en el texto, y luego traduce, otros cinco ejemplos de sustantivos calificados por un adjetivo. Después compara tus ideas con los de la clase, y juntos elaborad una lista más larga.

5 Escribe una lista de al menos cinco palabras que no conocías antes, cuyo significado has podido adivinar. Compara tu lista con las de otros miembros de la clase y explicad cómo habéis llegado a descifrarlas.

6 Contesta las siguientes preguntas en frases completas y en tus propias palabras.

1 ¿A quiénes se está refiriendo Andrea cuando menciona "aquellos seres originales" y por qué se siente aliviada de estar a solas en el cuarto de baño?
2 Describe la reacción de Andrea al ver el cuarto de baño.
3 ¿Cómo es la habitación donde tiene que dormir?
4 En este fragmento conocemos a dos parientes de Andrea – su tía Angustias y su abuela. ¿Qué impresión tienes de estos dos personajes?

7 Traduce al inglés la sección del texto desde "No sé cómo pude llegar a dormir aquella noche" hasta "porque la gran lámpara del techo no tenía bombillas".

8 Escribe un párrafo explicando por qué, en tu opinión, ha incorporado Carmen Laforet tantas frases descriptivas. Considera, por ejemplo:

- ¿Cómo intensifican el ambiente?
- ¿Cómo ayudan al lector a imaginar la escena?
- ¿Qué tienen en común muchos de los adjetivos que utiliza en este fragmento?

 Nada

La protagonista y narradora, Andrea, es una huérfana de 18 años que viaja a Barcelona, justo después de la Guerra Civil para estudiar Filosofía y Letras. Va a vivir en casa de su familia materna que apenas conoce. Al llegar, le asusta ver la situación de penuria económica de la familia reflejada en el piso previamente elegante pero ahora descuidado. Andrea empieza a entender que la suya es una familia algo rara y poco a poco conoce su historia. Este fragmento describe su primera noche en el piso. Acaba de llegar muy tarde, cansada, y sucia…

Esta novela fue incluida en la lista de las cien mejores novelas en español del siglo veinte del diario "El Mundo".

4 Individual research project

WHAT IS THE INDIVIDUAL RESEARCH PROJECT?

The individual research project (IRP) is a key element of the A Level speaking examination, accounting for 35 of the 60 marks for this component.

The IRP aims to give you the opportunity to learn about a subject or a key question of interest to you. This must relate to Spain or any Spanish-speaking country. You may choose a subject linked to one of the themes or sub-themes you are studying at A Level but you must not base your research on the literary text or film that you will be writing your exam essays on.

Once you have chosen a topic for your IRP and have refined it with the help of your teacher, you will need to research it, analyse and summarise your findings. Then, prepare a presentation (two minutes in the exam) that will be followed up by a discussion (nine to ten minutes). Through both parts (presentation and discussion), you will need to demonstrate your in-depth knowledge and opinions on your chosen subject or key question.

Choosing a topic for the IRP

When choosing a suitable topic for your IRP, any of the following areas is acceptable:

- A historical event
- A person
- A major news event
- A period of history
- A group (music, politics, voluntary organisation, …)
- An industry (fashion, fishing, tourism, computer games, …)
- A social issue (immigration, gender equality, domestic violence, …)
- A region
- A cultural movement
- An environmental issue
- A political issue
- A sports event/figure
- A tradition/festival
- A film (not the one your essay will be on)
- Art/architecture (an analysis of a building, an artist or of a specific work of art)

1a **Mira la lista de temas con todas las posibilidades. Responde a las siguientes preguntas:**

1 ¿Qué tema te interesa? ¿Un acontecimiento histórico, un personaje importante, una tradición, un festival, …?
2 ¿Sabes algo ya sobre ese tema?
    → Si la respuesta es "sí", prepara unas notas iniciales.
    → Si la respuesta es "no", el consejo es hacer una búsqueda rápida en Internet para ver si existe mucha información sobre el tema.

1b **Una vez que hayas elegido el tema, haz una lista de los puntos/aspectos que necesitas investigar para desarrollar tu proyecto.**

Por ejemplo, vamos a imaginar que estás interesado en el tema "La dictadura de Pinochet". Después de tu investigación inicial en Internet, haz un diagrama con los aspectos que necesitas investigar sobre la época. Puede incluir: fechas, figuras importantes y su contribución, razones, momentos importantes, …

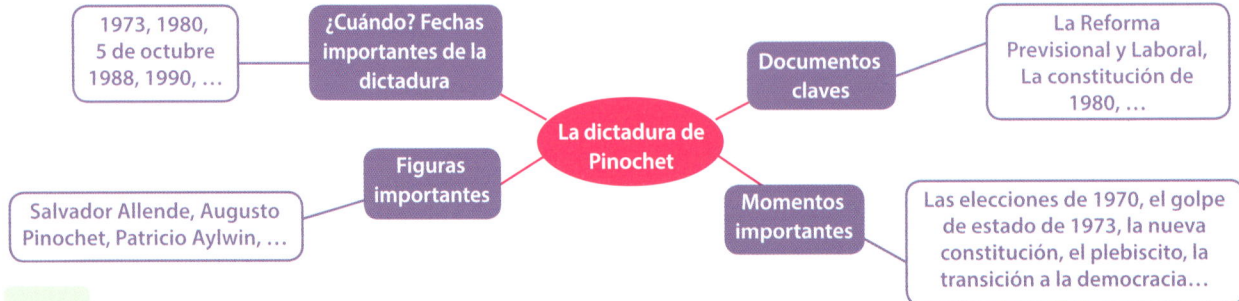

1c **Trabaja con un(a) compañero/a. Elegid otro tema de la lista. Seguid los pasos recomendados en las actividades 1a y 1b, y mostrad el diagrama que preparéis a otros compañeros de la clase. Recordad seguir estos pasos:**

1 Tema
2 Notas iniciales/búsqueda rápida de información para ver si existe suficiente
3 Preparar el diagrama inicial con los aspectos que necesitáis investigar

Research

One of the main aims of the IRP is to help you develop research skills. In order to research effectively, you first need to create a specific task or title for your piece. Therefore, ask yourself the following questions once you have chosen the area of study.

1 What is your objective? What do you want to find out and present to the examiner?
2 What questions do you need to answer to achieve your objective? (who, when, what, how, why, consequences, impact, opinions, …)

Putting together a research plan

Work out a timetable and action plan for research and planning. Do not forget to include time for evaluation and reflection. Look at the different aspects you need to research for your topic area/your question, and set yourself deadlines by which you will complete it all.

Research sources

1 You must use at least two sources and at least one of them must be an online source.
2 You must complete your research using sources in Spanish. They must be your primary sources.
 When using the Internet, search by country domain, e.g. www.google.es, www.elmundo.es, www.elpais.es, not forgetting that Latin American sites will often have their own country domain name, such as .cl for Chile or .mx for Mexico.

Advice on effective research

1 Look at your project title and make sure you understand exactly what you want to find out.
2 Make a list of key words and/or sentences in Spanish that are likely to bring up information on the areas you need to research for your topic.
3 Take notes and record all your research.
 - If using a magazine or a book, make a photocopy of the pages and use highlighters to select the information you will need. Create mind maps, diagrams or summaries to help you later when developing your presentation and preparing for the discussion.
 - If you use websites, copy and paste each website link into a Word document. As you do that, put each link into a different section (e.g. section on dates, section on reasons, section on consequences, …).
 - If you use audio sources, try to write a transcript of what you hear and analyse what is said and how you could use it.

Consejo

When creating your title or question for the IRP, prior to starting research, don't choose a broad topic area. Instead, narrow it down to something more specific, which will set an agenda for you.

Consejo

Make sure you use a variety of visual, audio and written sources. Use websites, books, newspapers, magazines, experts, sources of listening (e.g. YouTube, a radio debate, a television programme, podcasts, …). Don't forget to keep a careful record of the resources used.

2 **Crea un plan para tu investigación. Usando un ordenador, desarrolla un cuadro con la siguiente información.**

- ¿Cuál es el título de tu proyecto? (*the final title of your IRP*)
- ¿Cuáles son las secciones que debes investigar? (al menos cinco secciones)
- Haz una lista de las fuentes que vas a usar.
- Mira el calendario del curso y decide cuántas semanas y horas cada semana vas a dedicar a la investigación de tu proyecto. ¿Cuál es la fecha final en la que debes tener toda la investigación terminada?
- Muestra tu plan a tu profesor(a). Escucha sus opiniones y haz cambios si es necesario.

Analysis and drawing conclusions from your research

Once your research is completed, you will find yourself inundated with disparate pieces of paper, files on your computer, web references, page references, etc. What should you do?

1 Allow yourself a few hours alone and uninterrupted. Spread your material out.

2 You have a specific title for the project which will give you boundaries. Go through each piece of information and categorise it into:
- Useful for the presentation/for the presentation and discussion
- Useful for the discussion
- Possibly not very useful – put these to one side but don't discard them; you never know, they might come in handy after all!

3 Take your pile of 'Useful information'. Make a heading of every point you think you should include in your presentation.

4 Are there differing views on the same point in different sources? You will need to decide which you agree with, but don't be afraid to debate the differing views.

5 Go through the 'Useful for discussion' pile and check through it to make sure that there is nothing you have missed that should go into the presentation.

Structuring your presentation

You have only two minutes for your presentation. It therefore has to be very well structured, concise, and interesting. Remember that this is an oral presentation so its 'tone' and construction will differ in some ways from writing an essay.

To test how long your presentation should be, time yourself reading aloud some Spanish at a *speaking* pace. At the end of two minutes, see approximately how many words you have read. It is unlikely that you will exceed three hundred words – a lot less than all the information you will have accrued from your research.

You will see, therefore, how important it is to be concise and well organised once you start composing your presentation.

3 Para practicar, prepara una presentación sobre un tema divertido que no necesite mucha preparación. Cada persona debe presentar su trabajo a la clase y juntos debéis decidir cuáles son los puntos más y menos convincentes de la presentación.

Managing a discussion

The discussion is very important so aim to be in control of it as much as possible. Study your presentation from the examiner's point of view and anticipate the questions that he or she will focus on. You can to some degree 'entice' the examiner to ask you the questions you would like to answer by making sure that you include some interesting 'leads' in your presentation for him/her to pick up on. Also, be prepared to argue alternative viewpoints.

4 Para practicar la discusión:

1 Mira la presentación que preparaste para la actividad 3 y escribe dos listas de preguntas: la primera con preguntas que quisieras contestar y la otra con las que anticipas que el examinador te preguntará. No dejes que nadie vea tus listas.

2 Con un(a) compañero/a leed las presentaciones de otros miembros de la clase y jugando el papel del examinador, decidid qué preguntas vais a hacer.

3 Considera las preguntas que tu 'examinador' te va a hacer. ¿Son las que esperabas? Si no, ¿cómo podrías adaptar la presentación?

Posibles temas pueden incluir una tradición de un país hispanohablante, una persona histórica, o un evento deportivo.

Useful language

Introductory phrases

Para empezar…	*To start with…*
La razón por la que elegí/escogí este tema fue…	*The reason why I chose this topic was…*
Voy a abordar…	*I am going to tackle…*
Lo que me interesaba descubrir/aprender…	*What I was interested in finding out/learning…*
Trataré de demostrar…	*I will try to demonstrate…*
A primera vista…	*At first sight…*

Comparing and contrasting

Por un lado… por otro lado…	*On the one hand… on the other hand…*
Por una parte… por otra parte…	*On the one hand… on the other hand…*
No obstante, …	*Nevertheless, …*
Por el contrario, …	*On the other hand, … (to start a sentence)*
La otra cara de la moneda sería…	*The other side of the coin would be…*
Otro lado del asunto/tema/problema es…	*Another side of the matter/subject/problem is…*

Giving opinions

Lo que me ha impresionado más ha sido…	*What has impressed me the most has been…*
Me sorprendió mucho descubrir…	*I was very surprised to find out…*
No es una opinión que yo comparta pero…	*It is not an opinion I share but…*
Sería una locura admitir/decir que…	*It would be madness to admit/to say that…*
No se puede negar que…	*One can't deny that…*
Parece mentira que (+ subjunctive)…	*It seems incredible that…*

Reacting to a question

Debo decir que…	*I must say that…*
No cabe duda de que…	*There is no doubt that…*
La verdad es que aún hay mucho que aprender sobre eso pero creo que…	*The truth is that there is still a lot to learn about that but I believe that…*
Según uno de los expertos en el tema, …	*According to one of the experts on the topic, …*
Es una pregunta clave/interesante porque…	*It is a key/interesting question because…*
Me alegra que me haga(s) esta pregunta pues…	*I am glad that you ask me this question because…*

Conclusions

Para resumir, …	*To sum up, …*
En resumidas cuentas, …	*Summing up/All in all, …*
De todo ello se puede deducir que…	*Taking all into account, one can conclude that…*
En definitiva, …	*To sum up, …*
Todo parece indicar que…	*Everything seems to point to the fact that…*
Teniendo en cuenta todo, …	*Taking everything into account, …*

Gramática

1 Nouns and articles

1.1 Gender of nouns

Masculine noun endings

Nouns ending in -o are masculine, with a few exceptions such as:

la foto, la mano, la moto, la radio, la modelo

Most nouns ending in -e are masculine, but there are some exceptions:

la calle, la carne, la clase, la frase, la gente, la leche, la llave, la muerte, la noche, la parte, la sangre, la suerte, la tarde

Other common masculine noun endings are:

-i, -l, -r, -u

El is also used with feminine nouns that start with a stressed *a* such as:

el agua

el arco

el hambre

These are still feminine nouns, and in the plural take the article *las*.

Feminine noun endings

Almost all nouns ending in -a are feminine. However, most words ending in -ma are masculine (e.g. *el problema, el programa, el tema*), in addition to the following examples:

el día, el mapa, el planeta

Other common feminine noun endings are:

-ción, -dad, -tad, -tud, -dez, -ed, -ie (except *el pie*), *-iz* (except *el lápiz*), *-sis* (except *el análisis, el énfasis, el paréntesis*), *-umbre*.

1.2 Plural forms of nouns

Most nouns end in an unstressed vowel, and these just add -s for the plural.

Nouns ending in a consonant add -es.

*Los presentador**es** no respetan a los concursantes.*
The presenters don't respect the competitors.

Words whose last syllable is unstressed and ends in -s, do not change in the plural:

*Los **lunes** hay tres **autobuses** para Sevilla.*
On Mondays there are three buses to Seville.

1.3 Affective suffixes

Many suffixes can be used to express an attitude when describing a noun such as affection or to indicate small size. These suffixes include *-ito/-ita* for masculine and feminine.

1.4 Definite and indefinite articles

The definite article (*el*, *la*, *los*, *las*)

Use a definite article when the noun refers to a specific object or phenomenon…

*Me duele **la** cabeza.*
My head hurts.

***La** televisión es una herramienta educativa.*
Television is an educational resource.

… or to a general group:

***Los** niños ven programas que fomentan la agresividad.*
Children watch programmes that provoke aggression.

***los** domingos*   on Sundays

You also need the definite article to give the time:

*a **las** 13.00 horas*
at 1 o'clock

Leave the article out before a country…

'Telebasura' es un término despectivo usado en España.
'Telebasura' is a pejorative term used in Spain.

… unless the country is qualified (described) by a phrase or an adjective:

***la** España del siglo veintiuno*
21st-century Spain

The indefinite article (*un*, *una*, *unos*, *unas*)

Leave the article out before nouns of occupation or nationality.

Mi padre es electricista.
My father's an electrician.

La presentadora es mexicana.
The presenter is Mexican.

In its plural form, *unos/unas* means 'some' but it is often not translated at all.

*La telebasura crea **unos** arquetipos indeseables.*
Junk TV creates (some) undesirable stereotypes.

The neuter article (*lo*)

Use *lo* with an adjective to form an abstract noun, 'the [adjective] thing'.

***Lo malo** es que emiten el programa muy tarde.*
The bad thing is they put the programme on very late.

***Lo fundamental** es navegar con prudencia.*
The main thing is to surf (the Internet) with caution.

The adjective after *lo* is always masculine and singular.

2 Adjectives and adverbs

2.1 Adjective agreement and position

Adjectives must agree in gender and number with their noun.

el zapat**o** r**o**j**o**	la bot**a** neg**ra**	los zapat**os** roj**os**	las bot**as** neg**ras**

Adjectives are normally placed after the noun, but there are some exceptions. The following adjectives are placed before the noun. They also lose their final -o when the following noun is masculine singular. Notice when an accent is needed to keep the stress on the correct syllable.

algún/alguno	alguna	algunos	algunas
mal/malo	mala	malos	malas
ningún/ninguno	ninguna	no plural form	
primer/primero	primera	primeros	primeras
tercer/tercero	tercera	terceros	terceras

El **tercer** episodio fue mejor que el **primero**.
The third episode was better than the first.

Algunos cantantes no tienen **ningún** talento.
Some singers have no talent.

The adjective grande loses the final -de before a singular noun, masculine or feminine.

el **gran** hermano, una **gran** casa

Some adjectives can also be used as nouns:

Adjective	Noun
Pancho y sus amigos **son chilenos.**	**Los chilenos** tienen sus propias tradiciones.
La montaña **es verde.**	**Los verdes** ganarán las elecciones.

2.2 Comparatives and superlatives

To form comparatives use **más + adjective/adverb**:

Esta plancha es **más potente**.
This iron is **more powerful**.

Con ésta, planchas **más fácilmente**.
With this one, you iron **more easily**.

To compare two things which are equal, use **tan + adjective/adverb + como**:

El zumo de naranja Todo Fruta es **tan natural como** el amanecer.
Todo Fruta orange juice is **as natural as** the dawn.

Cómete un Chocomuesli y correrás **tan rápido como** un jaguar.
Eat a Chocomuesli and you'll run **as fast as** a jaguar.

Remember that some comparative forms are irregular:

bien	mejor
bueno	mejor (**más bueno** is sometimes used for 'better in character')
grande	mayor (**más grande** is sometimes used)
mal, malo	peor
mucho	más
pequeño	menor ('younger') más pequeño

To form superlatives, use the **definite article + más + adjective**:

Éste es el coche **más increíble**.
This is **the most incredible** car.

In Spanish there is also an absolute superlative (the most… of all), formed by removing the final vowel from an adjective and replacing it with the endings -ísimo, -ísima, -ísimos, -ísimas.

Moda en el Corte Inglés – ¡**elegantísima**!
Fashion in Corte Inglés – the height of elegance!

2.3 Demonstrative adjectives and pronouns

this		these	
este	esta	estos	estas

that (not very distant)		those (not very distant)	
ese	esa	esos	esas

that (more distant)		those (more distant)	
aquel	aquella	aquellos	aquellas

este cine, ese director, aquellas películas
this cinema, that director, those films

Like other adjectives, demonstrative adjectives must agree with the noun they describe.

Este anuncio es muy efectivo.
This ad is very effective.

Esa foto no es interesante.
That photo isn't interesting.

Aquellos carteles son más llamativos.
Those posters are more striking.

These words are also used as **demonstrative pronouns**, that is as 'standalone' words representing a noun. When they are pronouns, they have an accent.

Éste es el mejor producto en el mercado.
This is the best product on the market.

No me gusta este vino, prefiero **ése**.
I don't like this wine, I prefer **that one**.

No compraría **aquéllos**.
I wouldn't buy **those**.

2.4 Indefinite adjectives and pronouns

The indefinite pronouns *algo* and *alguien*

The pronouns *algo* (something) and *alguien* (someone) don't change their form.

Algo can be used on its own…

*Apuntaba **algo**.*
He was noting **something** down.

… or with an adjective, in which case it means 'quite', 'rather', or 'a bit'…

*Es **algo escandaloso**.*
It's **rather scandalous**.

… or with *de* + infinitive:

*¿Quieres **algo de comer**?*
Do you want **something to eat**?

Alguien can be used on its own…

*Busco a **alguien**.*
I'm looking for **someone**.

… or followed by *que* + a verb, in which case it requires the subjunctive (because there is some **doubt** as to whether the person exists [see 4.13]):

*Busco a **alguien que me respete**.*
I'm looking for **someone who respects me**.

The indefinite adjectives *algún/alguno/alguna/algunos/algunas* and *ningún/ninguno/ninguna*

Alguno means 'some' and must agree with its noun. It drops the *-o* ending and gains an accent when it is placed before a masculine singular noun.

algunas chicas, algún talento, algunos estudiantes
some girls, some talent, some students

Ninguno means 'no, not any, none' and must agree with its noun. Like *alguno*, it drops the *-o* ending and gains an accent when it is placed before a masculine singular noun, but it has no plural forms, since its meaning is 'not one'.

ninguna chica, ninguna idea, ningún estudiante
no/not one girl, no idea, no student(s)

[see 2.1]

Mucho, poco, todo, tanto, otro, cualquier and *varios*

These are used as adjectives as well as pronouns.

They must agree with the noun they describe (when they are adjectives) or represent (when they are pronouns):
cualquier persona, poca gente.

***Todos los niños** soltaban unas carcajadas.*
All the children were letting out guffaws.

*Un abrazo a **todos**, Paco.*
Love to **everyone**, Paco.

Tanto shortens to *tan* before adjectives.

*No hay **tantos** matrimonios civiles. No es **tan** importante.*
There are not **that many** civil partnerships. It's not **so** important.

Cada

Although *cada* is an adjective, it never changes.

Cada individuo tiene su punto de vista.
Every individual has their point of view.

2.5 Possessive adjectives and pronouns

A **possessive adjective** must agree with its noun.

***Mi padre** ha tenido tres mujeres.*
My father has had three wives.

*Las relaciones con **mis hermanas** son excelentes.*
My relationship with **my sisters** is excellent.

*Es la mejor novelista de **nuestros tiempos**.*
She is the best novelist of **our times**.

Mi, *mis*, *tu*, *tus*, *su*, *sus* are the same for masculine and feminine.

Nuestro (our) and *vuestro* (your, second person plural, familiar) have masculine and feminine forms in the singular and plural:

singular		plural	
masculine	feminine	masculine	feminine
mi	mi	mis	mis
tu	tu	tus	tus
su	su	sus	sus
nuestro	nuestra	nuestros	nuestras
vuestro	vuestra	vuestros	vuestras
su	su	sus	sus

Possessive pronouns follow the noun or are freestanding.

The definite article is needed with possessive pronouns, except when the pronoun is introduced by the verb *ser*.

*Juan Ramón dice que **la suya** no es una familia genética sino de elección.*
Juan Ramón says that **his** is not a genetic family but one created by choice.

*Juan Ramón dice que Jorge no es **hijo suyo**.*
Juan Ramón says that Jorge is not **his son**.

Like possessive pronouns, possessive adjectives must agree (with the noun they represent), but the pronouns all have masculine and feminine forms in singular and plural:

singular		plural	
masculine	feminine	masculine	feminine
mío	mía	míos	mías
tuyo	tuya	tuyos	tuyas
suyo	suya	suyos	suyas
nuestro	nuestra	nuestros	nuestras
vuestro	vuestra	vuestros	vuestras
suyo	suya	suyos	suyas

2.6 Interrogative adjectives and pronouns

Here are the most common interrogative words. They do not change their form, except that they have an accent when used as interrogatives.

¿Cuándo…?	When…?
¿Dónde…?	Where…? (position)
¿Adónde…?	Where to…? (destination)
¿Cómo…?	How…?
¿Por qué…?	Why…?

¿Cuándo vuelves?
When are you coming back?

No sé cuándo.
I don't know when.

¿Por qué vas a la cama tan temprano?
Why are you going to bed so early?

¿Cuánto…?

¿Cuánto…? does not change its form when it is a pronoun…

*¿**Cuánto** cuestan?*
How much are they?

… but it must agree with its noun when it is an adjective:

*¿Cuánt**os** añ**os** tienes?*
How old are you?

¿Qué…? and ¿Cuál…?/¿Cuáles…?

To ask 'what…?', use *¿qué…?*

*¿**Qué** quieres?*	**What** do you want?
*¿**Cuáles** son los pronombres?*	**What** are pronouns?

To ask 'which…?', use *¿cuál…?/¿cuáles…?* when you need a pronoun…

*¿**Cuál** de estas preguntas es más difícil?*
Which (one) of these questions is harder?

*¿**Cuáles** de todas sus canciones prefieres?*
Which (ones) of all his tracks do you prefer?

… but use *¿qué…?* when you need an adjective:

*¿**Qué respuesta** vas a elegir?*
Which answer are you going to choose?

Although *cuál* has a plural form, *qué* never changes.

¿Quién…?/¿Quiénes…?

Like *cuál*, *quién* has a plural form.

Quién/quiénes can be used on their own or with prepositions.

*¿**Quién** habla?*
Who's speaking?

*¿**Quiénes** son?*
Who are they?

*¿**A quién** viste en el bar?*
Who(m) did you see in the bar?

*¿**De quién** es este móvil?*
Whose is this mobile?/**Whose** mobile is this?

Using interrogative words to make exclamations

The interrogative words *cuánto*, *cómo* and *qué* are used – with their accents in place – to make exclamations.

¡Cuánto me aburre!	How boring he is!
¡Cómo! ¡No es posible!	What! It's not possible!
¡Qué tonto!	How stupid!

2.7 Relative adjectives and pronouns

Relative pronouns are words such as 'who', 'which' and 'that', used to connect two parts of a sentence.

*No teníamos familiares cerca **que** pudieran ayudarnos.*
We didn't have family members nearby **who** could help us out.

The relative pronoun is often left out in English but not in Spanish:

*Mi hijo escucha música **que** a mí no me gusta, y tiene amigos **a quienes** no aguanto.*
My son listens to music (**that**) I don't like, and has friends (**whom**) I can't stand.

A preposition used with a relative pronoun cannot be separated from it, as happens in English:

*Los problemas **de los cuales** hablaba son muy comunes.*
The problems (**that**) he was talking **about** are very common.

Que is the most common of the relative pronouns. It is used

● as a subject pronoun:

*México es un país **que** avanza rápidamente.*
Mexico is a country **which** is advancing rapidly.

● as an object pronoun for things (not people):

*Le dejo elegir los programas **que** vemos.*
I let him choose the programmes (**that**) we watch.

The pronouns *el que*, *la que*, *los que*, *las que* are used after prepositions.

*la mujer **de la que** se enamoró*
the woman he fell in love with (= **with whom** he fell in love)

*el día **en el que** comenzó el curso*
the day (**that/on which**) the course started

Quien and its plural *quienes* are used after a preposition when referring to people, not things. They can replace *que*.

*Es ella **quien** tiene que planificarlo.*
It's she **who** has to plan it.

Cuyo, meaning 'whose', is an adjective. It agrees in number and gender with its noun.

*Trato de que no vuelva a salir con amigos **cuya** influencia puede ser mala.*
I try to stop him going out with friends **whose** influence could be a bad thing.

The neuter pronouns *lo que/lo cual* refer to a general idea or a whole phrase, rather than a specific noun.

*Puede comprar **lo que** quiera.*
He can buy **what** he wants.

2.8 Adverbs and adverbial phrases

In Spanish, adverbs are formed by adding the ending *-mente* to the feminine form of the adjective where there is one:

rápido	*rápida*	*rápidamente*
correcto	*correcta*	*correctamente*

When two '-mente' adverbs appear together, the first one loses the ending *-mente* but it remains in the feminine form.

*Hay que trabajar los músculos **correcta y periódicamente**.*
You have to exercise your muscles correctly and regularly.

Some common adverbs are irregular:

bien (well), *mal* (badly), *despacio* (slowly)

Some are words you already know but may not think of as adverbs; they are used as intensifiers and quantifiers, i.e. to show how strongly the adjective applies:

muy, más, mucho, poco, bastante, demasiado, tanto

Adverbs usually add detail to verbs…

*La mujer no **educó adecuadamente** a su hijo.*
The woman didn't **educate** her son **adequately**.

… but they can also add detail to adjectives, specifying the intensity of the adjective.

*Fue un momento **particularmente importante**.*
It was an **especially important** time.

Adverbial expressions – phrases that work like adverbs – are at least as common as single-word adverbs. Here are two standard types:

- use *con* with the noun
  con frecuencia instead of *frecuentemente*
  con respeto instead of *respetuosamente*

- use *de manera* with a feminine adjective:
  de manera tímida, de manera teatral, de manera experta

Masculine singular adjectives are also sometimes used as adverbs:

*Hablan **rápido**.*	They talk **quickly**.
*Se venden **barato**.*	They are sold **cheap(ly)**.

Comparatives and superlatives of adverbs

[see 2.2 Comparatives and superlatives]

3 Pronouns

3.1 Subject pronouns

The subject pronouns are:

singular		plural	
I	yo	*we*	nosotros
you	tú	*you*	vosotros
he/it	él	*they (masculine or a mix of masc. + fem.)*	ellos
she/it	ella	*they (feminine)*	ellas
you (formal)	usted (Vd.)	*you (formal)*	ustedes (Vds.)

They are rarely used in Spanish except

- when they are needed for clarity

  ***Ella** ya es estudiante, pero **él** ha dejado de estudiar.*
  She is still a student, but **he** has finished studying.

- for emphasis

  ***Yo** estoy de acuerdo, pero ¿qué opinas **tú**?*
  I agree, but what do **you** think?

  You can use *tú* to say 'you' (singular), and *vosotros* to say 'you' (plural), in most informal situations.

  For formal situations, with people you don't know or to show respect to someone, you can use *usted* + verb in third person, and *ustedes* + verb in sixth person.

  Note that *usted* and *ustedes* are used much more widely in Latin America.

3.2 Object pronouns

Direct object pronouns

The direct object pronouns are:

singular		plural	
I	me	we	nos
you	te	you	os
he/it	lo (le)	they (masculine or a mix of masc. + fem.)	los (les)
she/it	la	they (feminine)	las
you (formal)	lo (le), la	you (formal)	los (les), las

- In Spanish the words for **him/her** or **it** are *lo* (masculine) and *la* (feminine).

- In some areas of Spain, *le* is used instead of *lo* for **male people only**.

- *La* is **always** used for **female people** and **feminine nouns**.

- Remember to use the same pronouns for ***usted*** and ***ustedes*** as you would use for the third person.

Position of direct object pronouns

Direct object pronouns usually come in front of the verb:

*Ya **lo** oigo.*
I can hear him/it.

***Le** llamaré esta tarde, señor.*
I'll call you this afternoon, sir.

*¿**Me** escuchas?*
Are you listening to me?

*¡No **me** estás escuchando!*
You aren't listening to me!

*Ya **te** oigo.*
I can hear you now.

*Nunca **nos** llaman.*
They never call us.

***Os** llamaré pasado mañana.*
I'll call you the day after tomorrow.

However, when they are used with a gerund (e.g. in a continuous tense) or an infinitive, they can be tacked on to the end:

Las estamos escuchando or *Estamos escuchándo**las**.*
We are listening to them.

*No puedo hacer**lo** en seguida.*
I can't do it immediately.

*No quiero escuchar**te**.*
I don't want to listen to you.

In positive commands, they have to be tacked on to the end, which usually means that an accent is needed on the verb to keep the stress in the right place:

*¡Míra**me**!*
Watch me!

*Me encanta esta canción. ¡Escúcha**la**!*
I love this track. Listen to it!

But in negative commands, they stay in their usual position, in front of the verb:

*¡No **lo** escuches!*   Don't listen to it!

*¡No **la** escuches!*   Don't listen to her!

When there is more than one verb, the object pronoun can go before the first verb or be tacked on to the second one, but **it never goes in the middle**!

***La** están mirando* or *Están mirándo**la**.*
They are watching it/her.

Indirect object pronouns

First and second person indirect object pronouns (to me, to you, to us) are *me, te, nos* and *os*, the same as the direct object pronouns.

The third person indirect object pronouns (to him, to her, to them, to you (*usted*)) are *le* (for both masculine and feminine singular) and *les* (for all plurals).

The rules for position of indirect object pronouns are the same as for direct object pronouns.

*¿**Me** pasas este CD?*
Will you pass **(to) me** that CD?

***Te** daré diez euros.*
I'll give **(to) you** ten euros.

***Le** devolverán su álbum pronto.*
They'll soon return his album **to him**.

***Le** digo que usted no puede entrar sin entrada, señor.*
I tell **(to) you**, you can't go in without a ticket, sir.

*Por favor, mánde**nos** un correo eléctronico.*
Please send **(to) us** an email.

*Señoras, voy a ofrecer**les** un CD como premio.*
Ladies, I am going to offer **(to) you** a CD as a prize.

*Salió sin decir**les** gracias.*
He left without saying thank you **to them**.

Word order of pronouns when you need both indirect and direct

If two or more object pronouns occur together, the indirect object pronoun always comes before the direct object pronoun, whereas in English the order can vary.

Te los mandaré mañana.
I'll send **you them** tomorrow.

Os las damos en seguida.
We'll give **you them** straight away.

Me lo explicó ayer.
She explained **it to me** yesterday.

If *le* or *les* is followed by another third person object pronoun (e.g. *lo, las*), the *le* or *les* changes to *se*. This is purely to avoid the clumsy sound of too many words beginning with *l-* coming one after another. Where this happens, you need to use the context to work out who '*se*' represents.

¿Se lo mandaste?
Did you send **it to him/her/them**?

*Voy a devolvér**selas*** en seguida, señora.
I'll **give them back to you** straight away, madam.

*¡Dá**selos*** en seguida!
Give **them to him/her/them** immediately!

3.3 Disjunctive (or emphatic) pronouns

The disjunctive pronouns are:

singular	plural
mí	nosotros
ti	vosotros
él	ellos
ella	ellas
usted (Vd.)	ustedes (Vds.)

They are identical to the subject pronouns, except for *mí* and *ti* (*mí* has an accent simply to distinguish it from the possessive adjective *mi*).

These pronouns are used after prepositions (e.g. *por, para, de, en, a*):

*Para **ti**, ¿cuáles serían las ventajas de vivir aquí?*
For **you**, what would be the advantages of living here?

*A **mí** me gusta más navegar por Internet que leer.*
I prefer surfing the Internet to reading.

*No quiero hablar de **ella**.*
I don't want to talk about **her**.

Conmigo, contigo, consigo

After *con* special forms of the first, second and third person singular are tacked on to make *conmigo, contigo, consigo*.

*¿Quieres venir al cibercafé **conmigo**?*
Do you want to come to the Internet café **with me**?

*Llevó el paraguas **consigo** porque iba a llover.*
He took the umbrella **with him** because it was going to rain.

*¿**Contigo**? ¿Estás loco?*
With you? Are you kidding?

Not all prepositions require disjunctive pronouns. The prepositions *entre, según, excepto, menos* and *salvo* are followed by subject pronouns:

*Según **tú**, nadie menos **yo** vio aquel mensaje.*
According to you, no one but me saw that message.

Demonstrative pronouns

[see 2.3 Demonstrative adjectives and pronouns]

Indefinite pronouns

[see 2.4 Indefinite adjectives and pronouns]

Possessive pronouns

[see 2.5 Possessive adjectives and pronouns]

Interrogative pronouns

[see 2.6 Interrogative adjectives and pronouns]

Relative pronouns

[see 2.7 Relative adjectives and pronouns]

Reflexive pronouns

[see 4.18 Reflexive verbs]

4 Verbs

4.1 The present tense

Usage

The Spanish present tense has the same usage as the English present tense, to express what is happening at the present time, and what happens regularly.

¿Qué haces cuando te pones triste? Llamo a mis amigos.
What do you do when you feel unhappy? I ring my friends.

Siempre voy al polideportivo los sábados por la mañana.
I always go to the sports centre on Saturday mornings.

It can also be used to talk in a more lively way in a narrative, for example when you describe the plot of a film.

La mujer corta con su novio, se enrolla con otro hombre, pero no se da cuenta de que es una persona peligrosa …
The woman breaks up with her boyfriend, and gets involved with another man, but she doesn't realise he's a dangerous person…

As in English, the present tense is also used to refer to something planned for the near future.

Mañana salgo con mis amigos.
Tomorrow I'm going out with my friends.

Formation of regular verbs

Add the following endings to the stem of the verb:

hablar	comer	vivir
habl**o**	com**o**	viv**o**
habl**as**	com**es**	viv**es**
habl**a**	com**e**	viv**e**
habl**amos**	com**emos**	viv**imos**
habl**áis**	com**éis**	viv**ís**
habl**an**	com**en**	viv**en**

Formation of irregular verbs

Some verbs are irregular in the present tense, but often it is only the first person singular that is irregular. The most common irregulars are:

dar	**doy**, das, da, damos, dais, dan
decir	**digo, dices, dice**, decimos, decís, **dicen**
estar	**estoy**, estás, está, estamos, estáis, están
haber	**he, has, ha, hemos**, habéis, **han**
hacer	**hago**, haces, hace, hacemos, hacéis, hacen
ir	**voy, vas, va, vamos, vais, van**
oír	**oigo, oyes, oye**, oímos, oís, **oyen**
poner	**pongo**, pones, pone, ponemos, ponéis, ponen
saber	**sé**, sabes, sabe, sabemos, sabéis, saben
salir	**salgo**, sales, sale, salimos, salís, salen
ser	**soy, eres, es, somos, sois, son**
tener	**tengo, tienes, tiene**, tenemos, tenéis, **tienen**
venir	**vengo, vienes, viene**, venimos, venís, **vienen**
ver	**veo**, ves, ve, vemos, veis, ven

Note: Remember that some verbs change their spelling in the present tense, according to certain set patterns, for example qu*ie*ro, j*ue*go, pref*ie*ro.

[see 4.17 Radical-changing verbs]

4.2 The present continuous tense and the gerund

Usage

The present continuous tense is the Spanish equivalent of the English form 'I am/you are/he is, etc., …-ing'.

¿Qué estás leyendo? Estoy leyendo El País.
What are you reading? I'm reading *El País*.

Formation of regular verbs

Use the appropriate part of the present of *estar* with the gerund (the part of the verb which is equivalent to English '-ing').

The gerund is formed as follows:

-*ar* verbs	>	-*ando*
-*er/-ir* verbs	>	-*iendo*

Here are examples for each person of the verb:

estoy cantando	I am singing
estás escuchando	you are listening
está tocando	he/she is playing
estamos bailando	we are dancing
estáis comiendo	you are eating
están bebiendo	they are drinking

Formation of irregular verbs

A few verbs have slightly irregular gerunds:

caer	cayendo
creer	creyendo
dormir	durmiendo
leer	leyendo
oír	oyendo
preferir	prefiriendo

Other uses of the gerund:

There are also a variety of expressions that use the gerund such as:

llevar + gerund

Llevo diez minutos haciendo este ejercicio.
I've been working on this exercise for ten minutes.

ir + gerund

Voy contando mis historias.
I go around telling my stories.

seguir + gerund

Seguimos cocinado.
We continue/keep cooking.

venir + gerund

Mi amiga ha estado enviando curriculos desde hace dos semanas.
My friend has been sending her CV for the last two weeks.

[see also imperfect continuous in 4.4]

4.3 The preterite tense

Usage

The preterite tense in Spanish is very similar to the English 'simple past' tense, using just one word to describe a single, completed action. So you need it for narrative accounts and reports of past events, and also to refer to single events in the past.

*El partido **acabó** a las once.*
The match **finished** at 11 o'clock.

*¿Cómo **reaccionaste** al ver su película?*
How **did you react** when you saw his film?

Formation of regular verbs

With most Spanish verbs the stem for the preterite is like the stem for the present.

Add the following endings to the stem of the verb. The endings for -er and -ir verbs are the same.

hablar	comer	subir
hablé	comí	subí
hablaste	comiste	subiste
habló	comió	subió
hablamos	comimos	subimos
hablasteis	comisteis	subisteis
hablaron	comieron	subieron

Formation of irregular verbs

Many common and some less common Spanish verbs are irregular in the preterite, for example *ser* and *estar*, *conducir*, *dar*, *decir*, *hacer*, *ir*, *poder*, *poner*, *querer*, *tener*, *traer*, *venir* and *ver*.

	ser	ir
The verbs *ser* and *ir* have the same form in the preterite; you have to use the context to work out which verb is being used!	fui fuiste fue fuimos fuisteis fueron	fui fuiste fue fuimos fuisteis fueron

	tener	estar	andar
Here are three more verbs whose form is quite similar.	tuve tuviste tuvo tuvimos tuvisteis tuvieron	estuve estuviste estuvo estuvimos estuvisteis estuvieron	anduve anduviste anduvo anduvimos anduvisteis anduvieron

	decir	traer	conducir
These three verbs have a 'j' in their preterite.	dije dijiste dijo dijimos dijisteis dijeron	traje trajiste trajo trajimos trajisteis trajeron	conduje condujiste condujo condujimos condujisteis condujeron

You will also need to know the preterite forms of the following verbs. They are all irregular, but they have patterns in common which make them a bit easier to learn. None of them has any accents.

dar	hacer	poder	poner
di	hice	pude	puse
diste	hiciste	pudiste	pusiste
dio	hizo	pudo	puso
dimos	hicimos	pudimos	pusimos
disteis	hicisteis	pudisteis	pusisteis
dieron	hicieron	pudieron	pusieron

querer	venir	ver
quise	vine	vi
quisiste	viniste	viste
quiso	vino	vio
quisimos	vinimos	vimos
quisisteis	vinisteis	visteis
quisieron	vinieron	vieron

Compound verbs based on those listed above have the same irregular patterns as the verbs on which they are based.

hacer	poner	tener	traer	venir	conducir
deshacer satisfacer	componer disponer exponer imponer proponer suponer	contener detener mantener obtener sostener	atraer contraer distraer sustraer	convenir intervenir	introducir producir

Note: The preterite of **hay** (there is, there are) is **hubo**, but because the preterite is used for **events**, not for ongoing **situations** or **descriptions**, when you want to say 'there was/there were' you are more likely to need the imperfect form **había**.

4.4 The imperfect tense and the imperfect continuous

Usage

The imperfect tense is used:

- to describe what something was like in the past (descriptions):

  *El cine **era** viejo.*
  The cinema **was** old.

- to say what someone or something used to do (habitual or repeated actions):

  *Le **encantaba** leer autores clásicos.*
  He used to love reading classical authors.

- to describe an ongoing action in the past, for example an action that was interrupted by something else that happened:

  ***Trabajaba** [imperfect] cuando llamó [preterite].*
  I **was working** when he called.

Formation of regular verbs

Add the following endings to the stem of the verb. The endings for -er and -ir verbs are the same.

hablar	comer	vivir
hablaba	comía	vivía
hablabas	comías	vivías
hablaba	comía	vivía
hablábamos	comíamos	vivíamos
hablabais	comíais	vivíais
hablaban	comían	vivían

Formation of irregular verbs

Three common verbs are irregular in the imperfect tense, though the endings are similar to those of regular verbs.

ser	ir	ver
era	iba	veía
eras	ibas	veías
era	iba	veía
éramos	íbamos	veíamos
erais	ibais	veíais
eran	iban	veían

Imperfect continuous

If you want to describe an 'ongoing action' more vividly, use the imperfect continuous, formed from the imperfect of *estar*, plus the gerund (the form of the verb ending in -ando or -iendo).

Estaba viendo un DVD cuando llegó mi novia.
I was watching a DVD when my girlfriend arrived.

4.5 The perfect tense

Usage

As in English the perfect tense describes a single, completed action in the immediate past, one which has just or recently happened, or which is still relevant to the ongoing situation.

*¿**Has oído** su nuevo CD?*
Have you heard their new CD?

*Estoy de mal humor porque mi profesor **me ha castigado**.*
I'm in a bad mood because my teacher **(has) told me off**.

Formation

The perfect tense is made up of two parts:

the **present** tense of the auxiliary verb **haber**	+	the past participle.
he		
has		
ha		
hemos		
habéis		
han		

Remember that although *haber* means 'to have' it is **only used as an auxiliary**, i.e. to form compound tenses such as the perfect. It **never** means 'to have' in the sense of possession (for which *tener* is used).

Formation of regular past participles

Regular past participles are formed as follows:

-ar verbs	-er and -ir verbs
-ado	-ido
Example: escuchado	Example: salido

NB Past participles do not change in Spanish.

*Esta región **ha cambiado** mucho.*
This region **has changed** a lot.

Formation of irregular past participles

Some Spanish verbs have irregular past participles. As you can see from this list of the most common ones, groups of them follow the same patterns, which makes them easier to learn:

infinitive	past participle
abrir, cubrir, descubrir	abierto, cubierto, descubierto
decir, hacer, satisfacer	dicho, hecho, satisfecho
volver, devolver	vuelto, devuelto
escribir, describir	escrito, descrito
morir, poner, ver	muerto, puesto, visto

Note that reflexive pronouns and object pronouns always go before the part of *haber*.

Se ha acostado. — He has gone to bed.
*No **lo** hemos visto.* — We haven't seen it.

Using *acabar de* + infinitive to translate 'to have just' done something

If you want to express 'I have just [+ verb]', don't use the perfect tense in Spanish: instead, use the verb *acabar* in the **present tense** followed by *de* + infinitive.

Acabo de comprar este CD.
I have just bought this CD.

4.6 The pluperfect tense

Usage

As in English, the pluperfect is a compound tense used to talk about what 'had' happened.

*Europa **había acordado** incrementar el uso de biocombustibles.*
Europe **had agreed** to increase the use of biofuels.

Formation

The pluperfect tense is made up of two parts:

the **imperfect** tense of the auxiliary verb **haber**	+	the past participle
había		
habías		
había		
habíamos		
habíais		
habían		

[see 4.5 The perfect tense for information on past participles]

As in the perfect tense, reflexive pronouns and object pronouns always go before the part of *haber*.

Se habíá acostado. He had gone to bed.
*No **lo** habíamos visto.* We hadn't seen him.

4.7 The immediate future tense

Usage

Use the immediate future to talk about the near future: things that 'are going to' happen.

***Vamos a ver** una película en mi ordenador portátil.*
We're going to watch a film on my laptop.

Formation

The tense is made up of three parts:

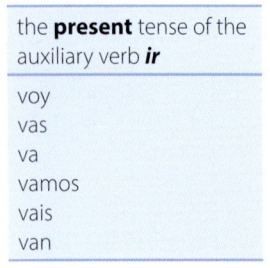

the **present** tense of the auxiliary verb **ir**	+	**a**	+	the infinitive
voy				
vas				
va				
vamos				
vais				
van				

4.8 The future tense

Usage

Use the future tense to make predictions and statements about the future.

*El ordenador **será** un coordinador de terminales cuyo elemento esencial **será** el teléfono móvil.*
The computer **will be** a coordinating point whose main element **will be** the mobile phone.

When the future tense is used, the tone is more formal than with the immediate future.

*El nuevo X-phone **se lanzará** al mercado en agosto.*
The new X-phone will be launched in August.

[see also 4.12 on how to refer to the future in expressions with *cuando*]

Formation of regular verbs

Most verbs have a regular future tense. The endings are added to the infinitive, and are the same for all three conjugations. Notice where the accents are:

hablar	**comer**	**subir**
hablar**é**	comer**é**	subir**é**
hablar**ás**	comer**ás**	subir**ás**
hablar**á**	comer**á**	subir**á**
hablar**emos**	comer**emos**	subir**emos**
hablar**éis**	comer**éis**	subir**éis**
hablar**án**	comer**án**	subir**án**

Formation of irregular verbs

A few verbs have an irregular future stem, so you need to learn these:

decir	*dir- : diré, dirás, dirá, diremos, diréis, dirán*
hacer	*har- : haré, harás, etc.*
poder	*podr-*
poner	*pondr-*
querer	*querr-*
saber	*sabr-*
salir	*saldr-*
tener	*tendr-*
venir	*vendr-*
caber	*cabr-*
valer	*valdr-*

4.9 The conditional

Usage: would, could, should

Use the conditional to talk about:

● what **would happen**/how something **would be**:

  *Me **gustaría** ponerme en forma.*
  I **would like** to get fit.

  ***Sería** mejor ir a pie.*
  It **would be** better to go on foot.

- what someone said **would happen**:

  *Dijeron que **llegarían** a las dos.*
  They said they **would arrive** at two.

- what you **would do** (if …)

  *Si estuviera en forma, **recorrería** el Camino Inca hasta Machu Picchu.*
  If I were fit, **I would go on** the Inca Trail to Machu Picchu.

The conditional of **deber** is used with an infinitive to talk about what someone **ought to/should do**.

*El gobierno **debería invertir** más en instalaciones deportivas.*
The government **should invest** more in sports facilities.

The conditional of **poder** is used with an infinitive to talk about what someone **could do**.

***Podríamos viajar** más barato en el tren.*
We **could travel** more cheaply by train.

Formation

Start with the future tense stem, and add the conditional endings, which are the same for all three conjugations. They are the same endings that form the imperfect tense of *-er* and *-ir* verbs, and always have an accent on the *í*:

hablar	comer	subir
hablar**ía**	comer**ía**	subir**ía**
hablar**ías**	comer**ías**	subir**ías**
hablar**ía**	comer**ía**	subir**ía**
hablar**íamos**	comer**íamos**	subir**íamos**
hablar**íais**	comer**íais**	subir**íais**
hablar**ían**	comer**ían**	subir**ían**

Because the conditional uses the same stem as the future tense, the irregulars are exactly the same as the future ones [see 4.8].

4.10 The future perfect tense

The future perfect tense tells you what will have happened.

*Se calcula que las reservas **se habrán agotado** en un futuro no muy lejano.*
It's estimated that reserves **will have run out** in the not too distant future.

It is formed from the future of *haber* and the past participle.

habré llegado
habrás llegado
habrá llegado
habremos llegado
habréis llegado
habrán llegado

Remember that some common verbs have irregular past participles (see section 4.5).

4.11 The conditional perfect

Use the conditional perfect to talk about consequences in a past conditional sentence: it translates as the English 'would have (done)'.

*Si lo hubiese visto, lo **habría creído**.*
If I had seen it, I **would have believed** it.

The conditional perfect is formed with the conditional of *haber* and the past participle of the verb:

habría llegado
habrías llegado
habría llegado
habríamos llegado
habríais llegado
habrían llegado

Remember that some common verbs have irregular past participles, for example: *decir – dicho, hacer – hecho, poner – puesto, romper – roto, ver – visto, volver – vuelto* [see 4.5].

Using the conditional perfect tense with the pluperfect subjunctive

The **conditional perfect** tense often appears in a '*si*' ('if') sentence with the pluperfect subjunctive [see 4.15].

*Si no **hubiese sido** por la llegada a España de más de tres millones de inmigrantes en los últimos diez años, la economía de ese país no **habría crecido** tanto.*

If it **had not been** for the arrival in Spain of more than three million immigrants in the last ten years, the economy of this country **would not have grown** so much.

4.12 The subjunctive 'mood' and when to use it

The subjunctive and indicative parts of the verb are sometimes known as the **moods** of the verb. We use the term 'mood' because their purpose is to convey the speaker's attitude to the action described.

Like the indicative mood, the subjunctive also has past and present tenses [see 4.13–4.15].

When to use the subjunctive

- after verbal expressions that convey wishes, advice and requests that someone (else) should do something, such as *querer que, pedir que, aconsejar que, decir que.*

  ***Quiere que** su marido le **llame**.*
  She wants her husband to ring her.

  *El entrenador le **aconsejó que corriera** 10 kilómetros cada día.*
  His trainer advised him to run 10 kilometres every day.

  *Voy a **pedir** a mis amigos **que** me **ayuden**.*
  I'm going to ask my friends to help me.

  *Voy a **decir** a mi hermana **que vuelva** en seguida.*
  I'm going to tell my sister to come back immediately.

- after verbal expressions that convey joy, hope, sorrow, anger, fear and other emotional reactions, such as *querer que*, *es una pena que*, *me gusta que*, *siento que*, *es una lástima que*:

  Siento que tu mamá **esté** enferma.
  I'm sorry your mum is ill.

  Tengo miedo de que me **ataquen**.
  I'm scared that they will attack me.

- after verbal expressions that convey doubt, uncertainty, possibility, probability and necessity, such as *es posible que*, *es probable que*, *es necesario que*, *puede (ser) que*, *quizá*, *tal vez*, *dudo que*, *es imposible que*, *no es cierto que*, *no estoy seguro de que*:

  Dudo que **hablen** español.
  I doubt that they speak Spanish.

  Es imposible que nos **acompañes**.
  It's impossible for you to come with us.

  Es probable que **haya salido**.
  She has probably gone out. (It's probable that she has gone out.)

- **… but the subjunctive is not used for affirmative ways of expressing negative opinions (where no doubt is implied):**

  *Es innegable que la inmigración **es** un tema muy importante.*
  It is undeniable that immigration is an important subject.

- in some impersonal expressions of surprise or wishing:

  ¡Ojalá sea menos difícil!
  If only it were easier!

  ¡Que tengas éxito!
  May you succeed!/I wish you success!

- after conjunctions that imply intention that something should happen, or conditions for something happening: *para que*, *de manera que*, *de modo que*, *de forma que*, *con el objeto de que*, *a fin de que*, *a condición de que*, *a menos que*, *antes de que*, *con tal que*, *a pesar de que*, *aunque*:

  *Te escribo **para que sepas** lo que pasa.*
  I'm writing so that you know what's going on.

  *Te presto este CD **a condición de que** me lo **devuelvas** el sábado.*
  I'm lending you this CD on condition that you return it on Saturday.

  *No voy **a menos que me acompañes**.*
  I'm not going unless you come with me.

- after *cuando* or *hasta que* when you are referring to the future:

  *Te lo diré **cuando te vea**.*
  I'll tell you when I see you.

  *Esperamos **hasta que lleguen**.*
  We're waiting till they arrive.

- after *alguien que* … [see 2.4]

- in some forms of the imperative [see 4.16]

4.13 The present subjunctive

Usage
[see 4.12]

Formation of regular verbs
Take the *yo* form of the present tense of the verb and replace the *-o* ending with the following endings (the endings for *-er* and *-ir* verbs are the same):

hablar: hablo	comer: como	subir: subo
hable	coma	suba
hables	comas	subas
hable	coma	suba
hablemos	comamos	subamos
habléis	comáis	subáis
hablen	coman	suban

Formation of irregular verbs
So long as you remember to use the *yo* form of the present tense – including irregular forms such as *tengo* – as your stem, there are only a few truly irregular subjunctives to learn:

dar (first person present *doy*): *dé, des, dé, demos, deis, den*

estar (first person present *estoy*): *esté, estés, esté, estemos, estéis, estén*

haber (first person present *he*): *haya, hayas, haya, hayamos, hayáis, hayan*

[note: you only need this to form the perfect subjunctive, see 4.15]

ir (first person present *voy*): *vaya, vayas, vaya, vayamos, vayáis, vayan*

saber (first person present *sé*): *sepa, sepas, sepa, sepamos, sepáis, sepan*

ser (first person present *soy*): *sea, seas, sea, seamos, seáis, sean*

4.14 The imperfect subjunctive

Usage
You need the imperfect subjunctive in the grammatical contexts explained in 4.12, but in past tense sentences:

Era imposible que hablaras con él.
It was impossible for you to talk to him.

Le dije que no bebiera más.
I told him not to drink any more.

Querían que Antonio se fuera.
They wanted Antonio to go away.

Te escribí para que supieras lo que pasaba.
I wrote so that you would know what was going on.

Era necesario que saliéramos a trabajar.
It was necessary for us to go out to work.

Ella buscaba un hombre que tuviera mucho dinero.
She was looking for a man who had lots of money.

You also need the imperfect subjunctive in '*Si …*' conditional sentences that express doubt or an event which is only a possibility:

*Si **fuera** rico, iría a España.*
If I were rich I would go to Spain.

*Si **me casara** con ella, me volvería loco.*
If I married her, I'd go crazy.

Formation

The imperfect subjunctive has two forms: one ending in -*ra*, the other in -*se*. They are completely interchangeable, but the -*ra* form is slightly more common than the -*se* form.

Ella esperaba a que el hombre se fuera.	She was waiting for the man to go away.
Ella esperaba a que el hombre se fuese.	

To form the imperfect subjunctive of a verb, you need to know its preterite form. The stem is always taken from the third person plural (*ellos*) of the preterite.

hablar: (hablaron) > habla-		beber: (bebieron) > bebie-		vivir: (vivieron) > vivie-	
-ra form	**-se form**	**-ra form**	**-se form**	**-ra form**	**-se form**
hablara	hablase	bebiera	bebiese	viviera	viviese
hablaras	hablases	bebieras	bebieses	vivieras	vivieses
hablara	hablase	bebiera	bebiese	viviera	viviese
habláramos	hablásemos	bebiéramos	bebiésemos	viviéramos	viviésemos
hablarais	hablaseis	bebierais	bebieseis	vivierais	vivieseis
hablaran	hablasen	bebieran	bebiesen	vivieran	viviesen

Formation of irregular verbs

As with regular verbs, the stem is always taken from the third person plural of the preterite, including whatever irregularity that may contain. Here are three of the most common examples:

tener: (tuvieron) > tuvi-	poder: (pudieron) > pudi-	decir: (dijeron) > dij-
tuviera/tuviese	pudiera/pudiese	dijera/dijese
tuvieras/tuvieses	pudieras/pudieses	dijeras/dijeses
tuviera/tuviese	pudiera/pudiese	dijera/dijese
tuviéramos/ tuviésemos	pudiéramos/ pudiésemos	dijéramos/ dijésemos
tuvierais/tuvieseis	pudierais/pudieseis	dijerais/dijeseis
tuvieran/tuviesen	pudieran/pudiesen	dijeran/dijesen

4.15 The perfect and pluperfect subjunctive

Usage and formation

When you need the perfect and imperfect tenses in the grammatical contexts explained in 4.12, you use the subjunctive instead of the indicative.

The perfect subjunctive is formed as follows:

the **present subjunctive** of the auxiliary verb **haber**	+	the past participle

*Es probable que **haya** salido.*
It **is** likely that she **has** gone out.

The **pluperfect** subjunctive is formed as follows:

the **imperfect subjunctive** of the auxiliary verb **haber**	+	the past participle

*Era probable que **hubiese** salido.*
It **was** likely that she **had** gone out.

4.16 Imperatives

Usage

The imperative is used to give instructions and commands.

¡Escúchame!	Listen to me!
No arrojes basura.	Don't drop litter.

Imperatives are either **positive** (do…) or **negative** (don't…).

Imperatives are also either **informal** (*tú/vosotros* forms) or **formal** (*usted/ustedes* forms).

Formation of positive imperatives

Informal positive imperatives:

For *tú*, simply use the normal *tú* form of the present tense without the final -*s*.

For *vosotros*, replace the final -*r* of the infinitive, with -*d*.

	tú imperative	*vosotros* imperative
limitar	limita	limitad
proteger	protege	proteged
vivir	vive	vivid

*Hace mucho sol, Paco, **protege** tus ojos con estas gafas.*
It's very sunny, Paco, **protect** your eyes with these glasses.

*¡Niños, hace mucho frío, **coged** el abrigo!*
Children, it's freezing, **put** your coats on!

A few verbs have irregular *tú* positive imperatives and need to be learnt separately.

decir	di
hacer	haz
ir	ve
poner	pon

salir	sal
ser	sé
tener	ten
venir	ven

*Sal de la cama y **ven** a correr.*
Get out of bed and come for a run.

Formal positive imperatives:

For *usted* and *ustedes*, use the third person of the present subjunctive.

	usted imperative	*ustedes* imperative
limitar	limite	limiten
proteger	proteja	protejan
vivir	viva	vivan

Formation of negative imperatives

For all negative imperatives, use the appropriate negative word plus the present subjunctive.

	tú negative imperative	*vosotros* negative imperative	*usted* negative imperative	*ustedes* negative imperative
limitar	no limites	no limitéis	no limite	no limiten
proteger	no protejas	no protejáis	no proteja	no protejan
vivir	no vivas	no viváis	no viva	no vivan

No escuches esas tonterías. [tú]
Don't listen to that rubbish.

Nunca bebáis bebidas alcohólicas antes de bañaros, chicos. [vosotros]
Never drink alcoholic drinks before you go swimming, boys.

No olviden sus maletas, señoras y señores. [ustedes]
Don't forget your suitcases, ladies and gentlemen.

[see also 3.2 Object pronouns for how to position pronouns in imperatives]

4.17 Radical-changing (stem-change) verbs

These are verbs which have a change in the spelling of their stem.

Compare the regular *-ar* verb *cantar* with the radical-changing *-ar* verb *encontrar* and *-er* verb *preferir*:

cantar	encontrar	preferir
canto	encuentro	prefiero
cantas	encuentras	prefieres
canta	encuentra	prefiere
cantamos	encontramos	preferimos
cantáis	encontráis	preferís
cantan	encuentran	prefieren

The stem (or 'radical') changes its spelling in all persons in the singular and in the third person in the plural. In the first and second persons plural it does not change. Verbs like these are sometimes called BOOT verbs – you can see why!

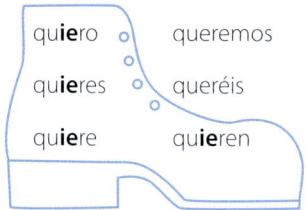

There are three types of spelling change.

O **changes to** *UE*: several verbs in all the conjugations have a change of stem from *o* to *ue*. *Poder* is an example; other common ones are *contar*, *mostrar*, *volver* and *dormir*. *Jugar* is unique in changing from *u* to *ue*.

*p**ue**do, p**ue**des, p**ue**de, podemos, podéis, p**ue**den*
*j**ue**go, j**ue**gas, j**ue**ga, jugamos, jugáis, j**ue**gan*

E **changes to** *IE*: several verbs in all the conjugations have a change of stem from *e* to *ie*. *Preferir* is an example; other common ones are *pensar*, *querer*, *sentir*.

*prefi**e**ro, prefi**e**res, prefi**e**re, preferimos, preferís, prefi**e**ren*

E **changes to** *I*: Some *-ir* verbs have a change of stem from *e* to *i*. *Pedir* (to ask for) is an example; other common ones are *decir* and *vestir*.

*p**i**do, p**i**des, p**i**de, pedimos, pedís, p**i**den*

When a verb is stem-changing, compound verbs based on that verb have the same change. For example:

*volver (dev**ue**lvo), sentir (cons**ie**nto), vestirse (me v**i**sto)*

Other verbs take the reflexive form to alter their meaning slightly such as:

| *caer* | to fall | -> | *caerse* | to fall over |
| *parar* | to stop | -> | *pararse* | to stop unexpectedly |

4.18 Reflexive verbs

Reflexive verbs conjugate the same way as other verbs but also have a reflexive pronoun *me, te, se, nos, os, se*.

*Si **me organizo** bien, puedo tener una tarde libre.*
If I organise myself, I can have a free evening.

The reflexive pronoun usually precedes the verb…

*La gente **no se preocupa** de las emisiones de dióxido de carbono de su casa.*
People **don't worry** about the carbon dioxide emissions of their homes.

… although in the infinitive (and therefore in the dictionary) it is attached to the end: *organizar**se**, quejar**se**.*

In compound tenses (e.g. the perfect), the reflexive pronoun always precedes the auxiliary verb **haber**.

*Nunca **me he planteado** hacer otra cosa.*
I've never considered doing anything else.

In verb + infinitive constructions where the infinitive verb is reflexive, the pronoun must agree with the subject of the first verb.

*Quiero acostar**me**.*   I want to go to bed.

When giving positive commands using reflexive verbs, the reflexive pronoun is attached to the end of the imperative:

*¡Cálla**te**!*   Be quiet!
*¡Cálme**se**, señora!*   Calm down, madam!

But when giving negative commands, the reflexive pronoun stays in its usual position, in front of the verb:

*No **te enfades**, por favor.*
Please **don't get annoyed**.

4.19 The passive and how to avoid it

Usage and formation

Passive expressions tell you what has happened to someone/something who is on the receiving end of an action or event. Here are some examples in English: I **was attacked**; that car **has been sold**; the building **had been closed**.

Passive forms are an impersonal way of saying what happened, instead of using an 'active' form. The 'active' equivalent of these three phrases, for example, would be: he/she/they/someone attacked me; they've sold that car; they had closed the building.

In Spanish, the passive is made up of *ser* + past participle, and the past participle must agree with the subject of the sentence.

*Isabel **fue atacada** al salir de clase.*
Isabel **was attacked** as she was leaving the class.

However, this passive form is very rare in spoken Spanish, and is mainly limited to formal, written language. You should avoid using it in conversation and informal language, because it sounds very unnatural in Spanish. There are two very common and easy ways to avoid it.

● Use the pronoun *se* and the third person of the verb:

*En eBay **se vende** y **se compra** de todo.*
On eBay **people buy and sell** all sorts.

*En los sitios como YouTube o Flickr **se cuelgan** videos.*
Videos **are posted** on sites like YouTube or Flickr.

● Use an active form instead. For example, to say 'I was failed and had to repeat the year', say:

***Me suspendieron** y tuve que repetir el año.*
rather than
***Fui suspendido** y tuve que repetir el año.*

4.20 Impersonal verbal constructions

Using *gustar* and other impersonal verbs

Verbs like *gustar* and *encantar* are 'back to front' expressions: if you say '*me gusta mucho esta película*', you are actually saying 'this film is very pleasing to me'. The film is the subject, and you are the object. The verb therefore needs to change to plural when the subject is plural.

***Me encanta la obra** de Almodóvar.*
***Me gustan los guiones** de sus películas.*

Singular verb for singular subject. Plural verb for plural subject.

You also need to include the appropriate indirect object pronouns to show who likes:

me, te, le, nos, os, les.

*¿**Te** gusta esa peli? Sí, **me** encanta.*
Do **you** like that film? Yes, **I** love it.

There are other verbs in Spanish that are used 'impersonally' and have no obvious equivalent in English. Using these verbs impersonally makes your Spanish more idiomatic and more stylish. Here are some common ones:

bastar   to be sufficient

Basta (con) decir que…
It's sufficient to say that…

Basta saber que…
It's enough to know that…

¡Basta ya! (de tonterías)
That's enough! (nonsense)

caber   to be contained, to fit

Cabe mencionar que…
It's appropriate to mention…

Cabe destacar que…
It should be pointed out that…

Cabe recordar que…
It's worth remembering that…

convenir   to be fitting, to be appropriate

Conviene que luchemos para proteger nuestro medio ambiente.
It's appropriate to campaign to protect our environment.

Convino sentenciar a aquel hacker a dar clases de informática.
It was fitting to sentence that hacker to giving IT classes.

escasear   to be in short supply

En el futuro el agua escaseará.
In the future there will be a shortage of water.

Escasea la infraestructura para recibir a tantos inmigrantes.
There's not enough infrastructure to cope with so many immigrants.

faltar to be lacking

Faltan instalaciones adecuadas.
There aren't enough proper facilities.

Falta la determinación política.
The political will is lacking.

hay que you have to/one should/it is necessary

Hay que comer más fruta.
You have to eat more fruit.

Hay que pensar en las posibilidades.
One should think about all the possibilities.

importar to be important, to matter

No importa el estado físico de una persona.
A person's physical condition doesn't matter.

¿Le importa si me voy?
Do you mind if I go?

quedar to be remaining

Queda mucho por hacer.
There remains a lot to be done.

Quedó paralítico después del accidente.
The accident left him paralysed.

El proyecto se quedó sin realizar.
The project was never carried out.

sobrar to be left over, to be in excess

Ha sobrado mucha comida.
There is a lot of food left over.

Nos sobra tiempo.
We have plenty of time.

Este ejemplo sobra.
This example is unnecessary.

urgir to be urgent, to be imperative

Nos urge cumplir con los objetivos de Kioto.
It's imperative that we comply with the Kyoto targets.

Urgen nuevas iniciativas para reducir la pobreza.
We urgently need new initiatives to reduce poverty.

valer to be worth

No vale la pena.
It's not worth it.

Más vale no hacerlo.
It's better not to do it.

Juan no vale para el deporte.
Juan is no good at sport.

Using *se* with third person verb forms to make impersonal statements

The pronoun *se* and the third person of the verb are very often used for impersonal statements, i.e. when we don't state who is the subject of the verb [see also 4.19].

*En el mundo **se produce** alimento para millones de personas.*
Enough food **is produced** in the world for millions of people.

*No **se ve** más publicidad de tabaco.*
You don't see cigarette advertising any more./Cigarette advertising **isn't seen** any more.

4.21 Verb + infinitive constructions

There are many common verbs that can be used together with a second verb:

querer	poder	deber	tener que
necesitar	soler	permitir	odiar
detestar	gustar		

● The first verb is conjugated according to the subject of the sentence. The second verb is always in the **infinitive**:

***Quiero comprar** un periódico.*
I **want to buy** a paper.

***Tenemos que hacer** educación física.*
We **have to do** PE.

*A mis padres **les gusta ver** la tele.*
My parents **like watching** TV.

Notice that although the present participle (jumping, playing) is often used in English in this construction, Spanish **always** uses the infinitive.

● There are also some common **impersonal** expressions which can be followed by the infinitive:

Es importante
Es necesario
Es imprescindible
Es preciso
Es vital/esencial
Es aconsejable/deseable
Es inaceptable
Es peligroso
Es fácil/difícil
Es útil
Es normal

Note: When any one of these expressions is followed by *que* + a different subject, the verb must be in the subjunctive, not an infinitive, e.g:

*Quiero **jugar** al bádminton*, but
*Quiero **que** José **juegue** al bádminton.*
I want **to play** badminton, but
I want **José to play** badminton.

*Es importante **cuidar** la salud*, but
*Es importante **que** (tú) **cuides** la salud*.
It's important **to look after** your/one's health, but
It's important **that you look after** your health.

[see also 4.12]

4.22 Negative constructions

To say you don't do something, simply put *no* in front of the verb.

***No** sé.*
I **don't** know.

The idea of 'any' in 'not any' is not translated; just use the negative.

***No** tengo dinero.*
I have **no** money. I **don't** have **any** money.

Because *no* in Spanish means 'no' and 'not', you often see and hear it twice at the beginning of a sentence.

***No, no** sé.*
No, I don't know.

Other negative expressions are used to express 'never', 'nothing', 'nobody', 'no…', 'neither… nor'. These are all used as 'double negatives', so *no* goes in front of the verb, and the other negative word goes after the verb.

no… nunca/jamás
never
(*nunca* is more common than *jamás*)

*Ella **no** ha ido **nunca** a Madrid.*
She has **never** been to Madrid.

no… nada
nothing/not anything

***No** tengo **nada**.*
I have **nothing**./I have**n't got anything**.

no… nadie
nobody/no one

***No** vio a **nadie**.*
He saw **no one**./He **didn't** see **anyone**.

Note that you need personal *a* even in front of 'nobody' [see also 5.3].

no… ningún(o)/ninguna
no… /not any

***No** tengo **ningún** DVD.*
I have **no** DVD(s).

[see also 2.4]

no… ni… ni…
not… either… or/neither… nor…

***No** tengo **ni** tiempo **ni** dinero para ir al cine.*
I have **neither** time **nor** money to go to the cinema.

You can start a sentence with *Nada…*, *Nadie…* and *Nunca…*, but if you do, you don't need the *no*:

***Nunca** ha ido a Madrid.*
She has **never** been to Madrid.

***Nadie** fue a ver esa película.*
Nobody went to see that film.

Using *tampoco* to express 'neither'

Tampoco is used to express the idea of 'neither/either', especially after a negative:

***Tampoco** me gusta esta peli.*
Neither do I like this film./**I don't like** this film **either**.

– *Esta noche no salimos.*
– *Nosotros **tampoco**.*

– We're not going out tonight.
– **Neither** are we.

Using *sino* to express 'not… but'

You need to use *sino* after a negative to express 'not… but':

***No** me gusta éste **sino** el otro.*
I **don't** like this one **but** (I like) the other one.

4.23 *Ser* and *estar*

Ser

On its own, *ser* describes **identity** or **existence**.

*¿Cuántos **sois**?*
How many of you **are** there?

*Buenos días, **soy** Marisa.*
Hello, **I'm** Marisa.

*¿**Eres** estudiante de moda?*
Are you a fashion student?

*Mi diseñador preferido **es** español.*
My favourite designer **is** Spanish.

We also use ***ser***

- with a pronoun or noun:

  *Éste **es el anuncio** en el que sale Dani Pedrosa.*
  This **is the advert** in which Dani Pedrosa appears.

  *Isabel Allende **es escritora**.*
  Isabel Allende **is a writer**.

- with adjectives of nationality:

  *Lionel Messi **es argentino**.*
  Lionel Messi **is Argentinian**.

- with an infinitive:

  *La meta de la publicidad **es hacer** que un producto nos parezca atractivo.*
  The aim of advertising **is to make** a product seem attractive to us.

- with a clause:

  *Un aspecto engañoso de esa publicidad **es que no menciona** los riesgos.*
  One misleading aspect of that advertising **is that it does not mention** the risks.

- to talk about where an event takes place:

  *¿Dónde **serán** los Juegos Olímpicos de 2020?*
  Where **will** the 2020 Olympic Games **be**?

- with a past participle to form a passive [see 4.19]:

  *El torneo de fútbol **fue patrocinado** por varias empresas.*
  The football championship **was sponsored** by various companies.

- with an adjective that describes an unchanging attribute or an abstract idea:

  *Este anuncio **es divertido. Es genial.***
  This advert **is funny. It's great.**

  *La publicidad imaginativa **es llamativa y efectiva.***
  Imaginative advertising **is appealing and effective.**

Estar

On its own, *estar* denotes **location** or **presence**.

*– Hola, ¿**está** Juan?*
*– No, no **está**. Acaba de salir.*

– Hi, **is** Juan there?
– No, **he's** not here. He's just gone out.

We also use *estar*

- to describe position (except to say where events take place, see above):

  *Su foto **está en la portada** de la revista.*
  His photo **is on the cover** of the magazine.

- with a past participle to describe a state which is the result of an action:

  *La publicidad del tabaco **está prohibida** en la televisión.*
  Cigarette advertising on TV **is forbidden.**

- with a gerund to form continuous tenses:

  ***Estaban escuchando** música.*
  They **were listening** to music.

- with an adjective to describe a state which might change:

  ***Estábamos nerviosos** antes del examen.*
  We **were nervous** before the exam.

- with *bien* and *mal*:

  *– ¿**Estás** bien?*
  *– No, **estoy** muy mal.*

  – **Are** you well?
  – No, **I'm not** at all well.

4.24 Using *desde* and *hace* in time expressions

To talk about an action or state which began in the past but is still in progress in the present, use:

hace + time phrase + *que* + present tense:

***Hace seis años que vivo** en Barcelona.*
I've been living in Barcelona **for six years.**

You can express the same idea using **present tense + desde + hace + time phrase**:

***Vivo** en Barcelona **desde hace seis años**.*
I've been living in Barcelona **for six years.**

If the situation began and was still in progress **in the past**, use the **imperfect** instead of the present tense:

***Hacía seis años que vivía** en Barcelona.*
or
***Vivía** en Barcelona **desde hacía seis años**.*
I had been living in Barcelona **for six years.**

To say **how long ago** something happened in the past, use **preterite tense + *hace* + time phrase**:

*Marián y Asún **se conocieron hace cuatro años**.*
Marian and Asún **met four years ago.**

5 Prepositions

5.1 Position of prepositions

Prepositions go before nouns, noun phrases and pronouns normally to indicate where a person or object is and to link them to the other parts of that sentence. Some can be one word such as *de, con, por*, or made up from more than one word: *al lado de, junto a*

If a verb follows a preposition it must be in the infinitive form:

Despues de hablar, antes de ver

5.2 *Por* and *para*

As a general rule, *por* looks back to a cause or motive and *para* looks forward to a purpose, aim or destination.

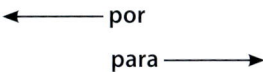

*La mayoría de los inmigrantes latinoamericanos emigran a España **por** falta de alternativas.*

***Para** enfrentarse a lo desconocido, se necesita aprender a vivir en un gran mundo intercultural.*

Use *por*

- for a cause or motive:
  Por eso me voy.

- on behalf of or in place of:
  Habla también por todos los refugiados.

- for duration of time:
  Por la mañana

- for movement through:
  Pasaron por varios países hasta llegar a la costa africana.

- for an approximate place or time:
  Por unos meses

- for a rate:
  Trabajan por 50 euros al día.

- for saying who did something:
  Vamos a escuchar las memorias escritas por Rigoberta Menchú.

- for means of doing something:
  Se aprende mejor el vocabulario cuando se hace por escrito.

Use *para*

- for purpose:
  La mayoría de los inmigrantes van a otro país para buscar un nivel de vida mejor.

- for destination:
  El tren para Madrid sale a las siete y media.

- for describing quantity or extent:
  La pobreza es extrema para muchos en África.

- in time expressions:
  Estará preparado para las cinco.

5.3 Personal *a*

You need to include a personal *a* before…

- human direct objects:

  Compare…

  Conozco muy bien la ciudad.
  I know the city very well.

  with…

  *Conozco muy bien **a María**.*
  I know **Maria** very well.

- pronouns representing a person:

  *He visto **a alguien** en el pasillo.*
  I have seen **someone** in the corridor.

  *No conozco **a nadie** en este pueblo.*
  I don't know **anyone** in this town.

- known animals:

  *¿Quieres pasear **al perro**?*
  Do you want to take **the dog** for a walk?

  *Mi hermana busca **a su gato**.*
  My sister's looking for **her cat**.

- collective nouns referring to groups of people:

  *El presidente está ansioso por convencer **a la gente** de que es sincero.*
  The president is anxious to convince **the people** that he is sincere.

  *Parecen estar abusando **de los países menos desarrollados**.*
  They seem to be exploiting **less developed countries**.

6 Conjunctions

6.1 Using *y*, *o*, *pero* and *sino*

Conjunctions such as *y*, *o*, *pero* and *sino* are used to link parts of sentences together.

Y changes to *e* when the following word starts with *i* or *hi* (but not *hie*).

O changes to *u* when the following word begins with *o* or *ho*.

Pero is used to say 'but', and *Sino* also means 'but' when the second part of the sentence contradicts the first part with a negative.

6.2 Subordinating conjunctions

There are a number of conjunctions that introduce a clause that is dependent on the main clause such as: *aunque, cuando, mientras, porque, ya que*.

Subordinating conjunctions can be used in a number of ways including for causes, reasons, results and concessions.

7 Numerals

7.1 Cardinal numbers

Uno changes to *un* before a masculine noun.

Cien refers to one hundred, but for 100+ use *ciento* followed by another number:

ciento treinta; ciento sesenta y seis

Beyond this, numbers are normally formed in the hundreds by adding *cientos* to the number:

doscientos; trescientos

However there are exceptions:

quinientos, setecientos, novecientos

Numbers ending in *-cientos/as* are adjectives and should agree with the noun they describe:

trescientos ensayos; setecientas casas

The word *y* goes between the tens and units but not after the hundred words:

doscientos cuarenta y ocho

Before hundreds and thousands, it's not necessary to add 'a' or 'one' beforehand:

cien, mil

7.2 Ordinal numbers

Ordinal numbers are adjectives and need to agree with the noun they describe:

Es la primera casa a la izquierda; me encanta el segundo capítulo

Before a noun, *primero* and *tercero* lose the final 'o':

Es el primer plato; es el tercer caso

7.3 Time expressions

Use *es* for any time related to one o'clock, and *son* for any other times:

Es la una y media; son las tres menos veinte

To talk about something taking place at a certain time, use *a*:

Como a las dos; a las nueve y media empieza la película

For dates, use cardinal numbers:

El dos de febrero.

Days and months don't have capital letters:

martes 16 de agosto

When talking about something happening regularly on a day of the week, use *los*:

Los sábados vamos al pueblo; los miércoles tengo mi clase de guitarra

Verbos

Infinitive Present participle/gerund Past participle		Present	Preterite	Imperfect	Future	Conditional	Present subjunctive
REGULAR VERBS							
-ar comprar *to buy*	comprando comprado	compro compras compra compramos compráis compran	compré compraste compró compramos comprastéis compraron	compraba comprabas compraba comprábamos comprabais compraban	compraré comprarás comprará compraremos compraréis comprarán	compraría comprarías compraría compraríamos compraríais comprarían	compre compres compre compremos compréis compren
-er comer *to eat*	comiendo comido	como comes come comemos coméis comen	comí comiste comió comimos comisteis comieron	comía comías comía comíamos comíais comían	comeré comerás comerá comeremos comeréis comerán	comería comerías comería comeríamos comeríais comerían	coma comas coma comamos comáis coman
-ir subir *to go up*	subiendo subido	subo subes sube subimos subís suben	subí subiste subió subimos subisteis subieron	subía subías subía subíamos subíais subían	subiré subirás subirá subiremos subiréis subirán	subiría subirías subiría subiríamos subiríais subirían	suba subas suba subamos subáis suban
IRREGULAR VERBS							
dar *to give*	dando dado	doy das da damos dais dan	di diste dio dimos disteis dieron	daba dabas daba dábamos dabais daban	daré darás dará daremos daréis darán	daría darías daría daríamos daríais darían	dé des dé demos deis den
decir *to say*	diciendo dicho	digo dices dice decimos decís dicen	dije dijiste dijo dijimos dijisteis dijeron	decía decías decía decíamos decíais decían	diré dirás dirá diremos diréis dirán	diría dirías diría diríamos diríais dirían	diga digas diga digamos digáis digan
estar *to be*	estando estado	estoy estás está estamos estáis están	estuve estuviste estuvo estuvimos estuvisteis estuvieron	estaba estabas estaba estábamos estabais estaban	estaré estarás estará estaremos estaréis estarán	estaría estarías estaría estaríamos estaríais estarían	esté estés esté estemos estéis estén
haber *to have* (auxiliary)	habiendo habido	he has ha hemos habéis han	hube hubiste hubo hubimos hubisteis hubieron	había habías había habíamos habíais habían	habré habrás habrá habremos habréis habrán	habría habrías habría habríamos habríais habrían	haya hayas haya hayamos hayáis hayan
hacer *to do, make*	haciendo hecho	hago haces hace hacemos hacéis hacen	hice hiciste hizo hicimos hicisteis hicieron	hacía hacías hacía hacíamos hacíais hacían	haré harás hará haremos haréis harán	haría harías haría haríamos haríais harían	haga hagas haga hagamos hagáis hagan

Infinitive Present participle/gerund Past participle		Present	Preterite	Imperfect	Future	Conditional	Present subjunctive
ir *to go*	yendo ido	voy vas va vamos vais van	fui fuiste fue fuimos fuisteis fueron	iba ibas iba íbamos ibais iban	iré irás irá iremos iréis irán	iría irías iría iríamos iríais irían	vaya vayas vaya vayamos vayáis vayan
poder *to be able*	pudiendo podido	puedo puedes puede podemos podéis pueden	pude pudiste pudo pudimos pudisteis pudieron	podía podías podía podíamos podíais podían	podré podrás podrá podremos podréis podrán	podría podrías podría podríamos podríais podrían	pueda puedas pueda podamos podáis puedan
poner *to put*	poniendo puesto	pongo pones pone ponemos ponéis ponen	puse pusiste puso pusimos pusisteis pusieron	ponía ponías ponía poníamos poníais ponían	pondré pondrás pondrá pondremos pondréis pondrán	pondría pondrías pondría pondríamos pondríais pondrían	ponga pongas ponga pongamos pongáis pongan
ser *to be*	siendo sido	soy eres es somos sois son	fui fuiste fue fuimos fuisteis fueron	era eras era éramos erais eran	seré serás será seremos seréis serán	sería serías sería seríamos seríais serían	sea seas sea seamos seáis sean

Acknowledgements

The publisher would like to thank the following for permissions to use their photographs and other copyright material:

Cover: Robert Harding; p8: David R. Frazier Photolibrary, Inc./ Alamy Stock Photo; p9: Kobby Dagan/Shutterstock; p10: © Faro; p11(l): joan llado/Alamy Stock Photo; p11(r): Denis Doyle/ Getty Images; p13: MARCOS MORENO/AFP/Getty Images; p14: Orietta Gaspari/iStockphoto; p19: José Luis Padilla (Padylla), para La Opinión de Tenerife; p20: David Weese Jr/Getty Images; p21: John Moore/Getty Images; p25(l): Myrleen Pearson/ Alamy Stock Photo; p28: ZUMA Press, Inc./Alamy Stock Photo; p33(l): Tupungato/Shutterstock; p33(r): Sr. Hashim Cabrera Rodriguez; p34: Injuve, "Yo soy tú, mézclate" campaign by the Ministerio de Sanidad, Servicios Sociales e Igualdad de España, co-financed by the European Union; p35: posztos/ Shutterstock; p36: Amnistía Internacional; p37: Fundación Secretariado Gitano; p40(t): Francisco J Ramos Gallego/ Shutterstock; p40(b): lvalin/Shutterstock; p45(t): CRISTINA QUICLER/AFP/Getty Images; p48: Pedro Rufo/Shutterstock; p50: Eulogia Merle; p51: Richard Naude / Alamy Stock Photo; p52: Mittoo/iStockphoto; p54: Ilpo Musto/REX/Shutterstock; p56, p58: iStockphoto; p60: Federación Hindú de España; p61(tl): Phil Crean A/Alamy Stock Photo; p61(tr): National Geographic Creative/Alamy Stock Photo; p61(bl): demidoff/ Shutterstock; p61(bm): Manu Fernandez/AP Images; p65(l): REUTERS/Alamy Stock Photo; p65(r): Godong \ UIG/REX/ Shutterstock; p68(t): DOMINIQUE FAGET/Getty Images; p68(b): https://unrespetoalascanas.com/© Raúl Salazar Santafé; p70: iStockphoto; p71: John Tsotras/iStockphoto; p72: © SAMUEL SÁNCHEZ / EDICIONES EL PAÍS, SL 2012; p73: MARTIN BERNETTI/AFP/Getty Images; p74: FERNANDO VILLAR/EPA; p77: Consejo de la Juventud de Castilla y León; p80: Benedicte Desrus/Alamy Stock Photo; p85(l): Nobelio/Shutterstock; p89: London Express/Getty Images; p90: tichr/Shutterstock; p91: Christian Mueller/Shutterstock; p92: Imagno/Getty Images; p93: Olga Popova/Shutterstock; p94: JUAN MEDINA/ Alamy Stock Photo; p95: EPA/Jose Carlos Guerra; p96(t): EPA european pressphoto agency b.v./Alamy Stock Photo; p96(m): PSL Images/Alamy Stock Photo; p97: Neftali/Shutterstock; p98: ANGEL MURILLO/AFP/Getty Images; p99: emkaplin/ Shutterstock; p100: Michael Mauney/The LIFE Images Collection/Getty Images; p101: Fernando Lavoz/NurPhoto/Getty Images; p105(tml): Vladimir Sazonov/Shutterstock; p105(tmr): Filipe Frazao/Shutterstock; p105(bl): Jaime Abecasis/REX/ Shutterstock; p105(bm): Unimedia Images/REX/Shutterstock; p105(br): Saturio C. Curto/DYDPPA/REX/Shutterstock; p110(t): FernandoPodolski/iStockphoto; p110(b): iStockphoto; p111: Marcos Brindicci/Reuters; p112: iStockphoto; p113: © Ferran Martín; p115: Lalocracio/iStockphoto; p118: MIGUEL MENDEZ/ AFP/Getty Images; p119: Gerardo C.Lerner/Shutterstock; p120: Peter Scholz/Shutterstock; p125(t): FILIPPO MONTEFORTE/ Getty Images; p125(b): Marcos Brindicci/Reuters; p129(l): AF archive/Alamy Stock Photo; p129(m, r): Tequila Gang/WB/ REX/Shutterstock; p130: Hulton Arcvhive/Getty Images; p132: JMN/Cover/Getty Images; p134: EFE/lafototeca.com; p139(t): Kobby Dagan/Shutterstock; p139(m): ZUMA/REX/Shutterstock; p139(b): imagestockdesign/Shutterstock. All other photos © Shutterstock.

Artwork by Q2A Media Services Ltd and Wild Apple Design.

The publisher and authors are grateful to the following for permission to reprint extracts from copyright material:

p11: Agencia EFE; p19: The Olive Press; p20: 1994-2016 Agence France-Presse; p21: PanAm Post; p23: Andrés Sorel, "Las voces del Estrecho", Grupo editorial Akal; p23: Cruz Morcillo 25/09/2016 © ABC España; p24: Telesur; p33: © Herederos de Federico García Lorca; p38: www.caritas.es; p52: www.paralalibertad.org; p53: FUNDACIÓN SECRETARIADO GITANO; p53: © AITOR BENGOA / EDICIONES EL PAÍS, SL 2016; p54: 26/10/2011 © La Vanguardia; p55: Melisa Tuya Sanchez, 20minutos.es; p56: PRI's The World, courtesy Public Radio International®; p59: "La Mano de Fátima" Ildefonso Falcones, Debolsillo, Penguin Random House; p60: Israel Viana 15/10/2013 © ABC España; p60: www.esmadrid.com; p61: www.kaiciid.org; p63: Diario Levante-EMV; p64: Diario de Navarra; p64: Mario Toledo © 20minutos; p73: "¿Qué les queda a los jóvenes?" from "La vida ese paréntesis" (1997) by Mario Benedetti, Fundación Mario Benedetti y Editorial Visor; p74: © 20minutos; p83: Ulises 20minutos; p84:Agencia EFE; p92: Javier Cercas, Fragmento de Soldados de Salamina, © 2001, Javier Cercas; p100: Isabel Allende, Fragmento de 'Paula', © 1994, Isabel Allende; p105: © Arturo Pérez-Reverte, "La Guerra Civil contada a los jóvenes", Alfaguara, 2015; p110: © Luis Gómez, Ediciones El País, 2016; p112: Agencia EFE; p118: http://historiaybiografias.com/; p120: Guioteca.com; p123: © FRANCISCO PEREGIL / EDICIONES EL PAÍS, SL 2012; p123: www.mundiario.com; p124: © Elsa García de Blas y Francesco Manetto, Ediciones El País, 2016; p124: © Fran Serrato y Luca Costantini, Ediciones El País, 2016; p129: © AURORA INTXAUSTI / EDICIONES EL PAÍS, SL 2006; p131: Clarita Spitz, Como agua para chocolate, letra para los sentidos. Entrevista a Laura Esquivel. Letra Urbana…al borde del olvido, ISSN 2379-7193. Julio 2011 (consulted February 2017). Available at- http:// letraurbana.com/articulos/como-agua-para-chocolate-letra-para-los-sentidos-entrevista-a-laura-esquivel/; p132: Miguel Delibes, Fragmento de EL CAMINO © 1950, Herederos de Miguel Delibes; p134: Carmen Laforet, Fragmento de NADA© Herederos de Carmen Laforet, 1941

The publisher and authors would like to thank the following for their help and advice:

Sarah MacDonald and Michelle Armstrong (copyediting/ proofreading); Jaime Veiga Perez (language consultant); and Flo Bonneau (permissions editor); Chris Paul (in-house editor)

Audio recordings produced by Colette Thomson for Footstep Productions Ltd; Andrew Garratt (sound engineer).